吴春风 著

律师基本功

持续精进的智慧和方法

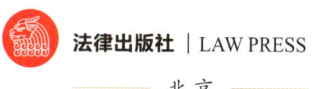

图书在版编目(CIP)数据

律师基本功：持续精进的智慧和方法／吴春风著
．－－北京：法律出版社，2023
ISBN 978-7-5197-7693-0

Ⅰ．①律… Ⅱ．①吴… Ⅲ．①律师业务－研究－中国
Ⅳ．①D926.5

中国国家版本馆 CIP 数据核字（2023）第 047932 号

| 律师基本功
——持续精进的智慧和方法
LÜSHI JIBENGONG
—CHIXU JINGJIN DE ZHIHUI HE FANGFA | 吴春风 著 | 策划编辑 朱海波
责任编辑 朱海波
装帧设计 鲍龙卉 |

出版发行 法律出版社	开本 A5
编辑统筹 法律应用出版分社	印张 16　　字数 400 千
责任校对 蒋 橙	版本 2023 年 6 月第 1 版
责任印制 刘晓伟	印次 2023 年 6 月第 1 次印刷
经　　销 新华书店	印刷 北京金康利印刷有限公司

地址：北京市丰台区莲花池西里 7 号（100073）
网址：www.lawpress.com.cn　　　　销售电话：010-83938349
投稿邮箱：info@lawpress.com.cn　　客服电话：010-83938350
举报盗版邮箱：jbwq@lawpress.com.cn　咨询电话：010-63939796
版权所有·侵权必究

书号：ISBN 978-7-5197-7693-0　　　定价：80.00 元
凡购买本社图书，如有印装错误，我社负责退换。电话：010-83938349

吴春风

1965年6月出生。东北大学工学硕士。北京市资深律师，作家。

曾在大型国有企业和民营企业负责经营和法务系统工作。现为北京瀛和律师事务所专职律师。

执业二十余年来，办理大量民商事案件，并担任多个重大项目和几十家企业的法律顾问。

办案之余喜欢写作，主要作品有：

专著：《律师基本功》

小说：长篇《合法的游戏》《被决定的人》《真相的诱惑》；中篇《蚁穴主人》《重逢》；短篇《咨询》等。

论文：《论合同法在企业管理中的应用》《论中韩经济增长模式的比较研究》《论诸葛亮的悲剧》《论非虚构法律故事的写作技巧》等。

前　言
立于不败之地的智慧

"先为不可胜，以待敌之可胜。"这是著名军事家孙武所建立的基本作战原则。同样，律师在以胜诉为目标的办案过程中，应该将"立于不败之地"作为自己的基本原则，而要在激烈的博弈中立于不败之地，就必须练好基本功。

钱穆先生曾说："不愿意练基本功的人，往往很难有大成就。真正有智慧的人，都在苦练基本功。"而"练武不练功，到老一场空"更是中国武术界千古传颂的名言。在以境界和高度为衡量标准的中国文化语境中，不管从事什么行业，基本功的重要性无论如何强调都不为过。

律师是比较特殊的职业。律师办案关系到当事人的人身自由以及财产、生命的安全，若稍有闪失，不仅当事人的利益会受到损害，律师自己也要承担相应的法律责任。在执业过程中，代理律师被追究民事责任甚至刑事责任的事例屡见不鲜。充满着执业风险的律师，每一项工作都必须追求零事故，因此，练好基本功格外重要。

据我平日的观察，青年律师在办案中经常会出现以下问题：

1.接受咨询时，不能准确地判断和把握客户真正的需要，不能迅速地发现案件重点，谈案成功率比较低。

2.办案过程中，不能与当事人、法官进行有效的沟通，导致不该败的案件败诉。

3.开庭准备不充分，对庭审中可能发生的事情以及对方可能采取的策略，缺乏基本的预测。

4.庭审中的发言往往不能切中要害，抓不住转瞬即逝的机会；对关键事实有时不能作出正确的陈述和承认；对案件整体发表的代理意见逻辑性差，甚至前后矛盾。

5.写起诉状时案由错误或者诉讼请求有问题；准备证据和证据目录，不能与起诉状联系起来，证据与诉讼请求不能相互呼应；书面质证意见不能紧扣"三性"，不懂得如何反驳对方的证明目的。

6.写代理词时，往往只是罗列观点，没有系统的论证，缺乏必要的结构。观点表达不清晰，逻辑混乱，不知所云。

7.不会正确地分析案件，不会制订有效的诉讼策略和方案，甚至不清楚应该从哪里着手，找不到切入点。尤其是作为被告的律师，不能从对方的材料中发现突破口，在未能有效地"破"对方的情况下试图先"立"自己，导致败诉。

8. 不懂企业、不懂管理，为企业提供法律服务时，一味地强调法律风险，无法兼顾企业的其他需要。

以上问题在执业不满五年的青年律师身上都或多或少地存在，而对于实习律师来说，这些还只是冰山一角。这说明，他们还没练好律师基本功，不具备真正的办案能力。

办案不是纸上谈兵，不是玩漂亮程序。办案是针锋相对的博弈，需要的不仅是知识更是能力，而基本功就是办案所需的最基本的能力。

那么，律师基本功究竟包括哪些内容以及应如何修炼呢？

我根据自己二十多年的执业经验以及对律师行业发展规律的认识，把律师基本功总结为前期基本功和专业基本功。其中，前期基本功包括语言表达能力、逻辑思维能力、有效沟通能力、解决问题能力四项能力，而专业基本功则包括谈案能力、办案能力、企业法律事务管理能力和法律文书写作能力四项能力，本书借助案例对以上八项基本能力及其训练方法进行了详尽的说明。

不过，掌握基本功的内涵固然重要，但如何练好基本功更加重要。基本功涉及多种内容和多个层次，用尽量少的时间达到全面提升基本功的目的至关关键。为此，我根据自己的认知和长期的探索，总结出了一套比较有效的训练方法——基本功综合训练法。这种训练方法通过还原律师办案时的思维方法和工作过程，使读者在不知不觉中练成办案的基本功。

基本功综合训练法有两个步骤：一是复盘案件；二是绘制思维导图。这一方法看起来比较简单，但真正达到训练效果并不容易。它需要读者完全融入案件中，高度集中注意力，既要动脑，还要动手。

为了让读者熟练掌握该方法，本书在每个章节里都列举了相应的案例，对办理案件的思维方法和工作过程做了详细的分解，并附上必要的法律文书。读者在阅读时，要把自己当作该案的代理律师，从头到尾仔细做一遍案件，这就是律师的案件复盘。律师复盘案件不是简单地看看书，被动地跟着别人的节奏走，而是身临其境，切实地以代理人的身份亲自办理案件。

结束了第一步的复盘，还要立即进行第二步，即根据复盘结果，回顾办案的整个思维过程，画出思维导图，使办案的逻辑过程和层次清晰地展现出来。思维导图一定要自己亲手绘制，绘制的过程就是厘清办案逻辑和掌握工作方法的过程，这样通过自主思维产生的东西，才真正属于自己。

能力产生于正确行为的无限重复。所以，复盘案件和绘制思维导图的过程不能只做一次，而要反复做，直到这种思维方式成为自己的无意识能力为止。我相信，如果你把本书的案例吃透，并按本书的方法不断实践，你一定会成为办案高手，能很快在残酷的行业竞争中脱颖而出。

数字化浪潮已经在律师界掀起，律师行业从获客方式到服务方式正在发生巨大的变化。但正如荀子所言："千举万变，其道一也。"从律师执业的角度讲，这个"一"就是基本功。而且，越是处在剧烈变化的时代，就越是考验你的基本功是否足够扎实。律师应对变化的真正底气来自超乎寻常的基本功，而不是其他任何方面。

"善弈者，通盘无妙手。"其实，看似简单的基本功里，蕴含着"以道御术""以理摄事"的深刻内涵，蕴含着律师乃至任何职业立于不败之地的根本智慧。

目 录

 上篇　**前期基本功**

第 一 章　律师的语言表达能力　　　　　005

第 二 章　律师的逻辑思维能力　　　　　017

第 三 章　律师的有效沟通能力　　　　　037
　　▲ 第一节　让当事人参与办案过程　　038
　　▲ 第二节　要善于做法官的助手　　　054

第 四 章　律师的解决问题能力　　　　　092

 下篇 **专业基本功**

第 五 章　律师的谈案能力　　　　　　　　　　111
　▲ 第一节　谈案五步法　　　　　　　　　　111
　▲ 第二节　律师要有所为有所不为　　　　　118
　▲ 第三节　谈成常年法律顾问的要诀　　　　125

第 六 章　律师的办案能力　　　　　　　　　　135
　▲ 第一节　如何制订因敌制胜的诉讼策略　　136
　▲ 第二节　原告律师如何先声夺人主导诉讼　157
　▲ 第三节　被告律师如何以攻为守赢得诉讼　185
　▲ 第四节　如何以战促和争取最好结果　　　211
　▲ 第五节　如何在法庭上建立胜诉基础　　　225
　▲ 第六节　如何用创造性的调查取证一锤定音　256

第 七 章　企业法律事务管理能力　　　　　　　263
　▲ 第一节　企业法务管理的四个核心要素　　266
　▲ 第二节　企业需要什么样的法律顾问　　　271
　▲ 第三节　将法律融入企业管理之中　　　　274

目 录

- ▲ 第四节　要用管理者的思维方式开展工作　**280**
- ▲ 第五节　制度管理必须依靠组织体系　**291**
- ▲ 第六节　合同管理应兼顾防范风险与促进交易　**308**
- ▲ 第七节　公司治理的关键在于权力平衡　**373**

第八章　法律文书写作能力　**404**

- ▲ 第一节　写诉状要准确确定四项内容　**405**
- ▲ 第二节　代理词必须形成完整的逻辑　**426**
- ▲ 第三节　如何写好一份合同　**439**
- ▲ 第四节　律师函须在入情入理中体现威慑力　**466**
- ▲ 第五节　法律意见书必须提出可行性方案　**475**
- ▲ 第六节　维权材料要将复杂的问题简单化　**479**

―― 后　记 ――

早日成为你自己

495

上篇

前期基本功

律师是比较特殊的职业,它的特殊性主要体现在以下四个方面:

1. 律师是使用法律开展工作的职业,而法律内容繁多体系庞杂,真正做到融会贯通相当不易。

2. 律师的职责是为当事人解决疑难问题,这些问题错综复杂,往往并非只是法律问题。

3. 律师在工作中需要与形形色色的人打交道,其中不乏很难应付的人。

4. 律师需要在法庭上通过举证、质证、辩论、发表代理意见,说服法庭采纳自己的主张,这是相当专业的工作。

律师职业的这些特殊性意味着一个人要想成为合格的律师必须具备相应的能力，而有些能力非常基本，不可缺少，我称之为前期基本功。前期基本功包括四项基本能力：语言表达能力、逻辑思维能力、有效沟通能力、解决问题能力。

这四项基本能力各有自己的标准和要求，但它们之间并不是孤立的，在律师办案过程中它们既独立又需要互相配合。所以，如果你的某一项能力比较弱，那么你的办案效果就不可能好，就像木桶的短板会影响其盛水的高度一样。

以沟通能力为例。假设你的语言表达能力、逻辑思维能力、解决问题能力都不错，但你的沟通能力比较差，那么会出现什么情况呢？不该败的案件败诉。因为，缺乏有效沟通能力，就很难充分调动当事人挖掘出对案件至关重要的证据，也很难使你的观点和逻辑以合适的方式让法官接受。

因此，每个律师都必须不断地提高这四项基本能力，而实习律师则更应该把掌握这四项能力作为自己正式执业前的主要目标。这四项能力不属于律师的软实力，它是律师基本功中的基本功，如何强调它们的重要性都不为过。

第一章

律师的语言表达能力

律师的语言是逻辑思维的外壳，是逻辑思维实现其价值的载体。律师的语言之所以具有说服力，是因为律师通过概念、判断、推理、分析、归纳、演绎构建了一个严密的逻辑思维体系。

一提到律师人们常常会想到一个成语——能言善辩。能言是指语言表达能力好，善辩是指逻辑思维能力强。可见，语言表达能力和逻辑思维能力是律师最基本的能力，是律师的"标配"。

我发现不少律师有一种职业的本能，遇到某种情况会很自然地将语言表达能力和逻辑思维能力融为一体，用律师的语言迅速构建自己独特的逻辑思维体系，做到进可攻退可守，始终掌握主动权。

这种情形在谈判中较为常见。下面我们通过一个简单的谈判实例，看看律师是如何做到这一点的。

2022年12月20日，我刚回到老家母亲就说电话停机了，好像是欠费。

欠费？不可能，我年初预存的电话费足够用一年。我寻思着问母亲，今年打过几次电话，打了多长时间。母亲说，记得就打过三次，每次都不超过10分钟。母亲很少打电话，这部电话主要是用于接电话的。

我心里有了数，于是拨通了这家电信运营商的全国统一客服电话，询问具体情况。客服人员告诉我，系统显示从2022年5月开始在原来费用的基础上加收了每月15元单产品功能费。我问他单产品功能费是什么费用，为什么在用户不知情的情况下突然加收？他说，他会把情况反映给当地的分公司，他们会给我打电话，让我直接问他们。

看来这是电信运营商实施的新的收费政策。我立即登录××市××公司（当地分公司）的微信公众号，查询有关单产品功能费的规定，但没有查到。我又打开微信公众号的交费程序，发现固定电话无法在网上交费。这时，我的一部手机振动起来。

"您是吴先生吗？我是××市××公司的，您向客服反映的情况我了解了一下。"一位中年女士用公事公办的语气解释道，"2014年您办了一个单产品功能服务项目，每月15元。一直以来我们公司免收 15 元月基础费，但从今年 5 月开始这个费用不免了，所以您每个月的费用就变成了 30 元。"

"原来如此。"我温和地说，"我有几个问题想请教你。"

"什么问题？"

"第一个问题：什么叫单产品功能费？你们公司每个月收这 15 元单产品功能费，提供了什么特别的服务吗？"

"这个……"她犹豫了一下说，"具体的事情我问问营业部。"

"好。我的电话从 2007 年安装开始，主要用于我母亲接孩子们的电话，很少打出去。接电话和打电话是不是你们说的所谓单产品功能？"

"这个……"

"这个你也得问问营业部，是吧？好。"我依然用温和的语气说，"那我问你第二个问题：2007 年我安装电话的时候你们告诉我，基础费 15 元，赠送来电显示，打电话每分钟 0.15 元。这算不算是我和你们公司之间的约定或者协议？"

"当然，这就是我们之间的协议。"她爽快地回答。

"说得好，这十几年我就是按这个协议履行的。不过，你们好像从来没说过免收基础费啊？"

电话那边没有声音。

"这个你也需要问问营业部,是吧?好。那我问你第三个问题:如果按你刚才的说法,你们公司一直在免收基础费,那么,从2014年到2022年4月,我每个月交的15元应该是单产品功能费,是吧?"

"对。"

"单产品功能费和基础费之间有什么关系吗?比如说,收单产品功能费就不收基础费?"

"单产品功能费和基础费是两个费用,互相之间没有关系。"

"也就是说,基础费的政策和单产品功能费的政策是两个不同的政策,分别执行,是吧?"

"是啊。您这个事……"她不耐烦了,想切入主题,但我毫不客气地打断了她的话。

"我的问题还没有问完,你别着急。"我的语气严厉起来,"我的第四个问题是:刚才你说,你们公司一直在免收基础费,所以,从2014年到2022年4月,我每个月交的15元是单产品功能费。那么,从2007年到2014年,我每个月交的15元也是单产品功能费,是吧?"

"对呀。"她回答,但马上改口道,"不,不对,应该是基础费。"

"应该是基础费?你刚才不是说,你们公司一直免收基础费吗?"我质问道。

电话那边默不作声。

"那么,这7年我交的基础费,你们公司是不是应该退给我?"

"这个,您可能理解错了。"她开始强词夺理,"我们是从2014年开始免基础费的。"

"反应还挺快,好。那我问你,你们公司从2014年起免基础费,而从2022年起又收基础费,这方面国家有政策吗?我刚才问过工信部和发改委,他们说没有这方面的政策规定,包括单产品功能费。"

"这,这是我们公司自己的政策。"

"你们公司?是总公司还是你们××市××公司?"

"这个——我不太清楚。"

"好。最后我再问你一个问题:现在还有基础费这个说法吗?是不是被单产品功能费取代了?实际上基础费和单产品功能费是一回事,是不是?"

电话里传来她咳嗽的声音。我等她的答复,但几十秒钟过去了她仍然没有说话。

"事情已经很清楚了。"我严肃地说,"是你们公司巧立名目擅自收费,影响了我正常使用电话,这既是违约行为也是违法行为。我要求你们马上开通电话,马上退还从2022年5月开始收取的费用。"

"这个费用能不能退由公司领导决定,我们得一步步上报。

至于开通电话，现在不行，因为你还欠费，要不你先交一点？"她打起了官腔。显然，她认为决定权在他们手里，应该妥协的是我。

她的这种态度激起了我心底的怒火，我厉声说道："我欠费是因为你们扣了不该扣的费用。我看你是不想解决问题了。好。咱们不用再谈了，这个问题我通过投诉跟总公司解决。"

"您别——"她喊道，但我已经挂断了电话。她马上把电话打了过来，我没有接。

一小时后，我向该电信运营商的总公司正式投诉了××市××公司。

我讲了两点：（1）我和我的家人从来没有办理过单产品功能的手续。这是××市××公司在2014年线路改造的时候擅自增加的；（2）收取单产品功能费没有法律依据，是××市××公司自己制定的政策，这项政策违反了法律规定和中央政策精神。

接着我提出两点要求：（1）马上开通我的电话，并退还以单产品功能费的名义多收的费用；（2）对××市××公司的违法行为进行调查。这种政策涉及许多消费者的权利，绝非小事。如果这件事不能尽快得到满意的解决，我会向工信部和消费者协会投诉你们总公司。

翌日九点，××市××公司的那位女士又打来电话。我想她应该已经得到领导的指示，有了解决方案，所以接了电话。

"您别挂电话,您先听我讲。"她一边咳嗽一边说。

"好,你说。"我摆出无所谓的态度。

"这件事您看这样行不行,费用我们给您退,然后每个月还是收 15 元,跟以前一样。不过,我们公司必须走审批程序,一般需要四五天。但现在很多人都病了,领导也病了在家休息,整个公司就几个人值班,所以可能得一周左右。您要是不着急能不能等几天?"她用恳求的口吻说。

既然说到这个份儿上我也不能太不近人情,但是我觉得应该借此机会好好"教育"一下她这位大企业的代表。我说:"这倒没有太大关系,关键是你们的态度和理念。我发现,你们公众号上交费栏只有手机和宽带两个,固定电话无法在网上交费。显然,你们是有意排斥固定电话的使用,因为固定电话不赚钱嘛。你们用各种借口多收费用,比如单产品功能费,实际上就是为了逼迫用户放弃使用固定电话。但是有些老年人不会用手机,所以家里必须有固定电话。这个情况你们应该很清楚啊。电信运营商作为大型国有企业,不应该只追求经济利益,还应该承担必要的社会责任。"

"您说得很有道理,不过我们也没有想过逼迫用户不使用固定电话。"她狡辩道。

"好,那你们尽快办吧。"

> "那——吴先生，一会儿总公司的客服可能给您打电话，您能不能告诉他事情已经解决了？"
>
> "这个嘛，我们得实事求是。"我说完挂断了电话。我相信她不会食言，然而如果我告诉总公司的客服我的问题已经得到解决，那么，她就可能用各种借口拖延时间，那时候我就比较被动了。谈判时一定要千方百计掌握主动权，这是谈判的基本原则。
>
> 下午，她又打来电话说，电话已经开通，费用也已经退回。她还善意地提醒我，我的电话费可以用到明年6月，别忘了到时候续费。事情就这样得到解决。

这件事虽然涉及的金额很小，但是性质比较恶劣，他们缺乏对消费者权利的最基本的尊重。

以我的经验，解决这类纠纷最好的方法是投诉。而投诉实际上是一种谈判。

我面对的谈判对象是强大的电信运营商，而我事先毫无准备。我与那位女士交涉的时候甚至不清楚单产品功能费究竟指什么。我跟他们说，工信部和发改委没有这方面的规定是根据多年的执业经验分析出来的。因为正常来讲，固定电话除了接电话、打电话和来电显示之外不可能有其他功能，这个所谓的单产品功能费其实就是原来的基础费，他们显然是换一种新的名称来提高最低消费。

第一章　律师的语言表达能力

在没有准备的情况下开始谈判，只能想办法从对方那里获得必要的事实，从对方的话语中寻找对自己有利的依据和能把对方置于死地的问题。因此，对方所说的每一句话都是律师可以挖掘的宝藏。

那位女士关于电话费的解释就是这样的宝藏。她说："您在2014年办了一个单产品功能服务项目，每月15元。一直以来我们公司免收15元月基础费，但从今年5月开始这个费用不免了，所以您每个月的费用就变成了30元。"这个解释不仅给我提供了有关此事的基本事实，而且让我发现了突破口和打击点。她讲得好像有理有据清清楚楚，但内在逻辑上前后矛盾漏洞百出。

我根据她的这个解释连续提出六个问题，迅速构建了关于此事的逻辑架构。这让她措手不及，她完全失去了还手之力，只好凭借垄断企业代表的地位勉强应付。

这六个问题都直指要害、环环相扣，且设有陷阱。

第一个问题：什么是单产品功能？你们每月收15元单产品功能费，提供了什么特别的服务？

这是个核心问题，因为它是纠纷产生的原因。而她的回答竟然是"问问营业部"。如此基本的事实她说不清楚，说明所谓的"单产品功能"也许根本就不存在。

第二个问题：我初装电话时，你们跟我讲的基础费15元等内容，是不是我和你们公司的约定或者协议？

013

这个问题涉及我们最初的协议，是我这些年交费的依据，所以也很重要。她作了肯定回答，这等于确认了一个重要的事实。其实，对于她来说这个问题是个陷阱。

第三个问题：你们公司一直免收基础费，那么，2014年到2022年4月，我每个月交的15元是不是单产品功能费？

这是苏格拉底式的提问。她只能作肯定回答，虽然她心里清楚，这15元其实就是基础费。我提这个问题，除了让她确认事实之外还有一个更重要的目的，那就是让她无法自圆其说。这是为她专门设置的陷阱。

第四个问题：2007年到2014年，我每个月交的15元是不是也是单产品功能费？

我提出第三个问题的目的之一就是要提出这个问题。我要让她根据惯性作出肯定回答，所以，我提出这个问题的时候，特意把前面关于公司一直免收基础费和2014年到2022年4月我每个月交单产品功能费15元的事实重复了一遍。果然，她不假思索地回答"对呀"，但马上意识到自己说话前后矛盾，于是改口说是基础费。

第五个问题：关于2014年开始免收基础费和从2022年开始恢复收取基础费的法律和政策依据。

近几年，中央反复强调电信企业要在提高服务的同时降低费用，李克强总理在"两会"上还讲过这个问题。因此，从国家层面的政策上，不可能支持已经免收多年的费用又恢复收取。这一点她十分清楚，所以只能回答："这是我们公司自己的规定。"于是我继续追问："是总公司还是你们××市××公司？"这个问题她不好回答，只能缄默。

投诉大企业时，法律或政策依据是十分关键的。如果它们有明确的依据，态度就会迥然不同。而她的这种态度表明，恢复收费根本没有国家政策层面的依据。

第六个问题：现在还有基础费这个说法吗？基础费是不是被单产品功能费取代了？

这是个总结性的自带结论的问题。通过上述五个问题，我对此事有了个基本的判断：自从2014年电话线改造（换成光缆）开始，固定电话的基础费已成为历史，取而代之的是单产品功能费，费用则从每个月15元提高到30元。

在没有增加任何服务功能的情况下，换了个叫法（收费项目名称）就提高收费额，而且是加倍提高，这种行为如果没有国家有关部门的批准并且履行法定的程序（如召开听证会），是违法行为。她对此心知肚明，所以只能用沉默来回答。

谈判进行到这里，她已经理屈词穷，完全处于下风。但是，当我要求退费和开通电话的时候她突然又找回"自信"，以为要想解决问题还必须通过他们。这个时候必须给她致命一击，让她没有讨价还价的余地。所以我告诉她，你没有诚意我不跟你谈，我要通过投诉让总公司来解决，然后直接挂断了电话。这一点肯定出乎她的意料。

紧接着我向总公司投诉××市××公司。服务型大企业的总公司都有比较规范的投诉处理机制。如果你的投诉有理有据而且态度比较坚决，他们就会积极地帮你解决问题。

我向他们指出两点事实和依据，并提出两点要求。最后，我还提醒他们，如果得不到满意的解决，我会向工信部和消费者协会投诉你们总公司。这个过程也是整个谈判的组成部分。虽然接我投诉电话时，他们没有任何表态，也没有和我讨论任何问题，但我认为他们在这件事的处理上发挥了相当关键的作用。没有他们的指示或意见，××市××公司不可能那么轻易地答应我的全部要求。

以上就是电话费纠纷的整个谈判过程以及对它进行的简要分析。在这次谈判中我完全是临场发挥。听完那位女士关于电话费的解释，我的逻辑思维系统就立刻启动了，而语言表达系统也随之启动，两个系统通过六个问题迅速融为一体，共同完成了谈判的目标。这六个问题体现了律师的逻辑思维能力，而提出这六个问题的方式则体现了律师的语言表达能力。这两种能力相互依赖、相互成就，仿佛是一枚硬币的两面。

德国哲学家弗雷格（Frege）曾说，语言是思维的外壳。而我认为，对于律师来说，语言是逻辑思维的外壳，离开了逻辑思维，律师的语言就会变得空洞无物，毫无说服力。

第二章

律师的逻辑思维能力

> 律师的工作须臾离不开逻辑思维，久而久之，逻辑思维就会成为律师的无意识能力。在办案过程中律师追求的并不是客观的事实，而是由证据推理形成的合理的逻辑。对于律师来说，逻辑比事实更真实，或者说，是逻辑决定事实。

律师的语言表达与常人有所不同，主要原因是律师的思维方式比较独特。从根本上讲，思维决定语言的内容。

那么，律师的思维方式是什么样的呢？逻辑思维，本能的逻辑思维。也就是说，逻辑思维应该成为一名合格律师的无意识能力。

逻辑思维的概念我们并不陌生，然而如果问逻辑思维如何在具体办案过程中体现出来，我想能够回答清楚的律师恐怕不会太多。因为思维是一种绵延的过程，是意识的流动。分析、判断、推理、综合，逻辑思维的这几个过程，在办案中常常融为一体难以区分。

不过，如果仔细推敲你会发现这四种思维方式还是泾渭分明的，

而且每种思维都需要不同的能力、发挥着不同的作用。

不具有分析能力，你就很难在堆积如山的材料中找出对我方有利的东西，发现将对方置于死地的线索。

不具有判断能力，你就很难对案件准确定性，制定出合适的策略和方案，并根据形势的变化灵活调整自己的主张。

不具有推理能力，你就很难在复杂的法律关系中归纳出令人信服的逻辑，你的故事就讲不好。

不具有综合能力，你就很难把手里的事实（证据）和法律依据有机地融合起来，形成一个完整的难以攻破的堡垒，办案容易出现支离破碎的现象。

大概十年前，有个青年律师曾经问我：这些不同的能力我应该如何提高？是应该分别学习和锻炼吗？有没有一种训练办法，可以同时提高这些能力？

这是个非常好的问题，其实我也一直在思考和摸索。后来，我根据自己多年的办案经验，总结出可以将这四项能力（还包括办案能力）同时提高的训练方法，这就是"基本功综合训练法"。这种训练方法的主要内容是还原律师办案时的思维过程和工作过程，使未经实战的律师，通过复盘案件和绘制思维导图，在自己的书斋里练成办案的基本功。

律师一般都喜欢看案例，这无疑是良好的学习习惯。但我发现，不少青年律师虽然学了许多案例，可一旦遇到真实的案件还是不知道如何办理。为什么呢？因为他只是学案例，并没有把自己当作该案的代理律师从头到尾做一遍,也就是没有真正复盘案件。学案例,往往涉及的只是有关的知识和案件某个阶段的分析,无法系统地学习办案中的思维方法和工作方法。

下面,我们通过复盘一宗案件,仔细探讨办理案件时律师的思维方法和工作过程。

这之前请你调整好心态,告诉自己:我就是该案的代理律师。

从现在起,你看每一份材料、遇到每一种情况,都要从代理律师的角度思考问题,而且,每一次的思考都要"瞻前顾后",把内容在心里贯穿起来。分析材料不能像黑瞎子掰苞米,顾此失彼。

【案例】

张某被起诉,他请我们代理。原告起诉时的材料只有三份:(1)民事起诉状;(2)股东会决议;(3)债权转让通知书。

案件分析过程如下。

第一步:写阅卷笔录

律师应该在执业之初就养成写阅卷笔录(或摘要)的习惯。材料至少要看两遍,重点内容还要反复看,并写出发现的问题和需要进一步调查的事项。我的实践证明,这是梳理案件找出关键问题的有效办法。

从本案的材料中我们能了解到：

1. 原告为自然人黄某，是 A 公司注销前的大股东、法定代表人。

2. 诉讼请求：解除《股东合作协议》，返还股权转让款 100 万元，支付违约金 50 万元。

3. 原告在起诉状中陈述的事实：（1）A 公司与被告于 2019 年 1 月 28 日签订《股东合作协议》，A 公司按协议约定支付了 100 万元股权转让款，但被告没有办理股权转让登记手续，A 公司没有取得相应的股权。（2）A 公司于 2020 年 9 月注销，注销前该公司将《股东合作协议》中的权利转让给原告黄某。

4. 股东会决议作出时间是 2020 年 3 月 20 日，内容包括："A 公司解散注销后，一切未清洁之债权均由股东黄某承继并对外行使权利。"股东会决议由股东黄某和郑某签字。

5. 债权转让通知书由 A 公司发送给被告张某，作出日期也是 2020 年 3 月 20 日。主要内容：我公司将依据《股东合作协议》取得的全部债权转让给公司实际控制人股东黄某，因你未完全履行合同，构成根本性违约，因此将起诉的权利也一并转让给黄某。

从这些材料中你发现了什么？

第二步：对案卷内容进行分析，发现问题

能够在许多案件材料中迅速发现问题，是律师必须练就的基本功。

那么，从上述材料中我们能够发现什么呢？

1.原告的主体资格似乎有问题。与被告签订协议的是A公司，而不是原告黄某。但是，我们发现该事实没有证据证明。原告没有提交协议书，只是在起诉状里提及此事。原告为什么这么做？难道他手里没有这份协议书吗？还是协议书对他不利？

这些疑问怎么解决？调查。向谁调查？我们的当事人。此时应向当事人了解《股东合作协议》的签订和履行情况，索要协议书等材料。

2. A公司已经注销。原告黄某为什么注销A公司？他是大股东、法定代表人，留着它不是更便于向被告主张权利吗？这里到底有什么目的？

这需要调查，在天眼查等平台了解A公司注销的详细情况。

3. A公司注销前给被告发送了《债权转让通知书》，被告有没有收到？什么时候收到的？

此时应向当事人了解有关《债权转让通知书》的情况。

4.从《债权转让通知书》的内容看，A公司转让的只有债权没有债务，而且转让之后被受让人（大股东）立即注销了。那么，这个债权转让有法律效力吗？原告黄某有没有合法地受让债权？

5. A公司已经注销，黄某有合同解除权吗？

根据以上发现和疑问，整理出需要进一步调查了解的事项，以及需要查阅的有关法律规定。

第三步：调查了解案件事实，并查阅相关法律规定

通过调查，我们了解到以下事实：

1. 被告与A公司存在长期合作关系，双方签订了两份合同：一份是A公司与被告担任法定代表人的B公司签订的《战略合作协议》，约定共同开发北京的某个项目；另一份合同是案涉《股东合作协议》。

2.《股东合作协议》约定：A公司购买股权的价格是250万元，分三期支付，第一期50万元，第二期50万元，第三期150万元。A公司只支付了前两笔共100万元，余款150万元没有支付是因为战略合作进行得不好，A公司不想继续履行该协议。

3. 签订《股东合作协议》时，原告黄某只是一名主管，不是A公司的经理、法定代表人。

4. 被告张某与A公司当时的经理谈过与100万元股权转让款相关的股权登记事宜，但因为A公司没有按新三板交易市场的规定办理账户，所以未能办理过户手续。

5. 原告黄某曾在2019年12月来北京，找被告张某索要100万元股权转让款，张某没给。

6. 从网上查到的A公司注销材料：《全体投资人承诺书》《简

易注销公告》，注销时间是 2020 年 8 月 5 日。《全体投资人承诺书》中，原告黄某和另一个股东书面向工商登记机关承诺，A 公司没有债权债务。

7. 被告收到了《债权转让通知书》，时间是 2021 年 3 月。

要注意这些时间：作出决议的时间、注销时间、通知时间等。

我们查阅相关法律规定并进行初步分析的结果：

1. 根据《公司法》第 20 条、第 22 条的规定，股东会决议侵害债权人利益的应认定无效。

2. 本案应该适用《民法典》。

3. 根据《民法典》的有关规定，转让合同债权向债务人发出有效通知即可，但在本案中，A 公司是在转让债权后由受让人（本案原告）提交虚假材料注销的，明显带有逃避债务的非法目的，因此这个转让行为应认定无效。原告黄某没有合法受让债权，不具有原告的主体资格。

4. 根据《民法典》的有关规定，原告不享有合同的法定解除权。本案不存在合同法定解除的情形，如果原告合法受让债权，则该《股东合作协议》应继续履行。

5. 根据《民法典》的有关规定，A 公司违约在先，被告有后履行抗辩权。

> 6.原告提交虚假文件《全体投资人承诺书》欺骗登记机关，非法注销A公司，按照《公司登记管理条例》（已失效）应受处罚。

第四步：综合分析

什么是综合分析？综合分析就是把事实和法律结合起来，制定诉讼策略和方案，提出自己的完整逻辑。

一、诉讼策略和方案

（一）制定诉讼策略的前提是判断案件的性质

原告起诉时的案由是股权转让合同纠纷。这个案由是否正确？根据已有的证据，原告、被告之间到底是什么法律关系？是股权转让合同纠纷还是债权债务纠纷？法律关系不同，需要准备的证据和法律依据也不同。这是关系到案件方向的大事。

在本案的审理中，法官也曾询问原告、被告的律师认为本案属于什么纠纷。可见法官也很重视这个问题，而且对本案的性质也感觉难以确定。

我的答复是本案属于股权转让合同纠纷。为什么呢？因为只有这样，我手里的证据才能用得上。你的主张如果没有证据支持，那等于你的枪膛里没有子弹。诉讼是真刀真枪的搏斗，不是虚张声势的游戏。

本案中对我方最有利的证据是什么？《股东合作协议》。根据《股东合作协议》，A公司只支付了部分款项即100万元，没有按约定支付 150 万元余款。我方有后履行抗辩权，可以主张对方违约在先，所以没给它过户。

另外，只有案件性质是股权转让合同纠纷，原告黄某的诉讼主体资格才能成为问题。假如此案变成简单的债权债务纠纷，那么，前面这些复杂的法律关系就不复存在，原告只需根据后来沟通中的某种约定就可以主张权利。

因此，开了两次庭之后，原告想撤回诉讼请求中的第一项——解除《股东合作协议》。法官通知我的时候，我表示坚决不同意。我说，如果他要撤第一项就得撤诉，因为没有这一请求其他请求就没有依据。法官和我争论了一会儿，最后告诉我，我只是通知你，不是和你商量。我说，你既然通知我，我就有权利提出我的意见。后来我发现，判决书里那一项诉讼请求没有被撤回。

不过，我们根据自己拥有的证据和制订的策略认定的案件性质，必须在法律上是能够成立的，否则无法形成有效的证明逻辑。

那么，确定案件性质之后我们需要做什么呢？

（二）研究程序问题

本案中的程序问题是，原告黄某有没有诉讼主体资格。这就要看他是否合法地受让了 A 公司的债权。怎么看？看两份证据，一份是《债权转让通知书》，另一份是《股东会决议》。我们要研究这两份证据有没有对被告发生法律效力，然后研究原告黄某为什么欺骗登记机关注销自己的公司。

（三）研究实体问题

本案中主要是看合同的签订和履行情况，确定到底谁违约，尤其是确定谁违约在先。此案第一次开庭后，原告也提交了一份《股东合作协议》，签订日期和内容都与被告提交的合同不一样。按照原告提交的合同，A 公司没有违约。这就涉及应该适用哪一份合同的问题，这个问题立即成为此案的争议焦点之一。

另外，还有一个问题是，原告有没有合同解除权，这决定《股东合作协议》应不应该继续履行。

> 通过以上分析，我确定如下诉讼策略和方案：
>
> 首先，从程序上否定原告黄某的诉讼主体资格。
>
> 其次，从实体上证明 A 公司违约在先。
>
> 最后，提出一个主张：如果原告合法取得债权，则该《股东合作协议》应继续履行。这是为防备出现最不利的情况而安排的退路。

二、我方的逻辑

从前面的诉讼策略和方案里，我方的逻辑框架已经隐约可见。不过，案件的逻辑是更加仔细、更加严密的证明体系。它由案件的事实、适用的法律以及它们之间的有机联系加上必要的归纳推理构成。可以说，案件逻辑就是关于案件的故事。律师实际上是用自己的方式给法庭讲故事，让法庭相信该故事的真实性。这个真实性是相对的，即我方讲的故事相对于对方讲的故事看起来更为真实。

那么，我们用什么来表现案件的逻辑呢？代理词。代理词在案件中的主要作用就在于表现案件的逻辑。下面就是我为本案写的代理词。

代 理 词

尊敬的审判长：

北京某某律师事务所接受被告张某的委托，指派我担任被告与黄某股权转让合同纠纷案件的一审代理人。接受委托后，我对本案的相关材料和法律规定进行了认真仔细的研究，现根据庭审情况，就争议焦点发表如下代理意见，请予参考。

一、原告没有合法受让 A 公司对被告的合同权利，没有资格根据该公司与被告签订的《股东合作协议》起诉被告，应依法驳回其起诉

1.《债权转让通知书》不具有债权转让的法律效力，A 公司对被告的债权未能合法有效地转让给原告。

按照《民法典》的规定，债权单独转让只需通知债务人即可，但本案的情形比较特殊，不能如此简单地认定。本案中，原告在注销A公司之前，特意制作了这份所谓的《债权转让通知书》，受让人是原告自己，而债务人是与该公司有债权债务关系的被告。被告与该公司签订的《股东合作协议》不是单务合同，并非只存在权利不存在义务。事实上，该公司由于没有履行合同义务，给被告造成了巨大的经济损失。这种特殊的关系决定，该公司在注销前转让债权时其债务也必须一并转让，否则必然损害合同相对人的利益。而合同的概括转让不仅需要通知合同相对人，还要取得合同相对人的同意，但在本案中，没有任何证据证明该公司取得了合同相对人即被告张某的同意。因此，该《债权转让通知书》不具有债权转让的法律效力，该公司对被告的债权未能合法有效地转让给原告。

2.《股东会决议》侵害了债权人的利益，应依法认定为无效，原告不能以《股东会决议》承继A公司的债权。

《股东会决议》里说"A公司解散注销后，一切未清结之债权均由股东黄某承继并对外行使权利"。可见，原告黄某只承继了公司的债权，并没有承继公司的债务。在公司未经法定的清算或破产程序而自行解散时，这样的股东会决议必然会侵害债权人的利益，属于股东滥用权利。因此，根据《公司法》第20条、第

22 条之规定应认定《股东会决议》无效，原告不能以该《股东会决议》承继 A 公司的债权。

另外，该《股东会决议》的前提条件也不成立。《股东会决议》里说，"鉴于 A 公司已经将自己对张某的债权转让给公司股东黄某"，因此公司解散并注销，公司债权由黄某承继。上面已经分析过，A 公司没有合法有效地将它对被告的合同权利转让给原告，原告没有取得相应的债权，因此这个"鉴于"的条件是不成立的。

3.《债权转让通知书》对被告没有法律约束力。

《债权转让通知书》的形成时间是 2020 年 3 月 20 日，而 A 公司的注销时间是 2020 年 8 月 5 日。我们知道，即使是单独转让债权的通知，也应该在公司存续时以公司的名义发给债务人才有法律效力。但在本案中，原告到了 2021 年 3 月 24 日才把《债权转让通知书》寄给被告。此时，发出债权转让通知的主体已经不是 A 公司（该公司已经注销）而是原告，而原告作为债权的受让方是无权发出这样的通知的。因此，这份债权转让通知即使不考虑债权债务概括转让的问题，也对被告没有法律约束力。

4. 原告与 A 公司（由原告控制）恶意串通损害被告合法权益，依照《民法典》的规定应认定该行为无效。

原告注销公司的主要目的是，逃避债务同时承继债权。为此，原告先后做了三件事：（1）准备法律文书，即《债权转让通知书》和《股东会决议》。在这两份法律文书里，A公司将公司债权主要是对被告的合同权利转让给了原告，但是没有转让公司的债务和合同义务。（2）欺骗登记机关注销公司。原告和另一股东郑某向工商管理机关申请注销A公司时，写下"公司未发生债权债务"的承诺书，欺骗登记机关进行了注销登记。（3）原告向被告寄去《债权转让通知书》，告知A公司将《股东合作协议》中的全部债权转让给原告。

如前所述，《债权转让通知书》的形成时间是2020年3月20日，而A公司的注销时间是2020年8月5日，可原告到了2021年3月24日才把《债权转让通知书》寄给被告。原告为什么如此安排呢？因为如果A公司在注销前发出这份通知，那么，被告就会提出该公司对被告应承担的债务问题，原告试图逃避债务的目的就不能实现。

可见，原告制作《债权转让通知书》《股东会决议》的目的是通过注销企业逃避债务同时承继债权，因此，原告与A公司（由原告控制）的所谓债权转让行为，应属于"恶意串通，损害他人合法权益的民事法律行为"，根据《民法典》第154条的规定应认定为无效。

原告注销公司还有一个重要目的，那就是试图创造出《股东合作协议》不能继续履行的客观状态，然后起诉被告要求返还资金。因为原告心里十分清楚，如果A公司继续存在，根据《股东合作

第二章 律师的逻辑思维能力

协议》以及被告和 A 公司原老板刘某的约定,《股东合作协议》必须继续履行。而原告已经决心不再履行该协议,因为履行该协议需要承担很多合同义务。

总之,原告为了不继续履行《股东合作协议》,要回 A 公司已经支付的股份购买款,可谓处心积虑,不择手段。法律变成了他手中的工具,我认为这是虚假诉讼的另一种表现形式。原告的这一系列行为,严重违反了《公司法》等法律法规,应依法受到严惩。

5. 原告、被告之间有关 100 万元返还问题的交流,不能改变原告未能合法有效地受让 A 公司债权的事实。

第一,这次交流没有涉及 A 公司向原告转让对被告的合同权利义务的问题。

第二,这只是朋友间的交流,是被告对来访的原告礼节性的接待。双方就 A 公司和被告的《股东合作协议》如何处理没有达成任何具有法律效力的协议。

第三,被告对原告最后的答复是继续履行合同,而不是返还 100 万元。谈话快结束时,原告试图让被告明确承诺年内给钱,但被告委婉地拒绝了他的要求。被告说,刘某告诉他,"你把实名制给他们就行了",说明 A 公司和被告已经达成继续履行合同的协议。因此,如果原告合法有效地受让了 A 公司的合同权利义务,那么，该《股东合作协议》就应该继续履行。

二、A公司的违约是导致该《股东合作协议》未能继续履行的根本原因，A公司没有合同解除权，无权要求被告返还已付款项、支付违约金

1. A公司和被告实际履行的协议是"2019年1月30日协议"，而不是"2019年1月28日协议"。原告在《黄某自书股权合作协议签约过程》中确认，A公司打款时间就是协议签订的时间，而打款时间是2019年1月30日。其实，从协议的内容看，实际履行的也是"2019年1月30日协议"，因为它包含了"2019年1月28日协议"，后者是前者的第一阶段。

2. 该协议第4条约定："甲方（A公司）在签约后三日内向乙方（被告）指定账户支付首期款项人民币50万元，在签约后三十日内支付第二次款项50万元，在签约后六十日内付尾款150万元。如未按时付款，乙方将不承诺履行入股操作，已付款项不予返还。"

这一条款的实际履行情况是，A公司只支付了100万元，仅占应付款项的40%。因此，按照协议约定，被告可以不履行入股操作，而且已收款项不予返还。可见，该协议未能继续履行是因为A公司违约，即没有按协议约定支付款项。所以，根据该协议第7条的约定，A公司还要向守约方（被告）支付违约金并赔偿

给被告造成的损失。而根据该条款的约定，合同解除权不在 A 公司，而在守约的被告一方。因此，在被告没有要求解除合同的情况下，A 公司应继续履行合同。

3. 本案中原告不享有《民法典》第 563 条规定的合同法定解除权。

A 公司原老板刘某曾与被告达成协议，就该公司已付的 100 万元被告可以为其办理过户手续。为此，该公司的代表李某找过被告公司的董事会秘书吕某，吕某明确告知李某，购买新三板公司的股份必须先在新三板开立账户，但后来该公司没有开户，因此该协议未能继续履行。可见，对于 A 公司来说不存在"合同目的不能实现"的情形。如果现在因不能过户致使"合同目的不能实现"，那也是因为原告恶意地注销了 A 公司，故意创造出合同不能履行的状态，所以一切责任在于原告，这种情况下原告不可能享有法定的合同解除权。

三、A 公司违约，给被告造成了重大损失

被告与 A 公司签订《股东合作协议》后，积极安排该公司与北京某公司开展项目合作，为此北京某公司投入大量资金，但由于 A 公司的原因，项目合作被迫中断，给北京某公司造成了 250 多万元的经济损失。被告是北京某公司的股东、实际控制人，因此也遭受了重大损失。

> 综上所述，从程序方面，原告未能合法受让 A 公司的合同权利，没有资格基于 A 公司和被告签订的《股东合作协议》起诉被告，应依法驳回其起诉。
>
> 而从实体方面，即使原告合法受让了 A 公司的合同权利，原告的诉讼请求也没有事实和法律依据，应予驳回。因为导致该《股东合作协议》未能继续履行的原因是 A 公司违约，原告没有合同解除权。
>
> 故，恳请人民法院查明事实，依法作出公正的判决。
>
> 此致
>
> 北京市××区人民法院
>
> 北京某某律师事务所律师　吴春风
>
> 2021 年 8 月 16 日

这份代理词在法律分析方面显得比较复杂，但讲述的故事却非常简单：原告黄某没有合法受让 A 公司的合同债权，不具有诉讼主体资格。退一步讲，原告即使合法受让了债权，也没有合同解除权，因为违约的是 A 公司。而按照 A 公司与被告的约定，《股东合作协议》应该继续履行，现在该协议客观上不能履行是因为原告恶意注销了 A 公司。

这就是我的逻辑。大家可以看到，这份代理词不是几个观点的罗列，而是一个层层递进的完整的逻辑。代理词的意义往往不在于讲述的内容，而在于讲述的逻辑，逻辑才是代理词的核心。有的代理词内容看起来好像没问题，但从逻辑的角度看就存在明显的不合理之处，给人感觉不真实。

记得有一次，某个案件的主审法官对我说："吴律师，我看了你的代理词，明白你的逻辑了。"完整的逻辑，就是法官希望看到的东西，因为通过完整的逻辑，法官才能明白你到底想说什么。

另外，我们要知道，逻辑不等于证据，完整的逻辑也不等于完整的证据链。证据是靠自身的内容来证明某些事实的，而究竟证明的是什么事实，还需要分析和解释，因此证据本身不是结论。

而逻辑是通过对证据综合分析并归纳推理形成的结论。不过，这个逻辑不是事实的逻辑而是思想的逻辑，即我们向法庭讲述的故事不一定是真相，它只是我们对案件的系统论述（思想）。事实的真相不应该成为律师办案追求的目标，因为真相往往是不可知的。其实，对于律师来说，逻辑比事实更真实，或者说，逻辑决定事实。

至此，我们完成了张某案的整个复盘过程。此案把律师办案时的思维方法和工作过程展现得淋漓尽致，从中我们可以清晰地看到逻辑思维能力在办案中发挥的作用。

现在，我建议你马上回过头去，一边重新复盘，一边画出思维导图。

思维导图的形式可以不拘一格，只要把思维的过程和办案的逻辑体现出来即可。思维导图必须自己亲手绘制，在绘制过程中你会有意想不到的收获。

如果你把复盘案件加上绘制思维导图的过程重复许多次，那么，不但你的逻辑思维能力会得到迅速提升，你的办案能力同样会得到相应的提升，因为无意识能力是通过不断重复正确的动作产生的。

第三章

律师的有效沟通能力

律师几乎每天都要面对处于纠纷中的当事人和掌握"生杀大权"的法官,因此沟通能力就显得极为重要。可我惊讶地发现,不少青年律师并不擅长沟通,沟通的效果往往比较差。有些人甚至不清楚应该如何与当事人相处、如何与法官说话。这是个不容忽视的大问题。可以肯定地说,一个无法与当事人和法官进行有效沟通的律师,在竞争如此激烈的行业里是走不远的。

那么,对于律师来说,达到何种程度才能算是有效的沟通呢?

(1)让当事人同意并执行你提出的方案。(2)当事人及时按你的要求提供证据,包括联系证人。(3)当事人充分理解对自己不利的因素,并做好接受最坏情况的心理准备,同时又对案件结果充满信心。(4)法官清楚我方的每一项主张和相应的证据,以及对对方证据的质证意见。(5)法官清楚我方的观点和逻辑,法官的头脑里已经印有我方讲述的完整的故事。

沟通能力达到如此的程度并非可望而不可即，你只要做到以下三点即可：第一，准确定位律师与当事人、律师与法官的关系；第二，准确判断当事人的需求以及法官真正的关注点；第三，在合适的时机用合适的方式传达自己的想法和意见。

当然，律师的沟通目标需要通过许多细致的工作才能完成，那是"润物细无声"的过程。

第一节　让当事人参与办案过程

你想让当事人心悦诚服吗？那就请他们参与办案的整个过程，让他们在每个细节上感受到你的认真、专业、勇气和智慧。

一、如何定位律师和当事人的关系

律师和当事人是什么关系，这是每个律师都要认真思考的问题。

有的律师认为当事人是上帝，我不敢苟同这样的观点。律师不应该是商人，不能从商人的角度看待律师与当事人的关系。因为这样的定位，虽然能够促使律师提高服务水平，但也容易导致律师过分重视金钱。近几年，涉嫌刑事犯罪的律师越来越多，主要原因就在于他们没有正确看待自己的职业。

其实，不管你愿不愿意承认，律师这个职业是比较特殊的，律师天生有一种使命，那就是通过办理具体的案件，使社会变得更加公平。公平就是一种正义。如果律师心里连公平和正义的理念都没有，一心只想着赚钱，我相信他绝不会成为好律师。所以，决心做律师的年轻人首先应该问自己：我想成为什么样的律师？这个问题解决了，你自然会摆正与当事人的关系。

那么，在我眼里当事人是什么呢？是一个需要帮助的病人。我认为，用医患关系来形容律师和当事人的关系，似乎更加贴切一些。而我的经验告诉我，这样的定位对律师开展工作颇有好处。

当你用医者之心看当事人的时候，你的同情心便会油然而生。这一点十分重要。你要明白，来找律师的当事人，大都认为自己是受害者，即使他是侵权或违约的一方。他找律师的目的，除了找一个懂法律的人为他工作使他利益最大化之外，内心还有一个希望，那就是得到律师的理解和同情。

我刚执业时没有想到当事人有这方面的心理诉求，所以只是一味地研究案件，认为只要我的服务足够专业当事人就会满意，直到发生了一件事。

十几年前我代理一个日本人，他被中国的合作伙伴王某骗了近1000万元人民币。起初，我们以涉嫌合同诈骗罪向市公安局经侦支队举报王某，然而经侦支队不给立案。无奈我们只好向法院起诉，要求解除合资协议并赔偿损失。此案比较复杂，历经四年多才有了结果。

在这四年多的时间里，日本当事人三天两头给我打电话询问案件的进展。案件需要走各种程序，律师左右不了这个进度。只要是有点办案经验的律师都知道，每个法院的案件都堆积如山，没有几个案件是能够在法律规定的审限内结案的。然而，这种"国情"很难跟外国人解释清楚。

有一天他请我喝酒，席间突然哭了，哭得很伤心，说这笔钱是他父亲一生的积蓄。他又跟我讲了许多他父亲的事，听着听着我似乎有点明白了。原来他经常给我打电话，真正的目的不是案件，而是渴望从我这里得到一些理解和安慰。因为他觉得只有律师知道他没有过错，他是善良的受害者。他无处诉说这些苦衷，他没法向他的父亲和家人以及日本的朋友解释。他不敢回日本，只能一个人在中国，每天晚上借酒消愁。

我突然发现，他是那样的孤独和无助。他说的一段话我永生难忘："我知道，即使找了律师，这个案件可能也不会有好的结果，但我还是决定找律师，宁可花一些钱。我咨询过不少律师，最后之所以决定请你，是因为我感觉你挺有耐心，而且表现出了对我的同情。"

"我表现出对他的同情了吗？"我心里问自己，感觉脸颊有些发烫，我不记得对他表现出了什么特别的同情。可转念一想，也许我比别的律师显得更有耐心、更有人情味吧。另外，因为我懂日语，用日语跟他交流，他可能感觉更加亲切。

这件事让我恍然大悟：原来，当事人花钱请律师并不完全是为了案件。他们孤独、迷茫，需要有人倾听、有人理解、有人同情。他们支付的律师费里，其实包含着这些感情方面的期望。

自那以后，我就像老中医一样"望闻问切"，从各方面了解当事人的情况，并用医者之心对他们的焦虑、愤怒甚至某些近似病态的反应给予理解和同情。也许是这个缘故，案件结束后仍有一些当事人经常和我联系，有的还成了较好的朋友。

二、如何处理好与当事人的关系

我用医患关系来形容律师和当事人的关系，那么医患关系有什么特点呢？你面对医生的时候应该怎么样做呢？很简单，你要听医生的话，由医生来决定怎么治疗，而不是你来决定。

律师和当事人的关系也应该如此。同情归同情，理解归理解，一旦进入办案过程，当事人必须听律师的话。也就是说，律师在办案时必须能够指挥当事人。实践证明，律师如果不能指挥当事人，就很难处理好与当事人的关系。有的律师不仅无法指挥当事人反而被当事人指挥，我认为这样的律师不是合格的律师。

律师对当事人的指挥主要体现在两方面：第一，当事人必须服从律师的安排。比如，按律师的要求准备证据。第二，当事人必须按照律师制订的方案执行。比如，诉讼方案是主张合同无效，那么当事人在任何时候都不能未经律师同意擅自提出履行合同。

律师和当事人应该适时对案件进行讨论，律师应该仔细聆听当事人的意见，但最终怎么办应由律师来决定，决定之后当事人的义务只是协助和配合。

不能让当事人来指挥你，这是律师的一个底线。

那么，律师怎样才能做到指挥当事人呢？

第一，律师要有一定的气场，律师应该让当事人感觉到你有比较硬朗的性格和不畏强权的正义感。你的目光和声音都应该带着不容轻视的力量。

我们知道，需要是关系的基础，你只有能够满足当事人的需要，他才能发自内心地依赖你。所以我们要考虑，当事人除了需要律师的专业服务以及情感上的同情之外还需要什么呢？很显然，他还需要律师给他信心。专业服务能够让他产生信心，但这远远不够。他的信心来自对律师的整体评价。这整体评价里除了业务精通、富有同情心等因素之外还有一个重要因素，那就是律师表现出来的勇气、强势以及正义感。

当事人最不满意的不是专业性不够的律师，也不是缺乏同情心的律师，而是特别软弱的律师。当事人处于争夺利益的紧要关头，神经异常敏感，他们十分清楚，律师一旦软弱自己的案件就可能败诉，即使这个律师很有专业水平。因为软弱的律师不可能为了当事人的利益全力以赴，面对法官的质疑时，不敢说出该说的话，不敢坚持自己的主张。

我见过一个遭到法官训斥后被当事人辞退的律师，这个律师最大的问题就是软弱。那是 2012 年，在北京某基层法院。他是外地律师，开庭迟到了十几分钟。

法官非常不高兴，他冷冷地说："你是原告的律师，怎么还能来晚？"

律师赶忙笑着道歉："对不起法官，火车晚点了。"

这是个房屋买卖合同纠纷案件。我代理卖方，他代理买方，还有个第三人——房地产中介公司。

庭审开始。原告律师刚说完诉讼请求，法官突然发现了一个问题，厉声质问他："你的证据目录呢？"

原告律师慌忙回答："还没来得及做。"

啪！法官用卷宗拍了一下桌子，轻蔑地瞪着他训斥道："你也是律师？连个证据目录都不做！现在给你5分钟，马上做。"

这位律师至少有50岁，应该是位老律师，他满脸通红，连连点头说："马上，马上。"好在证据不多，他很快就做好了。但我看他已经大汗淋漓，浑身湿透。在那么多人面前，特别是在当事人面前，被法官如此训斥，对于律师来说是一种难以形容的耻辱。

其实，从专业的角度讲，证据目录应该有，但不是法律规定必须有的，所以法官的要求虽然合理但在大庭广众之下如此训斥显然不合适。如果是比较强势的律师，他可能马上就会说庭后我补上，甚至对法官的态度提出抗议。

第二次开庭时，我发现原告换了律师。新律师一身名牌，身边还带着助手，目光炯炯，谈吐犀利，显得颇有气场。

可见"气场"对于律师来说格外重要，它是律师与当事人以及法官无声的沟通。它给当事人专业和权威的感觉，增强当事人的信心；它让法官意识到自己必须尊重他，跟他进行平等的交流。

第二，律师要适当地"教育"当事人，让他认识到自己犯下的错误。

有些当事人素质很高颇有主见，对案件头头是道；还有些当事人"久病成医"，把案件研究得相当"专业"；个别当事人还比较傲慢，认为自己花钱雇你，你就得听他的……总之，许多当事人似乎都有掌控律师的愿望。

一味地迁就当事人，让当事人牵着你的鼻子走，甚至对你发号施令，这不仅是律师的大忌，更是律师无能的表现。直接的后果就是，你无法履行律师的职责，很容易败诉。而一旦败诉了，当事人会把所有责任都推给你。他们绝不会承认败诉是由于自己的胡乱干预和指挥所致，你无处申辩。

在执业经验不足或性格比较软弱的律师身上，时常能够看见上述现象。我认为问题不在当事人而在律师。这说明，他还不具备做律师的心理素质。

那么，合格的律师应该怎么做呢？应该抓住机会"教育"一下当事人，让他明白自己曾经多么愚蠢，明白自己因为做错了哪些事导致案件变得如此被动。这有两个作用：一是告诉他我才是专业的律师，关于案件我是权威，你必须听我的；二是提醒他，如果案件没有取得好的结果，不是因为律师的工作没做到位，而是因为你留下了对自己不利的证据。

什么时候这么做呢？越早越好。因为一开始就应该让当事人知道你是什么样的人，包括你的性格、你的原则、你的专业水平等，让他对你产生敬畏之心。当事人一旦瞧不起你，你的工作就很难开展。他会处处怀疑你说得对不对，你的方案行不行。他会在鸡蛋里挑骨头，让你备受折磨。我相信，许多新手律师都遇到过这种情况。

曾有个年轻同事跟我说，他在一起案件中付出了许多，可当事人就是不满意。我有些好奇，和那位当事人聊了一会儿。她是个退休的大学老师，她跟我说，这个孩子（指年轻律师）太优柔寡断，每次都是我给他拿主意，我感觉他就像我的孩子。我瞬间就明白了，问题不在专业水平上，而在控制力上。她走了之后我问小伙子，能不能找出由于她的过错形成的对她不利的证据。小伙子说有，老太太在微信里和对方说了一些不该说的话。于是我建议小伙子，用这件事好好"教育"一下老太太，让她意识到自己愚蠢的行为可能会产生的严重后果。

小伙子将信将疑地按我的建议做了。大约一个月后，我又在所里见到了那位当事人，我问她案件怎么样了。她说进展得很顺利，还不停地夸赞律师，说这个小伙子非常优秀、非常负责，还说自己遇到了贵人。

我不禁哑然失笑。

第三，要经常鼓励当事人，把他们充分调动起来。

律师和当事人只有紧密合作，才能把案件的证据充分挖掘出来。我发现，一些年轻律师办案很少主动挖掘证据，当事人给什么证据就用什么证据。这不是好的工作习惯。

绝大多数案件，律师接手的时候证据并不多，往往不足以证明我方的观点、形成我方的逻辑。所以，律师的首要工作就是通过当事人挖掘证据。当事人是亲历者，只有他们知道事情是怎么回事。你要鼓励他仔细回忆案件的每一个阶段，看看有没有留下证据。当他结束整个回忆的时候，你可能会发现连当事人自己都没有想到的证据，而这个证据也许会决定案件的胜败。

我曾代理过一起一位大学老教授的委托理财纠纷案件。他是被告，原告在起诉状里讲，被告利用其地位欺骗她投资，但没有给她办理理财账户，教授占用了给她的78万元，所以要求返还款项并支付利息。

此案原告只有四份证据：（1）工商银行和建设银行的个人活期账户交易明细；（2）微信记录；（3）电话录音；（4）其他类似案件的判决书三份。

我仔细研究这些证据后发现，原告虽然证据很少但却可以证明某些关键的事实，比如理财平台被公安机关以涉嫌传销为由查封之后，原告多次找被告索要这笔投资款。被告因为生气加上事先没有准备，在电话里讲了一些对自己不利的话。

我向当事人询问有关情况。老人尽管思路清晰、反应敏捷，但毕竟年事已高，记忆不太清晰。我立刻感觉到此案比较棘手，我担心老人手里没有像样的证据。所以，我开始通过提出问题启发老人，让他一点点回忆与原告认识和相处的整个过程。我们连续沟通了近半个月，"挖掘"出18组46份证据，这些证据真是像古董一样一件件挖出来的。其中有些证据十分关键，比如能够证明原告自己在管理理财账户的聊天记录，那是在老人已经弃用好几年的手机里找到的。当时老人激动万分，半夜给我发了微信。

我把这些证据整理出来后很快就厘清了案件的脉络，形成了自己完整的逻辑。后来，法院驳回了原告所有的诉讼请求，我们取得了完胜。

可见，律师只有把当事人充分调动起来，才能找到需要的证据，才能尽快吃透案件。这种合作是必须的，不是可有可无的。

第四，律师要时刻牢记，当事人很容易给你带来执业风险。

"律师这个职业是充满风险的，而风险首先来自你的当事人。"这是老律师们经常讲的话，应该说是至理名言。所以，和当事人打交道，不仅要热情坦诚、用心关怀，还要谨言慎行、如履薄冰。

当事人是律师执业风险的来源，这似乎是一个悖论。当事人花钱委托你，你代表他的利益，他怎么会害你呢？害你不就等于害自己吗？道理好像如此。但一些血淋淋的事实告诉我们，当事人随时可能背叛自己的律师。

几年前，有位律师遭当事人举报，因涉嫌伪造证据、妨害作证被捕并被判刑，因为他的当事人认为只有这样才能保命。这几年此类事件屡屡发生，甚至有一些办理民商事案件的律师，也被自己的当事人所害，锒铛入狱。

当事人这么做一般有两个原因：

第一，在当事人心里律师只是个达到目的的手段。而他们的主要目的是获得最大的利益，包括最大限度地减少损失。因此，当事人如果能够通过出卖自己的律师得到更大的利益，就可能会选择那样做，特别是在关乎自由甚至生命的刑事案件中。在大部分情况下，当事人之所以还和律师并肩作战，是因为只有如此他的利益才有可能最大化。

第二，律师执业的性质决定了当事人最容易加害于他。律师的日常工作之一就是为当事人确定诉讼方案并指导当事人实施。这里就隐藏着巨大的风险。

我举个民间借贷案件的例子，大家体会一下律师办案的风险。

【案例】

2016年年初,有个同学领来他的朋友王某向我咨询。王某让我看了一张借条,借条的内容很简单:我李某,现从王某处借款80万元。落款时间是2018年3月4日。

王某问我,他凭这个借条起诉李某行不行?

下面是我们俩的对话内容:

我:这80万元,你付给他了吗?

他:给了20万元。

我:那怎么变成80万元了?

他:那20万元是2012年借给他的,当时约定的利息是(月)八分利。60万元是利息,他认可了,重新写了张借条。

我:李某这些年一分钱没还吗?

他:还了点。

我:还了多少?

他:好像还了30万元,一次一万、两万的,都是现金,记不清。

我:这些钱是他签了借条之后还的,对吧?

他:对。但他没有证据,都是现金,在我车上,没有别人。

我:你是不想承认收到这笔钱了?

他:我就是想问你,我要是不承认会怎么样?有什么法律后果?

> 我：你借给他的钱也是现金吗？有证据吗？
>
> 他：是现金。有证人，当时我表弟在身边。我还有录音，他不敢不承认。
>
> 我：你现在已经起诉了还是准备起诉？
>
> 他：已经起诉了，我请了一个老家的律师。
>
> 我：你的律师什么意见？
>
> 他：她说，就按借条的数额起诉，不承认收到30万元。

看到这里你发现问题了吗？发现他的律师如此回答的法律风险了吗？

她已经涉嫌虚假诉讼罪。为什么呢？因为她明知王某已经收到了李某归还的30万元，仍然以借条所体现的所谓事实主张80万元，试图通过法院的审判将其非法利益合法化。

虚假诉讼罪是目前律师执业中最容易触及的犯罪，而且越是为当事人负责的律师越容易犯此罪行，因为他想千方百计地让当事人的利益最大化。

不少律师都会这么做，认为对方没有证据，我们如此主张毫无问题。他们觉得，当事人找律师就是为了达到这个目的，多要来几十万，如果你做不到就不会请你。

这就是在民商事案件中经常出现的来自当事人的风险。

遇到这种问题，律师首先应该想到的是自己的执业风险，而不是当事人的利益。因为当事人追求的是非法利益，而你在为他披上合法的外衣，这与帮助洗钱没什么区别。做律师久了，你会经常遇到一些当事人，他们鬼鬼祟祟地想请你给他出主意或者代理他谋求不正当利益，你帮了他可能会得到不少律师费。这时候你一定要万分小心。

做律师必须有所为有所不为，否则等待你的将是万丈深渊。一旦出事，第一个背叛你的往往是你的当事人。

律师首先要懂得保护自己！

那么，对王某的咨询我是怎么回答的呢？

> 我：对方肯定在法庭上说，他已经给了你30万元。法官如果问你有没有收到，你怎么回答？
>
> 他：他手里没有证据。
>
> 我：我知道他没有证据。我是问你，你怎么回答法官？
>
> 他：我让律师回答。
>
> 我：王总，你可能对法庭审理不太熟悉。有些事实问题，法官经常是直接问当事人，不让律师回答。
>
> 他：那我应该怎么回答呢？
>
> 我：你的律师怎么告诉你的？

他：她说，可以回答"没有"，被告对还款的事实负有举证责任。我感觉她挺有水平，还一心为我着想。

我：那你来问我干什么？

他：可我总觉得心里没底。万一这30万元的事……所以我今天来就是想请教你，我不承认这件事到底有多大风险？有没有万全之策？

我：王总，法官如果想查明事实非常简单，他只要在法庭上连续问你七八个问题你就会发蒙，你的回答就可能前后矛盾，最后你不得不承认收到了那30万元。这种情况我见过好几次。到时候就看法官想不想追究你虚假陈述的法律责任。

他：那我应该怎么办呢？

我：法律问题我已经解释清楚了，至于怎么做你自己决定，因为选择的后果只能由你自己承担。

他：那，我的律师讲的，你觉得有道理吗？

我：对还款的事实被告负有举证责任，这个说得没错。但是，那不等于你们可以在法庭上进行虚假陈述。这是两回事。

就这样我结束了咨询。刚才的这段对话看似漫不经心，却暴露出这个当事人很深的心机。其实，不少当事人都与他类似。

首先，他意识到，不承认收到了30万元可能会有法律风险。但是他心存侥幸，舍不得放弃到手的肥肉，所以试图借助律师来达到他的目的。

其次，他做好了心理准备，一旦出事就把责任推给律师。

而他现在的律师，不仅对自己当事人的险恶用心没有察觉，还很负责任地帮他实现非法的利益。她之所以这么做，可能是因为她觉得被告对自己的主张负有举证责任。她没有想到，自己的当事人正在进行虚假诉讼，而自己是帮凶即共犯。或者，她可能也想到了，但是也和她的当事人一样，心存侥幸心理，认为法官不会追查30万元的事。她的这种做法相当危险。

不过，从另一个角度看，王某之所以想那么做，可能是因为律师给了他一个"合法的理由"，点燃了他的欲念之火。有些风险是律师自己引导出来的。

当然，完全没有风险的案件几乎是不存在的。所以，不是有风险就不能做，而是看你怎么做。而规避风险的第一步就是提防当事人，不要上他的当。

总之，律师应该如何与当事人相处，如何与他们进行有效的沟通，这个话题永远也说不完，因为没有当事人就没有律师。不过，这是仁者见仁、智者见智的问题。每个律师都应该根据自己的性格和思想，在实际工作中逐渐明确与当事人的关系，确定与当事人沟通和相处的原则和方式。

第二节　要善于做法官的助手

> 律师应该在案件审理的每个阶段都通过合适的方式帮助法官了解案件事实和适用法律，让法官在不知不觉中采纳我方的逻辑，支持我方的主张。

一、律师与法官的关系

律师与法官是什么关系呢？用一句话概括就是，人格平等但地位不平等。

我们已经进入文明时代，每个人在人格上都是平等的，这一点毋庸置疑。但是，法官代表国家行使审判权，而律师代表的是处于被审判地位的当事人，所以双方在案件审理中的地位是不平等的。

真正意识到这一点十分重要，因为它在无形中影响着律师与法官交流时的态度。

据我观察，律师在办案中对法官采取的态度，大体有以下四种情形：

1. 把法官当作主宰。在法官面前战战兢兢，唯唯诺诺，关键时刻不敢坚持自己的主张。

2. 把法官当作对手。认为法官有倾向性，所以态度强硬，充满敌意，经常与法官发生争论，有时可能作出相当激烈的行为。

3. 把法官当作工作伙伴。以平等之心面对法官，认为律师和法官都是法律人，只是职责不同而已。

4.把自己当作法官的助手。在案件审理的每个阶段，都用合适的方式向法官提出主张、提出申请、提供证据、发表质证意见、提交代理词，帮助法官掌握案情、厘清逻辑。

第一种态度说明，有些律师非常软弱，而且不清楚自己的职责，不尊重自己的职业。

第二种态度比较危险，因为那是对审判权的不尊重。律师必须对法官有敬畏之心。中国目前还没有藐视法庭罪，但对藐视法庭的行为也有相应的处罚措施。尽管个别法官在案件审理过程中可能显得并不公正，但我们必须时刻记住他是法官，他的乱作为是他的问题，我们不能因此违反法庭纪律，也不能因此把法官当作对手。法官与律师就像球场上的裁判与球员一样，球员对裁判的决定不管有任何意见都必须通过场外的申诉来解决，不能在球场上直接与裁判对抗。

第三种态度较为可取。律师只有从平等的心态出发，才能在法官面前畅所欲言，最大限度地维护当事人的利益。但采用这种态度，往往需要一定的资历或修养。

以我的经验看，最合适的态度应该是第四种，即把自己当作法官的助手。法官很喜欢也很需要律师帮助他搞清楚与案件有关的细节，因为他没有充足的时间深入研究案件。有的法官一年审结四五百起案件，虽然大都是同类型的案件，但每起案件都有其独特性，必须分别研究，不能张冠李戴。因此，如果我们像他的助手一样，帮他分析案件性质和证据，找出争议焦点，梳理案件的脉络，指出可能适用的法律，那么，法官就会在不知不觉中进入我方讲述的故事中，接受我方的逻辑，进而支持我方的主张，这就是"润物细无声"的沟通方法。律师千万不要奢望用几句充满智慧或非常到位的话就能说服法官。

二、法官的思维方式

法官对一起案件的判决最终偏向谁，很大程度上取决于哪一方律师讲的故事更为可信。而若想让法官相信你讲的故事，你就应该深入了解法官在审理案件时的思维方式。

在案件中法官最关心的是什么？他必须达到的目标是什么？他认为案件的焦点问题是什么？他心里认定的事实（法官心证）是什么？他要如何平衡原、被告的利益？影响他定案的主要因素是什么？他的性格和价值观可能是什么样的？这些问题你都应该仔细研究，如果研究透了，就可以比较准确地判断出案件的结果。

最近几年，法院开始实行审判终身负责制和错案责任倒查问责制，这对法官的心理产生了很大影响。如今的法官有"三怕"：怕投诉、怕上诉、怕干预。所以，他们变得越来越谨慎。

于是，"平衡各方利益，在整体上实现公平"成为不少法官追求的目标。这需要一定的智慧，需要在实践中灵活掌握。

我办过一起带有家庭暴力背景的离婚案件。该案可以称得上是这方面的典型案例。

我代理的当事人是女方,在案件中是原告。她有几段录音,清晰地记录了男方实施家庭暴力的过程,从中可以感觉到家庭暴力的严重程度。女方还保留了几次挨打后就医的资料。我与当事人一接触便发现她的精神状态有些异常,所以让她去北京安定医院检查,检查结果是中度抑郁症和中度焦虑症。这些证据基本可以证明家庭暴力存在的事实和家庭暴力产生的严重后果,而家庭暴力的事实一旦得到法院的认定,男方就可能要净身出户,因为他曾写过《保证书》,保证如果再动手打妻子就净身出户。我当时分析,判他净身出户的可能性并不大,因为法院认定家庭暴力向来比较慎重,更何况他们一起生活了近二十年。然而,法院也很难完全无视家庭暴力的存在,毕竟那么多证据摆在那里。所以,法院可能会选择在财产分割的时候更多地照顾女方。我想到的比例是女方得到65%~70%。要知道,在离婚案件中,如果男方没有明显过错,即使根据照顾女方的原则也只是稍微多给一些,一般不会超过55%。因此,如果能得到65%以上,那将是相当不错的结果。

后来判决下来了,我看完后不得不佩服法官的智慧。我提交的证据中有近200万元的费用,那是原告在分居期间的各项支出,包括投资损失、父母的赡养费和医药费等,甚至还包括美容费。正常来说,其中一些费用不应该由原告、被告共同承担。我之所以把它们作为证据提交是为了调解时讨价还价。但出乎我意料的是，判决书完全支持了这近200万元的巨额费用。我继续往下看，猛然发现，我提交了那么多证据证明家庭暴力的事实，判决书里却只字未提。于是我恍然大悟，一下子看懂了法官的思路。我相信法官内心确认了家庭暴力的事实是存在的，然而，一旦认定家庭暴力成立案件就会走向极端。所以，用支持原告巨额费用的方式在财产分割上照顾原告，但财产的整体分割比例还是各50%。这样的判决，理性的原告应该能够接受，而被告则不敢不接受，否则二审可能会判他净身出户。

也许有人会问：这份判决公平吗？如果纯粹从法律的角度考虑，答案是不一定。我认为应该认定家庭暴力的事实，并以此为基础进行裁判。不过，如果从另一个角度考虑，比如考虑夫妻双方长期一起生活的事实以及丈夫那种简单粗暴的处事方式，那么，偶尔殴打妻子的问题应不应该认定为家庭暴力就值得商榷了。另外，认定家庭暴力之后，如果要按照保证书判原告净身出户，是不是会显失公平呢？这也是个问题。

律师和法官最大的不同之处在于，律师只需要考虑自己当事人的利益，而法官则必须考虑双方的利益平衡。但是，案件往往都比较复杂，法官很难找到绝对的平衡，能够实现整体上的平衡就已经很不容易了。

一审判决后，我给当事人解释了判决书里的内容以及上诉可能产生的后果。这位当事人非常聪明,她马上听懂了我的言外之意,没有上诉。后来我跟法官联系,请法院考虑原告的困难减免诉讼费,法官爽快地同意了,并且特意对我表示了感谢。从他的话语中我感觉到,他一直非常担心我方会不会上诉。毕竟他的判决书回避了家庭暴力问题,而那是原告要证明的主要事实,按判决书的写作要求这样的回避是不应该的。

我举这个案例,主要是想让大家了解一下法官的思维方式。因为只有充分了解法官的思维方式,你才有可能和他进行有效的沟通。

三、律师应如何与法官进行有效的沟通

律师把自己定位为法官的助手,并研究法官的思维方式,是为了与法官进行有效的沟通。

而沟通的主要目的是说服法官支持我方的主张。具体包括以下方面:(1)让法官了解我方的主张,主要是诉讼请求(做原告时)和对诉讼请求的意见(做被告时)。(2)让法官了解我方讲述的事实,包括有证据证明的事实和没有证据但我方认为客观上发生的事实。(3)让法官采纳我方的证据以及由这些证据形成的观点和逻辑。(4)让法官进入我方讲述的故事情境中,接受该故事的真实性。

由于法官的工作性质比较特殊,所以,律师应该根据案情发展灵活选择比较合适的沟通方式。

上面我们讲了有家庭暴力背景的离婚案件。现在回顾该案，发现在整个办案过程中，我几乎用尽了律师应该用的所有手段，与法官进行了相当有效的沟通，最终取得了比较好的结果。因此，我们还是以该案为例，探讨律师和法官在案件的审理过程中应如何沟通。

（一）起诉状

起诉状是律师和法官的初次见面，是沟通的开始。众所周知，第一印象十分重要，所以起诉状应该好好写。不过，好好写不等于写得很长，很长意味着你没有抓住案件的要害。但也不能过于简单，过于简单就无法发挥起诉状的作用。

那么，什么样的起诉状才能称之为好呢？我认为要做到"四个准确"：

第一，诉讼主体准确。原告和被告以及第三人必须适格，而且符合诉讼策略。

第二，案由准确。案由就是案件性质，起诉前首先要搞清楚案件性质，这是方向问题。

第三，诉讼请求准确。诉讼请求要结合诉讼策略和证据确定。

第四，基本事实要准确。提出诉讼请求的事实依据是什么，起诉前也要研究明白。

这"四个准确"看起来简单，但真正做到并不容易。我看过一些新手律师写的起诉状，能满足这"四个准确"的不超过一半。这些起诉状基本事实部分写得大都还可以，但案由往往不对，而诉讼请求因为与案由有关也跟着出错。

试想一下，法官拿到这样的起诉状会怎么想呢？首先，可能会对原告的主张产生怀疑。其次，对撰写这份起诉状的律师，可能会作出负面评价。因此，律师一定要认真对待写起诉状这件事。

其实，起诉状除了上面所讲的用途之外还有一个重要的用途，那就是先声夺人，让法官先入为主地产生某种印象。这是重要的诉讼策略，在后面的章节中会做专门的探讨。

现在回到那起离婚案件，看看这份起诉状应该怎么写。离婚案件的案由和诉讼请求不难确定，需要斟酌的主要是"事实与理由"部分，因为法律规定了一些离婚的限制条件。而且，在审判实践中，为了维护家庭的稳定判决不准离婚的情形也不少见。

接受委托后我给自己定了两个目标：一是尽快得到离婚判决；二是我的当事人得到65%以上的财产。为了实现这两个目标，我决定在家庭暴力上大做文章。这就需要写好这份起诉状，我要让主审法官在接触案件的那一刻脑子里就产生这样的印象：这女人确实可怜，而那男人真不是东西。

下面就是我写的起诉状。你们暂且把自己当作法官，看看读完之后能否产生我所希望的那种印象。

起 诉 状

原告：钱某，女，汉族，19××年××月××日出生

身份证号码：××××××××××××××××××

住所地：北京市通州区×小区×楼321号

电话：139×××××××

被告：赵某，男，汉族，19××年×月××日出生

身份证号码：××××××××××××××××××

住所地：北京市朝阳区×小区×楼201号

电话：139×××××××

案由：离婚

诉讼请求

1. 准予原告、被告离婚。

2. 依法分割夫妻共同财产，将原告名下的北京市朝阳区×家园×号楼7门601号房屋（房产证号：京房权证朝私××字第××××号）以及其他夫妻共同财产判归原告所有。

3. 判令被告向原告给付精神损害赔偿金20万元。

4.判令被告承担本案诉讼费用。

事实与理由

原告与被告于 1997 年 5 月 1 日结婚，没有子女。婚后，原告为了使夫妻俩过上幸福美满的生活开始拼命工作。然而，被告自 1999 年起便不再上班，整日待在家里无所事事，近二十年来几乎没有任何收入。因此，不仅买房和买车等大额支出要依靠原告一个人来承担，就连被告本人的基本生活费也要由原告提供。即使是这样，原告为了维持家庭的稳定仍然一直默默付出。

但是，被告作为一个受过高等教育的人，而且作为男人，非但对自己寄生虫似的行为和生活方式丝毫不感到羞耻，不积极去找工作赚钱，履行自己作为一个家庭成员的必要义务，反而开始无事生非，找借口殴打、谩骂、侮辱原告。自 1999 年第一次动手以来，原告已经遭受了被告的许多次殴打，而谩骂则更是家常便饭。被告还经常往原告的脸上吐唾沫，甚至让原告跪下来大声说"我是狗"，否则就是一顿暴打。被告这种丧心病狂的行为，明显带着对原告人格的践踏和侮辱，所以，对原告精神上的伤害格外严重。

由于长期受到这样残酷的家庭暴力，原告在多年前就患上了严重的抑郁症和焦虑症，对人生、对未来几乎丧失了信心，内心十分绝望。而被告则利用原告的这种精神状态和原告的善良，不断恐吓原告，说如果提出离婚就打死她，并扬言要去老家找原告的母亲算账。原告担心发生更加不幸的事情，担心自己会连累到患上癌症的母亲，所以在很长一段时间内，在异常的恐惧中不得不选择了忍耐。于是，原告不仅沦为被告的赚钱机器，而且几乎失去了人身自由。原告每日的行程都要事先向被告报告，只要稍有差错（如晚一点回家），就会遭到被告的疯狂打骂。

2015年4月8日，原告在其母亲的帮助下终于鼓起勇气，趁被告不在北京时逃离了自己辛苦工作购买的房子，开始在外租房独自生活，从此两人正式分居。起初，原告的精神状态非常差，无法正常工作，因此不得不办理了提前退休手续，专心调理身体。经过这两年在北京和上海的诊治和疗养，原告病情有所好转。但前日首都医科大学附属北京安定医院的诊断显示，原告的抑郁症和焦虑症仍然比较严重，需要在服药的同时做长时间的心理辅导治疗。专家说，这疾病源于某种长期的折磨和压力。显然，这是被告长期的殴打、谩骂、侮辱给原告造成的心理创伤。原告毕业于某著名大学，在央企工作，业务能力很强，并且一心为家，本应拥有幸福的人生。但被告的野蛮行为和极端无耻，彻底摧毁了她的生活。

综上，原告认为，被告的家庭暴力已经导致原告、被告两人的夫妻感情完全破裂，根本没有和好的可能。被告曾经写下保证书，承诺一旦再次发生殴打、摔东西等事情，被告就净身出户。这是他因自己的违法行为而应当付出的代价。其实，没有保证书，仅从家庭暴力情节的恶劣程度以及它所造成的严重后果，按照相关的法律规定，被告也不应该分得夫妻共同财产。如果被告这种野蛮无耻的人，在离婚时仅凭夫妻关系就能分得巨额财产，那不仅对原告极不公平，还会助长被告的恶行。

因此，现特向贵院起诉，恳请人民法院查明事实，依法判允原告的诉讼请求，严厉惩治欺辱弱者的被告，为饱受折磨的原告伸张正义。

此致

北京市××区人民法院

附：本诉状副本一份

起诉人：钱　某

2017 年 10 月 28 日

这就是我作为原告的代理律师，在本案中与主审法官的第一次沟通。我相信很快法官就会有反馈。可令我吃惊的是，从反馈里我丝毫没有感觉到法官的同情心。

难道我的方案错了吗？

（二）投诉——一种特殊的沟通方式

大约过了两个月，我突然接到一个电话，电话里传来中年女人沉稳的声音："你是吴律师吗？"

我还没来得及回答，她又说道："我是某某法庭的张法官，钱某起诉离婚的案件在我这儿。"语气似乎柔和了一些。

这么快就要开庭？不，应该是想调解。我思忖着说："您好，张法官。"

"吴律师，是这样，我看了一下材料。那个房子如果给被告的话，你们要多少补偿？"张法官单刀直入。

我迅速地分析这句话的含义：第一，她要判决离婚；第二，她要把房子判给被告。我感到脊背一阵发凉。

我做了个深呼吸，淡淡地说："张法官，我觉得现在谈这个还为时尚早吧。"

电话那边静默了几秒钟后，随着一声轻轻的叹息，传来张法官冰冷的声音："好，我知道了。"

这通电话让我有些心神不宁。一种不祥的预感在我心里弥漫开来：这起案件可能凶多吉少。家庭暴力问题一旦被搁置起来，那么，财产分割上女方要想拿到 60% 都是不可能的。

经验告诉我应该有所行动,然而,事情才刚刚开始,法官的倾向性也不是特别明显,目前还无从下手。我只能先等一等,看看法官有没有进一步的动作。

倏忽又过了三个月。当事人着急了,打电话询问立案都五个多月了为什么不开庭?我告诉她法院案件太多可能排不上,这确实是实情。她说要在庭长接待日去上访。

我跟她解释,法律规定按普通程序审理的案件一审应该在立案后六个月内审结。这位当事人聪明绝顶,她马上说,那我过了六个月再去,六个月内应该结束的案子连庭都不开,我看庭长怎么解释。

六个月后她果真去了,见到了庭长,向他声泪俱下地讲述了自己的遭遇。她按我的建议,对涉及法律的问题只字未提,因为她此刻需要做的只是赢得法官的同情,外行讲法律问题往往适得其反。庭长答应过问一下,然而,一晃又过了一个多月,案件还是杳无音讯。

当事人的精神状态开始出现异常,她的焦虑症似乎严重了,而且好像还有点被害狂想症。她常常失眠,总觉得她老公在跟踪她,甚至还想象其他人如何帮助她老公迫害她。

我觉得到了应该行动的时候。我给她讲了法院系统的内部监督机制,以及人大和检察院对法院的监督机制。她立刻精神大振,求我给她写一份投诉材料。看着她的处境我无法拒绝,这不仅是因为我是她的律师。我发自内心地同情她,更发自内心地蔑视她的丈夫。其实,愿意帮助当事人投诉的律师不多，特别是投诉法官，这对于律师来说是相当危险的事情，弄不好会断送自己的职业前程。

但是，律师这个职业又很特殊。你遇到某起案件某个当事人，无论是出于做人的良知还是职业的尊严或者个人的性格，反正不管什么原因，你即使看到了危险也不能后退。

投诉与起诉在性质上截然不同。起诉只是当事人主张权利的方式，而投诉是一种挑战，所以，必须万分谨慎，要一步一步往前走，越级投诉不但有风险，还容易让自己陷入被动。

这起案件是在××区法院的一个派出法庭审理的，因此，我决定先向××区法院领导反映。下面就是我给当事人起草的投诉材料。

投诉材料

尊敬的××区人民法院领导：

您好。我叫钱某（女，汉族，19××年××月××日出生，身份证号码：××××××××××××××××××，住所地：××××××。电话139××××××××）。

我想向领导反映一件我因长期遭受家庭暴力起诉离婚的案子。这个案子自 2017 年 10 月 28 日立案到现在一直杳无音讯，已经对我身心和生活造成了严重影响。

具体情况是这样的：

我因常年遭受家庭暴力和精神虐待，自 2015 年 5 月起在外租房居住，长期的家庭暴力使我患上了严重的抑郁症和焦虑症，导致我的工作能力基本丧失，不得不提前办理内部退休手续在家休养。

2017 年 10 月，我在朋友们的支持下终于鼓起勇气拿起了法律武器，向人民法院起诉离婚，贵区××法庭于 10 月 28 日正式受理了此案。但因起诉书中清楚地写着我现在的住址，我每天都生活在担心是否会被被告打上门来的恐惧之中，焦虑症、抑郁症更加严重，出现过烧坏多个锅、要想很久才能想起自己住的小区的名字等现象，而且眼睛也不能长时间视物。这个春节也因为怕遭受被告骚扰，没敢在北京家中或回老家过年，而是独自一人漂泊在外。

起诉后，我把从精神痛苦中走出来的希望完全寄托在人民法院上，时刻期待着早日开庭，期待着人民法院公正的处理。然而，此案从立案到现在已经过去整整六个月了，即使按照普通程序审理（我咨询过法律界的人，他们说我这样的案件通常是按简易程序审理），此案也应该已经审结，但却一点消息也没有。

我开始有些恐慌。我想起被告曾多次对我说过的话："法律口我熟人很多，你一个外地人能怎样，我拖也拖死你。"我又想起多年前的情景。有一次,他暴打我的时候,邻居家老太太实在看不过去报了警,可是警察来了之后并没有处理施暴者。因此我在想,法院是否也会如此处理?因为本应该六个月就了结的案子,如今连庭都没有开,这明显是法院(法官)不作为的表现。我认为,司法机关的不作为也是一种违法行为,很容易对当事人产生第二次伤害。

我经常看《今日说法》等法治类节目,看见过好几次法院在办理涉及家庭暴力的婚姻纠纷案件时,法院领导亲自到受害者家里,不仅很有人情味而且案件办理得十分公正。可为什么我的案件却遭到如此的冷漠对待?我没有祈望过法院给予特别的照顾,我只希望能够得到公正的处理。我认为,司法公正首先应从程序上得到体现,连程序上的公正都没有,还能指望实体上的公正吗?想到这里,我更加感到无助和茫然。但是,我不相信世上没有公正,所以我今天给你们写这封信。

我给××法庭和主审法官打过好多电话,想询问至今不开庭的原因,可法院的电话始终打不通,要么占线,要么没人接。法院不是转变工作作风方便当事人诉讼吗?但连电话都打不通,实在让人难以理解。

另外,还有一个情况,我觉得有必要向你们反映。张法官(一个女同志,她的办公室电话是010-×××××××)在12月1日给我打过一个电话,第一句话就问能否在房产上让步。那时候我们刚刚起诉,应该还没有向被告送达起诉材料。我不明白法官为什么问这个问题,我只是感觉到一种明显的倾向性。从起诉材料中法官应该能看到,被告的家庭暴力非常严重,而且被告提出再次发生殴打、辱骂原告的行为就净身出户,为什么法官在没有开庭审理甚至还没有送达起诉状的时候,就问我房产上能否让步呢?从起诉材料中法官还能看到,被告自1999年开始就没有工作,那套房子是我二十多年辛辛苦苦挣钱买的,就连被告这近二十年的生活费、社保费都是我支付的。而为了做到这些,我已经透支体力,加上遭受家庭暴力,已经无法工作,现在只能靠以前的积蓄养老和治病,勉强延续生命。在这种情况下,法官为什么还会说出那种话呢?

从上述事实我不得不得出结论,××法庭和张法官不仅在办理我的案件时严重不作为,而且张法官和××法庭的某些领导与此案可能有利害关系。所以我认为,由××法庭和张法官来审理此案,不会作出公正的判决。故,在此我郑重提出请求:(1)调查××法庭和张法官在本案中的不作为以及可能涉及的违法行为,调查与被告有联系的所有法官(被告电

话：139××××××××、130××××××××、85××
××××)。(2)将本案移出××法庭,由区法院本院亲自审理。
(3)尽快进入本案的审理程序,作出公正判决。

我现在非常焦虑,每天夜不能寐。如今政府和官方媒体都在宣传要保护妇女儿童,严惩家庭暴力,所以我才会克服严重的恐惧心理起诉。而如今给我的感觉是,谁更弱小,谁没社会关系,谁没有反抗能力,谁就被欺负,法官没有为伸张正义采取必要的行动,没有考虑被施暴方在作出抗争时所面临的危险和心理压力。这完全和政府导向背道而驰,政府和官方媒体三番五次说要重视家庭暴力的事情,不知道法院是怎么理解的。如果此事不能尽快得到妥善解决,我准备向全国人大、最高人民法院、妇联等有关部门反映这个问题。我觉得在中国像我这样遭受家庭暴力的妇女应该很多,国家应该从立法、司法、行政各方面给予真正的关怀。

另,此事我准备向区人大内务司法委员会反映,我希望人大能自始至终监督此案的审理。我也会通过互联网等媒体及时公布此案办理的整个过程。

尊敬的领导:我恳求你们设身处地地为我着想,给我一些帮助,我实在非常绝望。我这二十年,为了家庭付出了一切,却遭受这个不劳而获的男人的虐待,房子现在被他霸占着,我却不得不流离失所，我不知道现在应该去做些什么。如果法院和政府都不能为我主持公道，我应该怎么做呢？是不是一定要付出生命的代价，才能得到迟来的正义？而迟来的东西不管是什么也能叫正义吗？

附：立案通知书、起诉状和相关证据材料

投诉人：钱　某

××××年××月××日

这里凡是带有情绪性的内容都是当事人自己加进去的，比如到最高人民法院上访、暗示要自杀等。

我通过投诉希望达到的目的只有一个：督促法官公正地审理。为此，我在投诉材料中提出了一个要求：将该案移出派出法庭，由本院直接审理，理由是该派出法庭和主审法官带有倾向性并且不作为。

不过，我心里清楚，把案件移出派出法庭难度很大，但更换法官却是完全有可能的，因为案件毕竟涉及严重的家庭暴力。

我满怀希望地等着，当事人更是充满期待。可几十天过去了，这份投诉材料仿佛泥牛入海一去不返。当事人问我怎么办，我觉得事已至此已无退路。你的剑既然已经出鞘就不能收回去，否则后果不堪设想。

我帮她准备了三份投诉材料：一份是给上级法院的，一份是给同级人民检察院的，一份是给同级人大的。我之所以敢于这么做，是因为现有的证据足以证明家庭暴力的严重性。这个长期受人虐待的女性应该得到社会各界的同情，而同情在司法机关应该通过公正的审判来体现。一句话，正义在我这边，我出师有名，心里坦然。

当事人相当拼命，她不仅邮寄了材料，还亲自去了这几家单位当面再递交一份。不管谁接待，她都像祥林嫂似的反复述说自己的遭遇。不知是哪个环节起了作用，大约过了一周，我接到派出法庭一个书记员的电话，她告诉我某月某日开庭。两天后，我收到了书面的开庭通知。我发现主审法官是个男的，这说明法官被换掉了。我立刻把这消息通知了当事人，她欣喜万分。

然而，我的心里却依然忐忑不安。如果这位法官为他的同事进行报复怎么办？我不是担心自己，投诉的是当事人，这种情况下他们很难直接打击律师。我担心的是案子，离婚案件的核心是财产分割，而财产分割的比例没有明确的标准，由法官根据案件情况来自由裁量。对于夫妻共同财产较多的离婚案件来说，法官的心稍微偏一点，分到的财产在绝对数额上就可能差距很大。

开庭，只有开了庭才能知道这位新任主审法官的态度。

（三）庭审现场——律师与法官的面对面沟通

参加庭审，是律师的主要工作之一。其实，律师的许多工作是在庭审前完成的，比如分析案件、制定诉讼策略和方案、拟定代理意见、提交起诉状和相关的证据（原告律师）、提出管辖权异议（被告律师）等。然而，做这些工作的目的是在法庭上将其展示出来，成为被法庭认可的案由和诉讼请求，成为被法庭采纳的有效证据，成为说服法官的观点和逻辑。毫无疑问，律师大部分的工作最终体现在庭审中。

法官通过什么判断一个律师的优劣？主要看律师在庭审中的表现。只有通过庭审，法官才能对律师的能力、性格、观点、逻辑等有全面系统的认识。

而作为律师，也只有通过庭审才能真正了解主审法官的水平、风格、倾向性、关注点以及思维方式。

可见，庭审是律师与法官最直接的沟通方式。

钱某离婚案开庭之日，我的当事人披头散发、面色苍白，显得"很不正常"。在法庭上，她一落座便狠狠地瞪了被告一眼，那目光中透着一股玉石俱焚的劲儿。我心里不禁一阵唏嘘。他们是经过两年的恋爱才结婚的，相信一定有过相当幸福的岁月，而现在竟然成了不共戴天的仇敌。

律师经常能够看见这种"人间悲剧"，所以做律师时间长了往往会把人性看得比较灰暗。

我们在法庭上等了约莫20多分钟法官才进来。他30出头，皮肤白净，身材稍显肥胖。他主动跟我和原告打招呼，态度和蔼可亲。我感觉他的微笑中含着难以掩饰的紧张,我立刻想到了之前的投诉。看来,投诉已经在他的心里投下了阴影。

我心里顿时轻松了许多。我并没有对他抱有太大的希望,我只是觉得,他的底线最差也就是"从整体上实现公平"。那样的话,我的目标就有可能实现。

离婚案件的庭审,最怕的是两口子吵起来。所以,法官先是对原告、被告进行了一番法庭纪律方面的教育,然后给双方律师下达了一个任务——管住自己的当事人。

庭审进展得比较顺利。我方作为原告准备了不少证据,但因为有证据目录,一组组证据讲下来并未遇到明显的阻力。对方请的也是老律师,没有在小事上纠缠。

不过,两个当事人却"不老实",他们用不同的方式展示了自己的"风采"。

首先"发飙"的是被告。当我举证证明家庭暴力的严重性时,被告突然站起来指着原告大骂,说她是咎由自取。

法官拍了一下桌子厉声制止:"你再这样,我叫法警把你带出去。"

他的律师赶忙把他按在椅子上,小声劝他不要说话。他朝法官瞥了一眼,然后低头不语。但我发现他满脸黑红喘着粗气,活像一头随时要发动袭击的公牛。

我的当事人显然对他的暴怒习以为常,她几乎是带着微笑望着他。我庆幸她保持着冷静。没想到,过了不到 10 分钟她也"发飙"了,而且对象是自己的律师,也就是我。

当时我正在给法官解释分居期间原告的费用支出表,她猛地打断了我的话。她说:"被告的父母在北京郊区还有一个大院,里面有好几套房子。"

我轻声对她说,你的这个问题等一会儿说,现在是讲费用支出。

她勃然大怒,几乎是歇斯底里地喊道:"那一套房子多少钱你知道吗?你算这些鸡毛蒜皮的账有什么用?"

奇怪的是,她说这句话的时候不是看着我而是看着法官。法官一时没反应过来,他疑惑地望着我。

"不管那套房子值多少钱,现在不是讲这个的时候。你懂什么,给我坐下。你再这样,我就不给你代理了。"我铁青着脸训斥道。

"那按你的意思办吧,我不管了。"她赌气似的说,低着头闭上了嘴。

法官仿佛躲过一劫似的长舒一口气。他木然地朝我点了点头。于是,我接着举证,庭审回到了正常轨道。之后,这两个"活宝"再也没有闹事。

回去的路上当事人告诉我,她刚才在法庭上"发飙"是故意的,目的是让法官切身感觉到她现在确有精神疾病,医院开的抑郁症、焦虑症的诊断证明不是假的。

我搞不清她的真假,然而她的这一招确实挺管用,法官开始怕她了。第二次开庭时,我和对方律师不约而同地没带当事人来,法官喜出望外,对我们说了好几声"感谢"。可见,他那时候的心理压力有多大。

法庭辩论结束时,我递给法官准备好的代理词,他十分诚恳地表示,一定会好好看。我知道,他不是在敷衍我。我心中充满感慨。经过三次庭审,我和他之间不仅在案件细节方面进行了充分的沟通,而且在某些微妙的心理方面也互相给予了理解,这是相当难能可贵的。

另外,我感觉这位法官有个很好的品格,那就是勇于请教。庭审中有两三次,他请教我们两个律师应该怎么办,说自己当法官的时间短没处理过这种案件。这样的情况比较少见,这也说明,在本案中法官和律师的沟通是比较愉快的。

(四)代理词——律师与法官的深度交流

庭审固然重要,但律师如果不能把庭审的情况整理成代理词呈给法官,那么,法官就很难凭着有限的庭审记录和杂乱的庭审记忆,对我方的观点和逻辑形成完整的印象。因此,代理词是律师与法官在庭外进行的深度交流。这种交流是在无声的环境下进行的,仿佛是律师在用文字给法官讲故事。所以，法官此时比较容易接受你的观点和逻辑，甚至会在写判决书的时候拿来参考。因此，这种沟通往往能产生意想不到的效果。

在律师与法官的沟通中，代理词和起诉状除了各自发挥自己独特的作用之外，它们还前后呼应帮助法官从整体上把握案件。所以，下面我把本案的代理词也附上，大家可以感受一下，这样的代理词会对法官产生什么样的影响。

代 理 词

尊敬的审判长：

北京某某律师事务所接受原告钱某的委托，指派我担任原告与被告赵某离婚纠纷案件的一审代理人。接受委托后，我对本案的相关材料和法律规定进行了认真仔细的研究，现根据庭审情况，就争议焦点发表如下代理意见，请予参考。

一、关于离婚协议书的效力

原告、被告签订的所谓离婚协议是依法没有生效的协议，对双方都不具有法律约束力。

《最高人民法院关于适用〈中华人民共和国婚姻法〉若干问题的解释（三）》第14条规定："当事人达成的以登记离婚或者到人民法院协议离婚为条件的财产分割协议，如果双方协议离婚未成，一方在离婚诉讼中反悔的，人民法院应当认定该财产分割协议没有生效，并根据实际情况依法对夫妻共同财产进行分割。"

本案中，原告、被告在那份所谓的离婚协议里明确约定"现双方就自愿离婚一事达成协议如下"。自愿离婚就是协议离婚，但事实上后来双方并没有履行该协议，未能协议离婚，所以，原告不得不将被告起诉到法院，通过诉讼的方式离婚。可见，这完全属于上述司法解释规定的情形，因此，该协议依法没有生效。

以协议离婚为条件的财产分割协议，应当在办理离婚登记手续后生效。如果最后夫妻双方未能离婚，该协议成立但并不生效。因为这类协议签订的目的是离婚之后实施，应当视为附条件的民事行为，如果协议离婚这一条件最终没有成就，则应认定该协议自动失效。

若从物权的角度分析，依照《物权法》第9条（现为《民法典》第209条）的规定，双方即使约定了涉案房屋归哪一方所有，但由于双方未进行不动产物权的转让登记，该物权的转让也不发生效力，涉案房屋仍属于夫妻共同所有，应按有关法律规定根据实际情况进行分割。

二、关于家庭暴力事实的认定

被告自己写的《保证书》、被告打骂原告的录音、原告多份就诊记录等诸多证据都充分证明了被告实施家庭暴力的事实。

被告在《保证书》中承诺："本人保证在今后的生活中不乱发脾气、动手、摔东西，如果再有类似的事情发生，本人净身出户。"这句话说明，被告以前曾经乱发脾气、动手、摔东西，而且情节非常严重，否则不会讲到"净身出户"如此严厉的自我惩罚措施。最高人民法院《涉及家庭暴力婚姻案件审理指南》（以下简称《家暴案件审理指南》）第42条第1款明确规定："加害人在诉讼前做出的口头、书面悔过或保证，可以作为加害人实施家庭暴力的证据。"

录音里能够清晰地听到被告殴打、谩骂、侮辱原告的情形，证明家庭暴力的情节十分严重。被告在庭审中对该录音的真实性没有提出异议，只是认为该录音可能缺乏完整性，但又没有要求进行鉴定，因此应当视为其认可完整性。事实上，该录音是真实、连贯、未被剪接的有效证据，因此应当作为认定事实的依据。在涉及家庭暴力的案件中，由于家庭暴力大都发生在只有两个人的空间里，受害者举证相对困难，因此，原告提供的这类证据，法院应当给予充分的重视，合理分配举证责任。另外，按照《反家庭暴力法》的规定，经常性谩骂也属于家庭暴力。

原告的多份就诊记录都证明了原告因为家庭暴力受伤的事实。一个工作条件良好的知识分子妇女，经常有严重的外伤，而在一个房子里共同生活的丈夫竟然每次都不知道，这显然不合常理。

多家专业医院的诊断书证明，原告患有严重的抑郁症和焦虑症，这是被告对原告实施家庭暴力产生的直接后果。

综上，原告已经充分尽到了自己的举证责任，但被告没有提出相反的证据，仅仅做了口头否认。在这种情况下，按照民事诉讼的优势证据标准，应依法认定被告实施家庭暴力的事实。对此，《家暴案件审理指南》第40条第3款明确规定："原告提供证据证明受侵害事实及伤害后果并指认系被告所为的，举证责任转移到被告。被告虽否认侵害由其所为但无反证的，可以推定被告为加害人，认定家庭暴力的存在。"

三、关于夫妻共同财产的分割

本案中，无论根据被告自己的意思表示还是根据法律的有关规定，被告都不应该分得夫妻共同财产。即使按照公序良俗和社会基本道德准则，被告也应该净身出户。具体理由如下：

1.被告写给原告的《保证书》,是被告附条件地放弃自身财产权利的真实意思表示,是合法有效的民事法律行为,对被告具有法律约束力。

被告在《保证书》中承诺,如果再次发生动手(打人)、摔东西等情况,被告就净身出户,立即搬出。被告作为具有完全民事行为能力的知识分子,应当非常清楚自己这一行为可能产生的法律后果。这是严肃的法律行为,绝不是如被告狡辩的那样"哄她高兴"的儿戏。被告的这一承诺明确表明,被告附条件地放弃了自己的财产权利,即如果被告再次殴打原告,则在离婚时把所有财产都给原告。这是被告为自己严重的过错行为承担责任的方式,也是为自己严重的违法行为应当付出的代价。这是完全公平的。

另外,那份所谓的离婚协议书不能影响《保证书》的效力。如前所述,那份所谓的离婚协议书是未生效的协议。既然未生效,那么它是自始不存在的东西,因此不能用它来说明其他任何问题。可见,被告讲的"因为离婚协议书在《保证书》之后,所以《保证书》失效了"等观点是完全错误的。

总之,被告给原告写了那份《保证书》之后(包括签订那份所谓的离婚协议书之后),恶习不改,又殴打原告多次。因此,原告在起诉离婚的时候，完全有权利要求被告按照《保证书》的承诺净身出户、立即搬出。

2.被告实施的家庭暴力，给原告造成了严重的伤害，是夫妻关系破裂的根本原因，被告应对此承担全部责任。

被告对原告实施的家庭暴力不仅仅是身体暴力，还有精神暴力和经济控制，并且持续了十几年，让原告处于无法摆脱的受暴处境，甚至使原告"学会了无助"（习得性无助）。由此产生的后果就是，原告患上严重的抑郁症和焦虑症，内心经常处于恐惧和绝望的情绪之中，对未来完全丧失了信心。可以毫不夸张地说，原告的人生在很大程度上被被告的野蛮行为毁掉了。这严重的后果说明被告不但应该净身出户，还应承担相应的法律责任。

最高人民法院《关于人民法院审理离婚案件处理财产分割问题的若干具体意见》中规定，分割夫妻共同财产时"照顾无过错方"。《家暴案件审理指南》第18条则从保护受害人的角度提出了明确的要求："在办理涉及家庭暴力的婚姻家庭案件过程中，应当坚持照顾受害人……人民法院不能以任何理由作出与这一原则相悖的裁判。"

3.原告是因遭受家庭暴力伤害而失去工作、身患疾病需要长期治疗的妇女，因此，在分割夫妻共同财产时，依法应得到更多的照顾。

离婚时，保护妇女合法权益，在分割夫妻共同财产方面照顾女方，是《婚姻法》的基本原则。而本案中的原告，无论从法律上还是从情理上都应该受到更多的关照。理由在于：（1）如前所述，原告由于长期遭受家庭暴力，患上了严重的抑郁症和焦虑症。精神疾病产生的痛苦和造成的后果往往比身体疾病要严重得多，对人生的破坏作用也更加明显，而且短时间内难以治愈。（2）原告由于精神疾病工作能力明显下降，几乎无法正常工作，所以不得不提前办理了退休手续。原告的内退工资十分微薄（不足2200元），未来生活没有保障。作为一个已经奔向50岁的女人，且膝下没有儿女，精神状态又不好，以后怎么生活？相比之下，被告作为男人正处于事业顶峰，他本人在庭审中也承认自己目前是某能源公司的副总经理，显然春风得意、前途无量。

最高人民法院在《家暴案件审理指南》第54条中要求："法院依法分割夫妻共同财产时，应当充分考虑家庭暴力因素，以利于女性离婚后在尽可能短的时间内恢复工作和学习的能力，找回自信、独立性和自主决策的能力，更好地承担家庭和社会责任。"也就是说，要高度重视遭受家暴的妇女离婚后的生存和发展问题。该指南第55条规定:"受害人需要治疗的、因家庭暴力失去工作或者影响正常工作的……在财产分割时应得到适当照顾。"而第58条则对此做了具体的规定,符合第55条情况的受害人,分割夫妻共有财产的份额一般不低于70%。

4.被告未尽家庭成员的义务,不应该享有分得夫妻共同财产的权利。

被告自1999年起便不再上班,整日待在家里无所事事,近二十年来几乎没有任何收入。因此,从买房买车到买酱油,家里所有的支出都要由原告一个人来承担,就连被告本人的基本生活费和社保费也要由原告提供。《婚姻法》规定,夫妻有互相扶养的义务,即夫妻二人都有义务努力工作,赚钱养家糊口。这是必须履行的义务。尤其原告、被告都是从外地来到北京的,生活压力非常大,更应该共同奋斗,经营家庭。被告是年富力强的男人,并且是名牌大学的毕业生,但被告却像寄生虫一样,长期依靠原告生活。

我们知道民法有个重要的原则——权利义务对等原则,即你履行了应该履行的义务,才能享有相应的权利。没有无义务的权利,也没有无权利的义务。按照这一原则,像被告这样有工作能力而不去工作,作为家庭成员不尽自己应尽的义务,就无权分得夫妻共同财产。这也是民法公平原则的要求。一个赢弱的女人，二十年来风雨无阻地在外面拼搏，而强壮的男人却在家里吃喝玩乐。不仅如此，这个男人还殴打、辱骂为他创造财富、给他提供生活保障的女人。假如在这种情况下，他仅凭丈夫的身份，就能分得巨额财产，那这世上就没有公平可言了。法律的一个重要的功能是惩恶扬善，如果这样的人得不到惩罚反而得利，而拼命工作的、受到伤害的弱者却要付出不应有的代价，那么，法律也就失去了应有的尊严和价值。《家暴案件审理指南》关注到了这一点，它明确指出，"获益不受罚"是社会上家暴现象不断发生的重要原因。因此，涉及家庭暴力的案件，在分割夫妻共同财产时，应该更多地考虑公平和正义的因素，而不是夫妻身份。

退一步讲，如果真像被告在法庭上所说，分居前他做电影制片人和经纪人的话，他应该有很多高收入才对，但本案中却不见他赚了一分钱。很显然，被告隐藏和转移了巨额财产，因此，如果他不交出来进行分割，那么，依法依理他也无权分得完全由原告收入形成的这一部分夫妻共同财产。

5.根据社会公序良俗和基本道德准则，被告也不应该得到他没有参与创造的财富。按照中国许多地区的风俗习惯，对待被告这样的人的方式就是净身出户（扫地出门）。这样的人是根本没有资格提出分割夫妻共同财产的。这不是什么落后的风俗习惯，这是老百姓基于良知和公平理念而形成的基本的价值取向，是社会基本的道德评判。法律是维护社会基本道德的，法律不能鼓励欺负柔弱妇女、不劳而获的行为。

6.关于涉案房屋的归属，本案中，购房合同等许多证据证明，涉案房屋完全是以原告一人的收入购买的，被告对该房屋的取得没有丝毫贡献，而且目前该房屋产权登记在原告一人名下，因此，该房屋依法应判归原告所有。

四、关于精神损害赔偿金

《婚姻法》第46条（已失效，现为《民法典》第1091条）规定，实施家庭暴力导致离婚的，无过错方有权请求损害赔偿。本案中，被告的家庭暴力对原告的精神造成了极其严重的损害。那是一种常人难以想象的痛苦，这痛苦转变成疾病至今影响着原告的生活，而且必然还会继续影响原告以后的生活。因此，被告应当向原告支付精神损害赔偿金。

综上所述，原告认为，原告、被告的夫妻感情已经完全破裂，而被告实施的家庭暴力给原告的身心造成了严重的伤害，被告必须为自己的违法行为承担相应的法律责任。因此，恳请人民法院查明事实，依法支持原告的诉讼请求。

　　此致

北京市××区人民法院

北京某某律师事务所律师　吴春风

2018 年 7 月 23 日

（五）各种申请书——律师与法官的无声交流

　　在案件审理过程中，律师应根据需要及时提交各种申请书，比如财产保全申请书、鉴定申请书、追加第三人申请书、证人出庭申请书、调查取证申请书等。这是律师必须做的工作，不做就是失职。

　　那么，这些申请书起什么作用呢？提醒法官，如果不批准申请书，那么很可能无法查明本案的事实，或者会导致我方当事人的利益得不到保障（如财产保全申请书）。有的申请书，比如追加第三人申请书法官不予批准，这说明他认为不需要追加第三人就可以查明事实。可见，这些申请书是律师与法官的一种无声的交流。

　　在钱某的离婚案件中，我准备了两份申请书，但都没有用上。

　　一个是笔迹鉴定申请书，目的是确定《保证书》系被告赵某所写。没想到，被告直接认可了自己的笔迹。

　　另一个是财产评估申请书，目的是确定涉案房屋的价格，以便对财产进行分割。法庭上,我坚持涉案房屋必须给原告,这是底线。法官问我涉案房屋的市场价格。我给了他一张表,那是"我爱我家"等知名房地产中介公司的房屋出售价格表。法官征求被告的意见,被告不同意,认为太高。既然双方不能就房屋价格达成一致,那就只能评估,法官让我提出申请。我说,这个申请应该由被告提出,因为原告已经提出了有说服力的市场价格。法官觉得有道理,指令被告提交申请。

其实,当时我已经准备好了申请书,但为什么还要坚持让被告提出申请呢?因为谁提出申请谁就要垫付评估费。我的当事人为离婚的事已经焦头烂额,我不想再让她付出什么,哪怕只是垫付。而且,我想让法官明白,在权利面前我是寸步不让的。

法庭上,律师往往需要进行这样的较量。即使不涉及实体利益,律师也要重视,因为这关系到"气势"。博弈不仅要靠实力,还要靠气势。这种气势主要是给法官展示的,法官会敏锐地察觉到双方气势的强弱。这是微妙的心理战。

律师一定要时刻记住,你在法庭上的任何表现都是给法官看的,与对方律师或当事人无关。

以上就是律师与法官进行有效沟通的方式。虽然律师在案件审理的大部分时间内是在做法官的助手,帮助法官掌握案情厘清思路,但有时也存在心理上的博弈,甚至可以说律师和法官的沟通,从某种角度上是"斗智斗勇"的过程。然而,这不等于律师应将法官视为对手。

对于律师来说，法官永远是需要说服的对象，只是有时候迫不得已要采取特殊的说服方式而已。不过，无论如何律师都应该具有超出常人的勇气、智慧和责任感。

律师是战士也是将军，这是值得尊敬的职业。如果作为律师你没有职业自豪感，我劝你最好不要做下去。

第四章

律师的解决问题能力

> 对善于解决问题的律师来说,法律手段犹如庖丁手里的刀,而当事人的案件就像庖丁要解的牛。不过,律师解决问题比庖丁解牛还要复杂得多,因为他必须深谙人的心理。

律师最核心的能力是什么?不是语言表达能力,也不是逻辑思维能力,更不是有效沟通能力,而是解决问题的能力。即使你语言表达很机智,思维也很有逻辑,与人沟通也很顺畅,但如果不善于解决问题,你就不是一个好律师,因为当事人花钱请你是为了解决他的难题的。

当事人的难题必然涉及法律问题,但不一定只是法律问题,它往往包括其他方面,非常复杂。比较大的事情,如企业的合资合作、兼并重组等自不必说,即便是老百姓的小事通常也不单纯是法律问题,或者说,不能只用法律手段来解决。

有一次,在故宫经营旅游商品的朋友找我咨询。他把一幅国画卖给了一位韩国人,那位韩国人只付了三分之一的货款,承诺回去后支付余款。

可这位韩国人不讲信用，回国后就杳无音信，他不知道怎么办好。我问他那个人是干什么的，他说是个牧师，知道在哪个教堂工作，有具体住址。我说，那就好办了，我给他写一封信，你让韩国的朋友亲自带给他。

我在信里告诉那位牧师我是律师，但只字未提法律问题。我只是和他谈牧师这个职业的崇高性，还引用了几条《圣经》里耶稣的名言。最后，我警告了一句：如果一周内收不到款项，那么，教堂的四周就会贴满关于您赖账的"大字报"。结果怎么样呢？他见到信恼羞成怒，发了一通火，可还是老老实实地付清了余款。

我这封信起到了不战而屈人之兵的效果，为什么呢？因为我抓住了他的命门，这就是打蛇打七寸。牧师最怕什么？最怕名誉受到影响。在外国，牧师是受人尊敬的职业，据说也比较赚钱，而尊敬和金钱来自高尚的人格和良好的声望。要是教民们知道他在国外骗人，买东西不给钱，那会如何呢？他会瞬间失去一切。

解决这件事我并没有使用法律手段，我只是亮出自己的身份——律师，让他重视我这封信。起作用的是后面两步，这两步都与法律无关：第一步，我用《圣经》里的话告诫他，他的行为是违反"天条"的。他毕竟是牧师，对耶稣之言不敢漠然视之。第二步，我警告他耍赖的严重后果，这是关键。一个人不感到危险和恐惧，是不可能妥协的。

可见，律师不仅要有广博的知识，还要足智多谋。这就是所谓的综合素质，而律师解决问题的能力就源于综合素质。

律师要解决的问题本质上都是关于人的问题,尽管有些问题看起来好像只涉及事件。而想解决人的问题,就要研究人的心理。其中两方面的心理最为重要:一是他渴望什么;二是他恐惧什么。有时候渴望战胜恐惧,有时候恐惧战胜渴望。他可能会在渴望和恐惧之间摇摆不定。这就是解决问题的切入点,律师要通过影响他的选择来解决问题。如果你需要自己的当事人一往无前,你就要让他的渴望战胜恐惧。而如果你想让对方当事人与你和解,你就要让他的恐惧战胜渴望。

此时法律起什么作用呢?手段和工具。当然,法律也是一种思维方式,这是前提。律师解决问题的方式不同于他人,因为他的思维方式是基于法律的逻辑。

那么,律师用法律手段通过影响人的心理来解决问题,具体应如何操作呢?

前述韩国人的故事过于简单,下面举一个稍微复杂一点的例子。

> 大约十年前,在北方 K 县发生了一起交通事故。张某(66 岁,女)骑自行车正行驶在市中心的道路上,被一辆面包车的后视镜给刮倒了。那辆车没挂牌照,但她认出是城管的车。该车停了片刻后扬长而去。后面跟上来的一位出租车司机把张某送到了医院。
>
> 张某的儿子小李很是气愤,他去找城管大队理论,但他们不

第四章 律师的解决问题能力

> 承认是自己的车剐倒的张某。他又去交警大队，要求查看监控记录，因为事故发生地是繁华地带，肯定有摄像头。可让他万万没想到的是，交警大队告诉他，张某摔倒的那段视频（约 10 秒）因为设备故障看不到。
>
> 后来，交警大队的事故认定书认定，张某的自行车被左右驶来的城管车和出租车夹在中间，两辆车都没有碰到张某，但张某因为感到了压力而自己摔倒，故认定城管车和出租车对事故承担同等责任，张某对事故没有责任。可以说，这份《道路交通事故认定书》是我做律师这么多年所见过的"最奇葩"的法律文书之一。

那么，从上面的事实中我们能发现什么呢？

第一，这 10 秒钟的监控记录消失得有点神秘。真的那么巧，张某要摔倒的时候设备就损坏，而张某一躺在地上设备自己又恢复正常了？假如不是设备损坏，那说明有人故意删除视频，这是什么性质的行为？

第二，交警大队的责任认定"很有学问"。首先，两辆车既然都没有碰到她，就不应该有责任，即便有责任，他们的责任也应该是次要的，张某自己的责任才是主要的。其次，出租车司机是送张某去医院的人，是在做好事，张某都说跟他没关系，但如今他却变成了共同肇事者。这里到底有什么"故事"？

095

这两个问题都非同小可。我觉得事情的性质已经发生了变化，这不是单纯的交通事故案件。所以，小李讲完之后我沉默良久。小李看我不说话以为我不敢接这个案件，露出失望的神色。

我没有在意他的情绪。我的确在想自己出面可能产生的后果。我是从农村出来的，深知在县城里公安和城管的威力。虽然有些地方对北京律师另眼相看，给予一定的"尊重"，但如果没有真正站得住的理由，也不能贸然出手，否则会相当危险。中国有句老话，"强龙压不过地头蛇"，何况我还不是强龙，我只是个微不足道的律师。要说有些官员对我还算客气、还能给我解决问题，那是因为他们的头上悬着法律这把剑，而我只是让他们更清楚地看到了这把剑可能产生的威力而已。

从律师的角度，解决这件事有多种方法。你可以代理张某，依法对《道路交通事故认定书》提出复核申请；你也可以代理张某，起诉城管车辆的司机和出租车司机，要求他们承担侵权责任；你还可以代理张某，向上级机关投诉交警大队等有关部门，要求调查可能存在的违法行为。

这些都属于"正规"的方法，是许多律师普遍采用的。它们的优点是，律师几乎不存在风险，缺点是解决问题的时间可能会很长而且效果不一定好。

我始终认为，律师在办案中应该尽力追求两个目标，因为它们是当事人最迫切的心愿：一是尽快解决问题；二是解决的效果好。一些案件对时间是有特别要求的，如追索赡养费、抚养费案件，所以有了

第四章　律师的解决问题能力

先予执行制度。当然，这是指原告。

被告的目的则恰恰相反，他希望案件拖的时间越长越好，因此，被告的律师要想方设法拽住案件的大腿让案件的推进举步维艰。

以前我在某房地产集团负责法律事务的时候，有个动迁户起诉我们，说安置房少了 15 平方米，而那套房总面积还不到 70 平方米。我了解之后发现情况属实，面积之所以差这么多是因为对阁楼面积的计算方式不一样，我们的计算方式是错误的。我写了份报告给老板，建议给她补偿让她撤诉，然而老板不同意。他说，类似的动迁户估计有四五十家，给她补偿了那些人怎么办，加起来上千万元啊。他指示我先想办法拖下去，等以后有条件的时候一起解决。

我苦笑着摇了摇头。

"你这个书呆子恐怕也干不了这件事，你交给小刘吧。"老板说。

小刘是我的下属，法务部部长助理，负责清理债权债务。于是，我把案件交给小刘后就没再管它。

大约过了三年，一位律师朋友找我。他姓侯，比我大十来岁，我叫他"猴哥"。

猴哥张口就说："春风，我求你了，她是绿化处扫大街的工人，现在生活非常困难，给她点补偿费吧。"

我一头雾水，问他是什么事。

"就是赵某某的案子。你别提了，他们玩死我了。"猴哥气急败坏地说，"他们隔几个月就换一个主审法官，所以我每次去找法官，得到的都是那句话：'我刚接手，先了解一下。'而大概一年前，庭长又把案件交给了一个患癌症的法官。"

我不禁笑出声来。我认识这位法官，他曾跟我说过，他是庭里的"垃圾桶"，凡是解决不了的案子庭长都扔给他。

他苦笑了一下，接着说道："他没有住院治疗，但需要经常去医院，几乎找不到他。"

"为什么不投诉他们？"我问。

"投诉了，能不投诉吗？本院的领导，还有人大的，可一点用都没有。他们接待的态度都很好，但就是不解决问题。"

"猴哥，我恐怕无能为力，只涉及她一个人好办……"我想起老板的话，犹豫着说。

"春风，你放心，我绝对让当事人保密。"猴哥保证道。

"我试试看吧，你不要抱什么希望。"我了解老板，他答应的可能性极小。

猴哥走后，我向小刘了解情况，然后写了一份材料给老板。第二天，我收到了老板的批示：先让她撤诉，再研究补偿方式。

我觉得时机差不多成熟了，老板可能想系统地解决这个问题，因为他很重视影响。所以，我用短信把老板的批示内容发给猴哥，让他好好考虑一下。猴哥把电话打过来跟我聊了很长时间。他的意思是，拿到补偿费之前作为律师他不敢让当事人撤诉，否则自己就有责任了。我理解他的苦衷，但我也知道，不撤诉老板是不可能给钱的。

所以，此事未能和解。后来我离开了企业，猴哥继续努力，终于在第二年拿到了法院的判决，判决的结果还不错，补偿的数额比较高，"猴哥"多年的坚持总算有了回报。

现在回到张某交通事故案。

如今有两个问题摆在我的面前：（1）这起案件应不应该代理？（2）如果代理应该怎么做？

决定是否应该代理，只需考虑两点：一是职业风险；二是能不能解决问题。职业风险与采用的方案有关，是完全可控的，而解决这件事看起来虽然棘手但也不是无计可施。我觉得有点意思，比起走程序的案件，这样的案件更具有挑战性。我决定介入，而且是免费代理。

现在只剩下一个问题：怎么做？前面提到的那几种按部就班的办法根本不行，我耗不起。既然是免费代理，我就不能在这起案件里投入太多时间，我必须找到一招制敌的办法。

这件事里，城管车辆的司机是肇事者，但试图保护他的是交警大队，因此，我们应该全力以赴"攻克"交警大队。

那么，交警大队此刻最害怕什么呢？这要看他们都做了什么。

1. 监控记录关键的10秒看不见。不管他们动没动手脚，这个嫌疑已经非常明显，如果给不出合理的解释恐怕就会变成大问题。假设在公安机关内部有人删除了可以给人定罪的证据，这是什么性质的行为？

2.《道路交通事故认定书》漏洞百出。其中最大的问题是，为什么做好事的出租车司机竟然变成了肇事者？如果真相水落石出，有些人就可能会锒铛入狱，因为他们这么做的原因显然是为了帮助城管车辆的司机逃避刑事责任。

3.一旦上面的两件事传开，K县公安和城管就要大祸临头。

分析到这里，我们的攻击点就一目了然了。但是，他们的堡垒过于坚固，一般的力量和方法是打不开的。

律师有没有这个力量？当地的律师似乎没有。小李去了那个省的好多家律师事务所，都没有人敢接这个案子。北京的律师呢？可能有，但取决于采用的方法，方法不当不仅打不开，弄不好还反受其害。

这方法就是策略和方案。如果是你会怎么做呢？

我经过反复琢磨，决定与K县公安机关协商解决。这就是我的策略。具体方案是这样的：

第一步：递交一份书面的请求书，让他们准备相关材料并给予答复。

第二步：约时间当面交流，看交流的情况调整策略。

第三步：如果达成一致，则交给小李及时跟进解决；如果达不成一致，则向市委、市政府反映问题，然后一级一级走上访程序。

下面是我给K县公安局写的《请求书》。

请 求 书

K县公安局：

我叫张某，20××年6月14日8时30分许，我骑自行车沿××大街由南向北行至××路路口处时被一辆面包车撞伤。K县公安局交通警察大队于20××年7月15日出具《道路交通事故认定书》，认定孙某、张某某承担事故同等责任。

我对本案的处理尚有几点疑义，现提出如下请求，请贵局给予解答：

1. 请求对监控记录进行技术鉴定。监控记录是本案最关键的证据，此前办案部门对该记录消失之事的解释很难令人信服，希望贵局请权威机构进行技术鉴定，以便查清事实真相，给受害人一个满意的答复。另外，监控设备是公安部门为了执法而设置的，公安部门有责任对其进行维护，使其保持良好状态。设置了监控设备，而发生事故时设备恰好出现故障，如何令人信服？

2. 追究逃逸者的法律责任。《道路交通事故认定书》认定，孙某承担事故的同等责任。这说明孙某是事故责任者，但孙某在发生该事故后没有停下来救助伤者，而是扬长而去，这显然涉嫌

> 逃逸，而逃逸是严重的违法犯罪行为，我要求公安机关对此进行立案侦查，严肃查处有关人员，给受害人一个公道。
>
> 　　以上请求还望贵局给予充分考虑，尽快给予答复，如果得不到满意的答复，我将不得不采取以下措施，以维护我的合法权益：
>
> 　　1. 依法逐级上访，直到查清事实为止。我相信政府一定会还原真实经过，绝不会让违法者逍遥法外，也不会让无辜者蒙冤受屈。
>
> 　　2. 通过媒体公布本案的经过，让大家评理，我相信公道自在人心。
>
> 请求人：张　某
> 20××年7月22日

　　大家可能已经注意到，这份《请求书》是以当事人的名义写的，这也是出于策略上的考虑。一来，当事人是受害者，而且是老年人，以她的角度写感情更显得真切；二来，律师暂且退至幕后，这样可以进退自如。我是把我的名片和《请求书》一起交给公安局信访室主任的，所以，他们清楚这实际上是律师在办案，应该给予必要的重视。

　　可他们重视的程度却大大出乎我的意料。第二天上午，信访室主任打电话通知我，下午 3 点主管副局长和有关办案人员想和我见个面。我非常高兴，领着小李提前 10 分钟到了信访室。

我和主任天南地北悠闲地聊着，不觉到了 3 点半。我问主任怎么回事，主任笑着说他们在上面开会。我也笑了，我猜想他们是在研究如何对付我这个"不速之客"。这种情形我已经见过好几次。

大约 4 点钟，他们走进信访室。主管副局长姓徐，50 岁出头，那犀利的眼神一看就是老公安。不过，他的态度倒是十分和蔼。他先把自己的手下介绍了一遍，有技术中心主任、交警大队大队长、主管本案的中队长、办案警官等，然后十分客气地说："吴律师，我让他们把案件办理情况先给你汇报一下。"

我感到有些"受宠若惊"，赶紧回礼："很抱歉，打扰你们了，你们这么忙……"

"没事。"徐局长大手一挥，"王主任，你先介绍一下监控录像的事。"

这位王主任脑袋圆圆的，戴着一副高度近视镜，显得胆小、文弱。他冲我笑了笑，翻开一个笔记本开始讲监控设备的损坏情况。

我忍不住轻声笑了一下。他从笔记本上猛地抬起头望着我，这眼神正好与我带着嘲讽的眼神碰在一起，他立刻满脸通红。我发现他接下来的讲话很不连贯，而且声音还有点颤抖。看着他的窘态我心里不禁一阵欣喜，他的神情已经说明了一切。

主管本案的中队长介绍了《道路交通事故认定书》的出具情况。他说，之所以如此认定完全是为了照顾张某，让张某能够得到实际赔偿。他的言外之意是，两个人承担责任总比一个人好，而且出租车司机应该更有钱。我又忍不住笑了。可他依然面不改色地往下讲，好像根本没把我放在眼里。我心想，在一线执法的警察果然不一样。

这几个人大概"汇报"了半小时。最后，徐局长做了总结。他说："公安机关为了最大限度地保护受害者的利益做了许多工作，虽然有些工作不尽如人意，但是按现有的条件这可能是最好的处理结果了，希望你们能理解。"

讲完后他面带微笑地望着我，显然是让我说话。我也微笑着开口了："徐局长，各位领导，非常感谢你们为受害者所做的工作，我首先代表她和她的家人向你们表示诚挚的谢意。正如刚才徐局长所讲的，如果不是你们把受害者的利益放在首位，就不可能有现在这样的《道路交通事故认定书》。必须承认，这个《道路交通事故认定书》对于受害者来说是个不错的保障。"

讲到这儿，我停下来笑眯眯地环视了一圈，发现徐局长和他们每个人脸上都露出了满意的神情。

这时，我突然收住笑容盯住徐局长的眼睛严肃地说道："不过，徐局长，很遗憾，我的疑问还是没有解开。这个监控设备到底是怎么，我希望你们给我一份书面报告，我拿着它回到北京，找一家最权威的机构鉴定一下,这是第一。第二,城管的司机显然涉嫌逃逸,他现在对受害者没有任何态度,也从来没来看望过。我希望对他进行严肃处理,不能让他逍遥法外。"

他们脸上的笑意不见了,有的人表情木然,有的人面露紧张。还是徐局长稳如泰山,他似乎早有准备,异常平静地说:"吴律师,你提出的这两个问题非常重要。第一个问题,我们已经请求省厅派技术专家来检查。第二个问题,我已经指示局有关部门对涉嫌逃逸的城管司机进行调查。我一定会给你们一个满意的答复。我相信这件事能够在公安局范围内得到满意的解决。"

徐局长这几句话讲得铿锵有力。不过,我感兴趣的是最后一句话:"我相信这件事能够在公安局范围内得到满意的解决。"这才是他这番话的核心。坦率来讲,我没有想到徐局长表态如此痛快。这是局长在众人面前作出的庄严承诺。尽管我见过不少说话不算数的领导,但是我当时对他的话还是坚信不疑,理由很简单:第一,从徐局长这个人的性格看,他肯定不是随便承诺的人;第二,这件事涉及的问题如此严重,他不敢失信于我。他是个顾全大局的人。

我立刻作出积极的回应:"有徐局长这句话,我们就放心了。"

徐局长没有食言。两个月后,张某出院时得到了城管给付的赔偿金 36 万元。至于我提出的那两个问题,我没有追问处理结果,我相信他们会秉公执法。

此事就这样尘埃落定，各方都比较满意。

本来非常复杂的事情，通过一次交谈就得到解决，看起来有点不可思议，但仔细一想也是理所当然。

我讲这个故事并详细分析它，是想提炼出律师解决问题的能力究竟是什么。我认为，这种能力主要体现在以下几个方面：

1. 策划能力。即拿出策略和方案的能力。这里主要体现创造性，很多疑难问题的解决是需要创造性的。

2. 抓住要害的能力。即发现对方的致命弱点并迅速加以利用的能力。

3. 灵活应变的能力。即根据形势的变化灵活调整自己的方案。

4. 沉着应对的能力。即不管遇到什么人什么情况，不慌张，不退缩，坚持自己的原则。

那么，如何提高解决问题的能力呢？

第一步：模仿老律师的做法。

练过书法的人都知道，学习书法首先是临帖，即临摹以前书法家的字帖，学习他字的结构和运笔方式等。实践证明，临帖是中国书法入门的钥匙，是打基础的好方法。临帖有三种方法：（1）对临，即将范本置于眼前，看一笔写一笔。（2）背临，即不看范本，只凭印象将字临写下来。（3）意临，即临写范本时，追求行气及整体的神韵和意境。

学习解决问题，其方法与学习书法颇为相似。为什么我要举例子详细说明解决问题的过程呢？就是想让大家先看一下有经验的老律师是怎么解决问题的。看一遍老律师如何解决问题之后，回过头来再想，如果我是代理律师应该怎么办，然后开始一步步去做。你可以设想可能遇到的情景，就像写小说一样。最后对比一下，我和老律师有哪些差距或不同。这就是对临到意临的过程。这种过程反复多次，你的解决问题能力就会在不知不觉中得到提高。

第二步：在日常生活中有意地锻炼自己，逐渐成为家里的主心骨、亲戚朋友们的智囊。

善于解决问题的人，无论遇到什么事都有主见、有方法，所以，周围的人都比较信任他，喜欢找他商量。

第三步：敢于接受挑战，独立承担大任。

遇到疑难案件的时候，尽管执业经验还比较欠缺，但是，如果经过仔细研究特别是请教有经验的律师之后，认为自己的方案可行，则要大胆地接受委托，从头到尾由自己来办理案件。办案就像开车，你总有一天要自己上路，所以越早越好。

另外，我想推荐一些书：（1）《孙子兵法》《三十六计》《鬼谷子》等谋略书；（2）《东周列国志》《三国演义》《大秦帝国》等历史书或历史小说；（3）《辩护的艺术》《最好的辩护》等大律师的办案记录。

我经常读这些书，觉得在办案的关键时刻，这些书给我的启发似乎比法律专业书还大。经常研读这些书，不仅会让你足智多谋，而且能让你目光深远，使你的办案既有术亦有道。

  我们平时看的书大都是"长知识"的书，而不是"长能力"的书。我们从小接受的教育也主要是灌输知识而不是提高能力。因此，很多人"满腹经纶"但遇到问题时仍然束手无策。律师不同于别的职业，靠一点知识乱忽悠是绝对不行的，律师一定要有真才实学，一定要善于解决问题。

下篇

专业基本功

律师是靠专业吃饭的职业，可以说办案能力在很大程度上决定着一个律师的未来。

不过，律师办案不同于警察办案，它不是"发现事实"的过程而是"证明事实"的过程，这种证明需要复杂而严密的逻辑推理。这是相当细致而专业的工作，需要特别扎实的专业基本功。

本书将律师所需的专业基本功分为谈案能力、办案（诉讼）能力、企业法务管理能力、法律文书写作能力四项能力。谈案能力是律师的入门功夫，能够谈下案件说明你具备了做律师的基本条件；办案（诉讼）能力是律师的生存之本，律师在任何时候都要依赖办案，离开了办案，律师就不能称为律师；企业法务管理能力则是律师进一步发展的基础，律师只有懂得处理企业的法律事务，才能办理更复杂、更高端的业务，才能更上一层楼；法律文书写作能力其实是律师最基本的能力，但是，写得好的法律文书既可以提升律师的专业形象又可以提高胜诉概率，所以，它是能够让律师如虎添翼的能力。

第五章

律师的谈案能力

当事人为什么花钱请你做他的律师？因为你让他感到了恐慌（问题的严重性），也让他看到了希望（解决的可能性）。

第一节 谈案五步法

谈案是做律师要过的第一难关，是律师的入门功夫。

我曾经在网上看到过一个数据：执业未满五年的律师，谈案的成功率不足 20%。也就是说，他们浪费了超过 80% 的机会。这是不容忽视的问题。

为什么会这样呢？以我的观察，主要有两个原因：

1. 不能迅速地抓住案件的要害，不能拿出合适的解决方案。当事人大都咨询过若干个律师，对律师的水平有相当的判断力。

2. 不能准确把握当事人的心理和真正需要。当事人来找律师的目的，有时一目了然，有时却模糊不清，甚至有时当事人自己也说不明白。出现后两种情况，就考验律师的洞察力了。此时他会不会聘请你，取决于你能不能帮助他找出真正要解决的问题，并提出有效的解决方案。

下面，我们通过一起案件探讨一下谈案的方法。

去年，我接待过一位客户。他姓邹，40多岁，个头儿不高但长得相当英俊，谈吐也比较儒雅，让人印象深刻。他拿出一份协议书递给我，然后开始讲他的"故事"。

2020年9月30日，上海某咨询公司（甲方）与北京某集团公司（乙方）签订了《财务顾问服务协议》。双方约定，甲方为乙方提供融资财务顾问服务，实际上就是帮他借款，乙方按实际融资额的3%支付顾问费。委托期限为2020年9月30日至2021年9月29日。

协议还约定了排他性条款，即在委托期限内，乙方（包括子公司、关联方、项目公司）不能跨过甲方直接与甲方安排的投资方、贷款公司等金融机构洽谈业务，并因此不付财务顾问费给甲方，如乙方违反此约定，乙方应以甲方应得之顾问费及迟延履行期间银行同期利息赔偿给甲方。

这份协议中，真正履行甲方义务的是咨询者邹某。这是邹某自己的生意，他借用甲方的名义签了合同，这一点乙方也清楚。与邹某进行具体业务联系的乙方授权代表是投融资总监赵某。签约后，邹某开始介绍一些合适的贷款企业给乙方，并组织参观访问以及相关谈判，最后乙方与北京某国际融资租赁有限公司达成初步意向。于是，邹某为乙方提供了前期财务审计、评估、制订可行性方案等咨询服务，协助乙方整理需要提供的资料以及制订具体的谈判方案，并陪同乙方与该融资租赁公司进行谈判，协助解答融资租赁公司提出的各种问题。

总之，邹某做了大量工作。但是，乙方却违反约定，在委托期内，越过邹某直接与该融资租赁公司签署合同并办理了抵押、质押手续，获得了4500万元贷款。乙方没有向邹某或甲方支付财务顾问费。

听完邹某的陈述我的初步判断是：他对自己的案件研究得比较透，他觉得此事非常简单，有排他性条款，对方支付顾问费天经地义，而且他也咨询过不少律师。之所以再找个律师咨询一次，是因为某些地方还拿不准，他希望得到他认可的专业人士的确认。

律师经常遇到此类咨询者。他们有一定的知识，也有一定的分析和判断能力，对律师半信半疑，甚至还看不上一般的律师。面对这种咨询者我们应该怎么办？如何才能让他心服口服？

且看我和他的对话。

"邹总，按照你们的协议，你认为你的主要任务是什么？"我含着微笑漫不经心地问了一句。

邹总不假思索地回答："帮他融资啊。"

"也就是说，让他拿到钱，是吧？"我的脸上依然带着微笑。

"是啊，要不然他们找我干什么？"邹总也笑着说。

我突然正色道："你的主要义务是帮助乙方拿到融资款，可你没有尽到这个义务，不管其中有什么原因。你前期做了不少工作，但最重要的工作没有做。至于那个排他性条款，它是约束对方行为的条款，和你必须履行的义务是两回事。"

邹总的笑容顿时消失了，他不自觉地挺起上身，摆出要继续聆听的姿势。

"邹总，我举个不一定很恰当的例子。假如我委托你给我买张车票，如果买到了给你 50 元。你到车站排了很长时间的队但没有买到车票，我需不需要给你这 50 元？"我凝视着他的眼睛问。

他尴尬地笑着说："当然不用。"

我点了点头，然后沉默不语。

这是我的第一步：直戳他的软肋，让他意识到事情的严重性。

"吴律师，那怎么办？"邹总有些焦急地问。

"这件事的关键在于，怎么理解你们的那份协议。"我慢悠悠地说。

他惶惑地望着我。

我解释道："你们的协议叫财务顾问服务协议。什么是财务顾问服务？看协议的内容，这里你有好几项义务，融资到位只是其中一项。"

他的眼睛里突然闪着亮光。

我心想，不愧是搞融资的，真是聪明绝顶，一点就透。

这是我的第二步：指出对他有利的地方，给他一点希望。

"我认为，按照协议，你的财务顾问服务有这么几项工作。"我看着协议书说，"第一，寻找并介绍合适的贷款方；第二，协助贷款方对乙方企业进行考察，初步达成贷款意向；第三，协助乙方按照贷款方的要求准备相关材料；第四，协助贷款方对乙方的材料即贷款条件进行审查和评估；第五，协助借贷双方签订合同，并保证贷款到位。这五项工作中，你做了前四项，就是最后一项没做。所以，我们要研究这几项工作的关系和各自的重要性。"

邹总听得十分认真，脸上开始出现敬佩之色。

这是我的第三步：让他对我产生敬意。你不能让当事人心悦诚服，他就不可能花钱聘请你。这是律师职业的特点。

> "吴律师，你说得对。我为前面那些工作付出了很多，没有我引荐，他们也不知道北京这家融资租赁公司可以放贷，他们也不可能谈成合同。"邹总既兴奋又气愤地说。
>
> "没错。几千万的贷款，无论对借方还是贷方都不是简单的事。但从法律的角度，我们要证明他们的合同是你的前期工作产生的自然结果，是水到渠成的。所以，你的融资到位这个义务，我们必须作出新的解释，否则，你可能前功尽弃，白忙活一场。当然，证明这个事实并不容易，需要做许多工作，包括准备必要的证据。"
>
> 邹总露出恍然大悟的神情。他慨然一叹说："真没想到这事儿还这么复杂。吴律师，您看这个律师费……"

这是我的第四步：提出初步的解决方案。这个方案必须让当事人感到切实可行但又比较复杂，靠自己的能力无法实施。

> "律师费的事，"我指着我的助理说，"你跟她谈。我去一趟洗手间。"
>
> 我回来时，他们已经谈好了价格并支付了部分律师费。

这是我的第五步：律师费由别人来谈。

这样有两个好处：第一，我的助理可以客观地评价我，保证合理收费。自己评价自己难免有忽悠的嫌疑，但有些内容（比如在某个方面经验丰富）确实有必要让咨询者知道。第二，可以给自己留有余地，如果他们没有谈成，我可以亲自出马确定价格。

谈律师费这一步十分关键。有不少律师咨询本身做得非常好，完全赢得了当事人的信任，却遗憾地倒在了这"最后一公里"上。原因可能比较多，但我认为主要原因是没有事先制订谈判的策略，而实践证明两人合作谈案是比较有效的策略。我们要明白，对于许多人来说律师费不仅是大额消费，而且是冲动消费，所以，律师费谈判一定要讲究策略，否则很容易前功尽弃。

以上就是谈案的五个步骤，我称之为"谈案五步法"。其实，这并非简单的五个步骤，而是浑然天成的一套"步法"，步步相连，环环相扣。

第一步：敲打他的软肋，让他清醒。

第二步：指出他的优势，给他希望。

第三步：专业分析案件，让他心服。

第四步：提出解决方案，给他信心。

第五步：换人谈律师费，留有余地。

这套"谈案五步法"是我二十年谈案的经验总结。由于当事人的类型和诉求千差万别，很难说这个方法对任何人都有效，但我屡试不爽，因此这个方法逐渐成为我谈案的习惯。

这个方法与亚里士多德的"黄金逻辑说服术"有异曲同工之妙，感兴趣的朋友可以比较一下。其实，这两种方法之所以都管用，是因为它们都遵循了博弈者的心理规律。

说服与被说服，是一种博弈的过程。同样，谈案实际上也是律师和当事人之间的一场心理博弈。

第二节 律师要有所为有所不为

谈案能够"手到擒来"是好事，但律师应该有所为有所不为。律师接案一定要有自己的原则，有些案件即使当事人特别信任也不能代理。

不久前，有位退休的大学教授咨询我。他说，前几年做了两次投资，一次是通过网络理财平台放贷，一次是购买私募基金。网络贷款公司和私募基金公司的老板是同一个人，是他的老乡。他十分信任她，他之所以拿出家里仅有的几百万元投资到她的公司，就是为了帮助她把事业做起来。可现在的情况是，网络贷款公司已经停止营业，而私募基金公司虽然有一些债权正在通过诉讼等方式追索，但也处于破产边缘。这位老乡给了他一个方案，退投资额的20%然后解除合同。他异常气愤，觉得自己遭到背叛，问我能不能用法律手段要回投资款。

我认真研究了他的材料，并查阅了有关法律规定。根据目前的形势，我估计这两家公司应该已经"空空如也"，公司财产有可能已经被转移到老板名下。所以，通过诉讼手段，即使胜诉也没有可执行的财产。不过，那家网贷公司很可能涉嫌犯罪，因此，最好的办法就是向公安机关报案，把它变成刑事案件，以此来逼迫她退钱。

有了初步的判断，我就找老教授做了一次深入的交流，但交流的结果让我有些左右为难。我发现，他身边最亲近的人都不理解他的投资行为，给我的感觉是其中似乎存在某些不为人知的"故事"。这种情况下显然不能通过报案来解决，因为一旦警方介入，许多事情马上就会水落石出。不过，我并不担心真相，以我的观察，老教授与她不会有任何暧昧关系。我担心的是这个女人，如果真把她逼到绝路，一旦她编出什么乱七八糟的事情，届时老教授就可能跳进黄河也洗不清了。可通过诉讼，正如前面所讲，拿到的只是无法执行的判决书而已。

怎么办？老教授和我一见如故，我挺喜欢他，很想帮助他解决这个难题。他显然也信任我，希望我能帮他出这口恶气。

但是，我回来后思虑再三，还是决定暂时不接这个案件。不过，我必须让老教授从心里接受我的想法，所以给他写了一份简单的法律意见书。

法律意见书

王老师：

您好。很荣幸认识您。

这几天我仔细研究了《基金合同》等现有的材料和相关法律规定，下面向您简单汇报一下。

（一）基本事实

1. 合同签订情况

2018年4月20日，您与上海某资产管理公司以及某银行总行营业部签订"××5号私募基金合同"，合同有效期为五年。该公司于2019年5月19日给您出具了"××5号私募基金份额确认及成立通知"，确认您认购的资金为200万元。

双方又签订补充协议（没有签订日期，应该是2019年1月31日之后），约定本基金的主要投向是某市大酒店有限公司（某上市公司的子公司）。

2. 合同履行情况

××5号基金至今没有分红，据您讲，××5号基金的投资方向不是某市大酒店，这一点需要进一步的证据来证明。

3.基金管理人上海某资产管理公司的情况

(1)该公司2018年在中国证券投资基金业协会做了登记,××5号基金也做了备案。可是,据我昨天(10月27日)给基金业协会打电话询问的结果,该公司于今年8月已被基金业协会注销,××5号基金也随之被注销。

(2)该公司与某上市公司的法律纠纷尚未结束,案件错综复杂,被查封的该上市公司的股份目前处于什么状态尚不清楚。

(3)工商登记材料显示,该公司这几年发生过许多法律纠纷,具体情况不明。

(4)章某(教授的老乡)已经不是该公司的法定代表人。

(5)该公司北京的办公地点可能已经人去楼空(网上信息,未核实)。

(6)不少人投诉,说该基金是不良基金,该公司在2020年曾受到上海证监局的处罚。

(二)法律分析

本案是金融委托理财合同纠纷。私募基金是最近十几年才兴起的,在司法领域是比较新的内容,相关的法律规定并不多,解决难度比较大。

1.上海某资产管理公司的法律责任

从合同内容以及签订和履行情况来看,合同应该是有效的。

因此，只能寻求解除合同并追究该公司的违约责任。

解除合同的主要依据是，该公司的基金管理人资格已被基金业协会注销，该公司没有继续行使基金管理人权利的资格。

该公司应该承担违约责任的主要事实和法律依据是，它没有对您进行关于风险承受能力的问卷调查，把高风险的理财产品卖给了不合格投资者，特别是80多岁的老人，这明显违反了法律规定的"适当性义务"。

另外，它没有给您至少24小时的投资冷静期，也没有按合同约定进行回访确认，违反了"未经回访确认成功，投资者的认购金不得转到托管资金账户，不得投资运作该款项"的约定。

该公司可能也未按照与投资者签订的协议进行投资，也未遵守投资的比例限制，不过，这需要确实的证据来证明。

该公司可能还存在其他违约和违反法律的行为。

该公司的上述行为，是您的资金遭受损失的主要原因，因此应当进行赔偿，并支付相应的利息。

2. 托管人某银行的责任

在合同约定中，该银行几乎摆脱了所有责任。然而，从合同履行的情况看，该银行对该公司没有按协议约定的投资方向进行投资的行为似乎未尽到应有的监管职责。我们可以说这也是导致投资人损失的重要原因，不过，这方面现在尚无证据。但从策略的角度，应该把该银行列为被申请人，要求它与该公司承担连带责任。总之，托管人某银行应承担什么责任，需要进一步寻找事实依据。

（三）申请仲裁可能的结果（诉讼风险）

第一，解除合同并赔偿损失的请求，我认为得到支持的可能性比较大。但是，合同已经履行了这么长时间，而且您是具有完全民事行为能力的人，还是精通经济学的专家，所以，很可能被认定也负有一定责任。双方的过错和责任具体如何划分，要看双方的证据和仲裁员的看法。

第二，即使我方的诉求得到支持，但裁决能否有效执行，即能否把钱拿回来，从目前该公司的情况来看并不乐观。公司可能早就人去楼空。

第三，解除合同有个风险，那就是您和章某从此彻底反目，而且，万一该公司查封的上市公司股份变现成功，章某和该公司可能也不会考虑您的份额。

（四）费用问题

由于仲裁是一裁终局，所以收费比较高。按照230万元左右的标的额计算，仲裁费是5万元左右，再加上律师费是个不小的数目。这些费用即使胜诉，也可能无法从对方那里拿回来。

（五）两点建议

根据以上分析，我冒昧地提两点建议，希望您认真考虑：

1. 如果打官司的主要目的是拿回钱，暂时不打为好。因为该公司估计没有可执行的财产，而让某银行真正承担连带责任难度很大。而如果有别的目的，比如证明过错不在您而在章某，我觉得也没有太大必要，因为有了网贷事件之后，大家对章某的为人已经十分清楚，不用再去证明。

2. 如果没有人为您承担各项费用您最好不要启动法律程序。研究案子的过程中我突然想到，这样的仲裁也是高风险项目。正如章某不应该把高风险基金卖给您一样，我也不应该让您冒这么大的风险打官司。就您目前的情况而言，从生活费用中挤出这么多钱打一场不确定性很大的官司，作为律师我觉得不应该支持您。

其实，我非常理解您的心理，也赞同您之前作出的选择（拒绝拿20%），您的身上充满了学者应有的尊严和高贵品质，令人敬佩。所以，我发自内心地想为您做点事。然而，仲裁涉及方方面面，异常复杂，特别是涉及现实的利益和风险，因此，思虑再三后我还是想郑重地建议您，不要用自己的积蓄去打这场官司。如果仲裁费有人赞助，我随时愿意为您效劳。另外，由于我水平有限，现有的证

> 据也明显不足，因此上面的分析不一定正确，仅供您参考。
>
> 学生吴春风敬上
> 2021 年 10 月 29 日

老教授看了我的法律意见书之后，表示完全同意我的建议。这件事我虽然暂时推了出去，但一直也在关注，如果那家基金公司"起死回生"，我可能随时建议老教授启动仲裁。不用极端的方式（如报案）能解决问题，我还是很愿意为老人做点事。

不过，假如从谈案的角度考虑，应该说我赢得了老人充分的信任，是一次成功的谈案。

谈案时真诚的态度十分重要，当事人最厌恶忽悠的律师。

第三节　谈成常年法律顾问的要诀

有了谈案的基础，就可以尝试与企业谈法律顾问项目。如果说谈成一宗案件是攻克一个堡垒，那么，谈成一家企业的法律顾问就等于拿下一座城池。

企业是以营利为目的的社会性组织，所以它的需求与个人的需求有很大不同。企业需要的往往不是解决某个单一的问题（如一起纠纷），而是解决某种系统性或者战略性的问题，比如建立合规管理体系。这些系统性或战略性的问题，涉及的不仅是法律问题，更是管理问题。因此，如果你不懂企业管理，你和企业负责人就很难进行有效的沟通，无法达成共识。不能沟通，没有共识，企业怎么可能花钱请你做常年法律顾问？那不是天方夜谭吗？这也是有些大律师谈不下企业法律顾问的根本原因。

我在担任某房地产集团法务部部长的时候，曾想聘请一位大律师做常年法律顾问，以提高法务系统的专业化水平。我向老板推荐了三位在业内颇有名气的大律师。

不过，老板与他们交谈之后告诉我，三人都不合适。他说："这些人法律方面好像都挺专业，但是不了解行业，也不了解企业，更不了解企业管理。我提出的问题，他们回答得都很空洞，不能给出具体建议，我想他们可能确实不知道怎么做。他们好像生活在另一个世界里。"

"他们好像生活在另一个世界里。"老板说这句话时的神情，我现在还历历在目。多么深刻的一句话！这些在律师事务所和法院里来回穿梭的律师，有几个去过真正的企业？他们见过的所谓企业，都是写字楼里的那些大大小小的公司。当然，这些公司也是企业，而且是现代企业的重要组成部分。不过，如果你想了解什么是企业，最好还是去生产性企业看看。只有了解了生产性企业之后，你才能对企业有比较切实和系统的认识。

我曾经谈过一家企业的法律顾问,谈得十分顺利,我们一起看看顺利的原因究竟是什么。

这是一家冷链物流公司,准备在全国布局,要请一名常年法律顾问。在一个阳光明媚的下午,我与公司的三位股东在公司的会议室做了一次深入的交流。这三位股东中,苏总是核心,任执行董事兼总经理,具体掌管企业,其他两位股东只参与重大决策,平时不参与管理。

苏总 50 多岁,显得老练稳重,颇有领导的派头。他用审视的目光端详着我说:"吴律师,我们这家公司原来属于一家央企,去年改制了。""我们仨,"他又指着坐在对面啜茶的两位股东说,"买断了它。它的底子是国有企业,规章制度比较健全。不过,民营化之后有一些急需解决的问题。其中不少问题可能涉及法律,但不一定是纯粹的法律问题,比较复杂,所以,我们想聘请一位熟悉企业的律师做法律顾问。这个法律顾问打官司好不好并不重要,我们现在没有官司,重要的是他要善于解决企业的问题,特别是涉及企业长远发展的问题。我看过您的简历,觉得条件比较合适,所以想见面好好聊一聊。"

我在国有企业做过几年管理工作,比较熟悉国企领导的这种开场白。我放下茶杯含着微笑说:"非常感谢苏总和两位老总在百忙之中见我,我来之前看过公司的一些材料,对公司的情况做了初步了解。我认为公司刚刚成立,当务之急应该是尽快建立公司法人治理结构,理顺投资者和管理者的关系,明确决策程序,明确股东会、执行董事、总经理的权限。"

苏总目光炯炯地盯着我,显然这话题引起了他的兴趣。

"理顺投资者和管理者的关系?这个有什么可理顺的?"身穿花布衬衣颇有艺术家气质的股东慢条斯理地问道。

"你们三位是股东,也就是投资者。但是,你们三位并不一定都亲自参与企业的管理和经营。公司的经营权和所有权是分离的。今天负责企业经营的是苏总,所以你们觉得什么事都好商量。然而哪一天企业做大了,你们可能要聘请一名总经理,到时候就会产生实际掌管企业经营的经理层。因此,投资者和经营者之间的关系并非那么简单,这里有职责和权限的分配问题,实际上也是利益的分配问题。股东会负责什么,董事会负责什么,总经理负责什么,哪种决策要通过哪种程序来作出,这些是公司设立之初必须解决的问题。在法律上这叫公司法人治理结构。有不少纠纷是因为一开始没有建立合理的公司治理结构造成的,而且此类纠纷一旦发生基本上都是致命的。"

我犹如在法庭上发言,表情严肃地讲道。然后,慢悠悠地端起了茶杯,观察他们的反应。

"吴律师说得很有道理。"苏总把手一挥霸气地说,"我们的目标是五年内做成冷链物流领域的龙头,不是小打小闹,所以必须打好基础,不能有任何隐患。"

那两位股东顺着他的话点点头。

"你们之间可能有协议,不过,股东出资协议里一般没有决策程序和权利分配方面的约定,所以,公司应该通过章程和制度把它规范起来,特别是章程。章程不是公司注册用的材料而已,章程是公司的法律,许多重要的内容应该在章程里规定,比如表决权的问题。有限责任公司的表决权,是可以在章程里作出特别规定的。"

这三位都听得异常专注,他们意识到现在的话题与自己的利益息息相关。那两位是小股东,股份加起来占60%,苏总是大股东,占40%的股份。现在苏总掌握着经营权,但只是相对控股,按照《公司法》的规定,修改章程等许多重大决策他自己无法作出,除非在章程里对表决权作出另行规定。

他们之间的关系相当复杂而微妙,正因如此,我才特意提出来。我要触动他们每个人的敏感神经,我要让他们觉得我不仅比较专业,还比较公正,能够从企业整体的角度考虑问题,考虑每个股东的切身利益。要知道,三位股东"面试"我,只要有一位股东坚决反对我都不可能得到这份订单。

可他们能听懂我的弦外之音吗?我前面的话上半段是说给两位小股东的,而下半段关于表决权的内容是说给苏总的。我感觉苏总似乎已经心领神会,因为我讲完表决权的事情时他微笑着给我的杯子里填满了茶水。但那两位呢?他们好像似懂非懂,不过,神情看起来倒挺愉快,也许他们认为我讲的对他们有利。

然而，这个问题过于敏感，我必须点到为止。从刚才的交流中我初步判断，那两位小股东对公司的管理应该比较外行，因此，我决定接下来全力以赴争取苏总的支持。

那么，苏总最关心的问题是什么呢？不是公司控制权，他一定认为自己完全能搞定这两位股东。最让他头疼的应该是关联企业的管理模式问题。这个行业竞争十分激烈，如果没有管理模式上的创新，很难做大做强。

我刚想转移话题，苏总就主动提道："还有个重要的事儿，我们在全国有不少关联企业，需要研究以什么方式去管理它们，这方面吴律师有什么高见？"

"这些关联企业是仓储企业还是运输企业？"我问。

"都有，但我们的优势是运输。"苏总说。

"您是说，你们公司主要负责运输，关联企业主要负责仓储，是这样吗？"

"没错。我们的铁路运输网和公路运输网已经基本形成，但仓储方面还要靠关联企业。"

"您说的关联企业，这个'关联'指什么？你们有入股吗？"

"没有入股。有几家正准备谈合资的事儿。"

"那就是通过签订合同的方式进行合作，是吧？"

"对。也是多年的合作伙伴。不过……"苏总拿起茶杯喝了一口，脸上突然布满了阴云。

"不过,太不确定了,是吧?"我接过他的话头。

苏总苦笑着点了点头。

"苏总,坦率地说,我对这个行业和你们企业都不太了解,现在谈什么方案还为时尚早。我需要进行详细的调查,可能需要一两个月,到时候我会给你们一份书面报告。不过,我给物流企业打过官司,有些方面多少知道一点。我认为物流企业要想做大做强,应该向前后延伸,实施纵向一体化战略,直接对接生产企业和销售企业,这样不仅可以保证稳定的订单,还可以减少仓储成本。但即便如此,运输企业也应该建立自己的仓储基地,至少在几个关键城市如沈阳、郑州、武汉等商品集散地应该有自己的仓储基地。这需要大量资金,所以,可以考虑采用互相持股的方式,和当地有规模的仓储企业结成比较稳固的联盟……"

"互相持股?"苏总放下茶杯打断道。

"对。我觉得你们公司应该往上市的方向努力。所以,公司的形式应该逐步从有限责任公司向股份有限公司过渡,而股份有限公司的股份是比较分散的。当然,这需要一个过程,需要一定的时间,但公司应该从现在开始放开股份,吸引一些企业进来。同时,公司也积极向关联企业进行投资,这样慢慢就形成'你中有我我中有你'的股权结构,日本有些公司之间就进行这样的合作,效果非常好。"

啪!苏总拍了一下茶几兴奋地说:"吴律师,你跟我想到一块儿去了,这是快速发展的最佳途径。"

那两位股东满面笑容地点头赞同。

"我看就这样吧。"苏总对两位股东说。他们又点了一下头。苏总把目光转向我:"吴律师,我给你两个月时间。这两个月你不仅要去各地调查,还要经常来公司参加各种会议。我给你弄间办公室,再给你配个助手。现在要做的事太多了,我希望你暂时把手里的事放一放,过来先帮我,我不会亏待你的。"

我有些惊讶,没想到事情竟如此顺利。不过,签订合同之前一切都可能随时改变。因此,我谨慎地说:"苏总,我马上起草一份常年法律顾问合同,签约之后我就着手去各地做调查。"

"好。要尽快。吴律师喜欢喝酒吗?晚上一起去喝两杯。"苏总热情地说。

我看了一下手表,才3点半,所以找了个借口谢绝了。还有两三个小时才能吃饭,长时间闲聊很容易节外生枝,而且,喝酒必然会说很多话,言多必失。律师最好跟客户保持一定距离,太近了得不到尊重,太远了又影响沟通。若即若离,你才能同时拥有权威感和亲近感。

两天后,我与苏总签署了《常年法律顾问合同》。

这次谈常年法律顾问看似行云流水,其实也是精心准备的。它由四步组成,每一步都有各自的目标,但又步步相连并共同指向最终目标。

第一步：树立专业权威形象

我一开口就提出比较专业的概念——公司法人治理结构。这既是法律概念又是管理概念，除非对此有过专门的研究，否则很难把它说清楚。为什么跟企业的股东谈如此深奥的概念呢？理由很简单，就是为了树立专业权威的形象。苏总说这家企业原来是央企，这是有意显示自己和企业的地位，言外之意是我们需要非常优秀的律师。所以，我必须首先让他们明白，我不是泛泛之辈，我是具有相当专业水平的律师，是配得上你们企业的。

第二步：兼顾各方核心利益

紧接着我谈到了企业经营权和所有权的分离以及企业控制权问题，这是苏总和那两位股东都非常关心的核心利益，而这两方将来在控制权方面很可能会发生冲突。这是公司最大的隐患。我特意把它提出来，是让他们双方都意识到，我不会在这个问题上偏向任何一方，我维护的是公司利益，而不是某个人的利益。这是在宣示自己的职业道德，是极其重要的。

第三步：重点突破关键人物

通过第二步我稳住了两位小股东，现在需要说服苏总，因为他才是真正的决策者。那两位小股东可以让我当不了常年法律顾问，但苏总能让我当上常年法律顾问。苏总是在央企工作过的领导，不是一夜暴富的小老板，说服他用常规之法很难奏效。最有效的办法就是解决他最关心的问题，而他最关心的问题一定是涉及企业长远发展的问题，即战略问题。因此，我提出纵向一体化战略和互相持股的策略，这与他的想法不谋而合，于是，签约就成为水到渠成之事。

苏总需要的正是这种既懂顶层设计又懂法律实务的顾问，这个顾问实际上既是法律顾问又是管理顾问。其实，大企业的法律顾问都需要懂战略管理，因为有些业务比如公司治理结构的设计或调整，不懂企业战略根本无从着手。

第四步：若即若离赢得尊重

我和苏总一拍即合，当时我也挺高兴，以我的性格也想畅饮几杯。然而，如果那天晚上我跟他们去喝酒，不但不能增进感情，反而会让他们觉得我不够沉稳，可能会失去他们的尊重。而当事人的尊重，是律师做好工作的前提。另外，苏总是见过世面的人，他请我喝酒也不排除是一种考验，而酒桌上的考验，对于律师来说既无必要也很无聊。因此，与当事人保持适当的距离，始终如履薄冰、谨言慎行，是律师重要的处世策略。

总之，谈常年法律顾问与谈案件，其方法并无本质区别，都需要运用适当的策略。律师应该善于谋划，善于将法律知识融入具体的步骤之中，只有这样，法律才能在办案中发挥真正的威力，这也是律师必须具备的基本功。我认为，律师真正的特点不是能言善辩，而是足智多谋。

第六章

律师的办案能力

不会办案的律师,显然不能称为真正的律师。

律师这个职业就是为了解决法庭上的纠纷而产生的。公元前5世纪,罗马共和国的法律规定,民事诉讼中允许当事人以外的另一个公民代理被告在法庭上同原告对诉。后来到了罗马帝国时期,法律又允许刑事案件的原告、被告聘请法律专家,以辩护人的身份到法庭上进行辩论。作为代理人和辩护人的律师职业,就这样先后登上历史舞台。可见,律师是相当古老的职业,而这个古老职业的根基是诉讼代理,即俗称的律师办案。

即便是两千多年后的今天,办案仍然是律师的主要业务,办案能力仍然是律师的立身之本。律师只有经常办案,经常出庭,才能始终保持律师应有的敏锐、智慧和勇气,他的各项基本能力才能始终处于随时可用的状态。很难想象,一个律师长期不办案会变成什么样子。

律师办案是相当复杂的系统工程,办案犹如完成一个工程项目。

从了解案情和当事人的诉求开始，到制订诉讼策略和方案，写起诉状，准备证据目录，立案，再到在法庭上举证、质证、发表代理意见，提出必要的申请，在庭外调查取证。这一系列的工作，像流水线上的每个环节一样，缺一不可，但又与流水线不同，律师在每个环节都要根据具体情况适时地调整策略和方案。可见，这需要相当复杂的综合能力。

那么，律师的办案能力应如何掌握和提高呢？方法依然是我在前面提出的"基本功综合训练法"。下面，我们分六个部分进行详细的探讨。

第一节　如何制订因敌制胜的诉讼策略

《孙子兵法·虚实篇》："夫兵形象水，水之形，避高而趋下，兵之形，避实而击虚。水因地而制流，兵因敌而制胜。故，兵无常势，水无常形；能因敌变化而取胜,谓之神。"

人们常说："打官司就是打证据。"一般情况下，谁握着有利的证据谁就有可能胜诉。

不过，从律师的角度看并非如此简单。对一起案件来说证据固然重要，但诉讼策略更为重要，因为诉讼是原告、被告之间的一场博弈，而博弈中的胜败主要取决于策略。田忌赛马的故事就是最好的例子。

实际上，凡是到律师手里的案件，证据通常都存在解释的余地，白纸黑字、明明白白的案件当事人不会花钱请律师。所以，诉讼的关键不在证据而在策略。如果你的策略得当，即使证据对你不利，你也完全可以赢得诉讼。而不会打官司的人，手握再好的证据都无济于事。因此，从律师的角度应该说，打官司就是打策略。证据是死的，策略是活的。律师的作用首先体现在制订诉讼策略方面。

十几年前我曾办过一起案件，该案的胜诉完全有赖于正确的诉讼策略。下面我们一起复盘，仔细看看该案的诉讼策略和方案是如何制订和实施的。

【案例】

2004年2月2日，原告大连某汽车配件厂（以下简称大连某厂）与被告吉林某机械制造有限公司（以下简称吉林某公司）签订了工矿产品购销合同。该合同履行情况如下：被告向原告提供了308图纸，并分期下达了生产308齿圈锻件的订单，原告按图纸和订单要求生产了产品并交付给被告。截至2005年3月19日，被告欠原告308齿圈锻件款总额为898,830元。在原告向被告索款中双方达成付款协议："被告欠原告308锻件款898,830元。于2005年4月10日前支付30万元，2005年

5月10日前支付30万元,2005年6月10日前将余款结清。"签订该协议后,被告于2005年4月10日支付28万元,尚欠618,830元。

大连某厂的王厂长准备起诉,找我咨询。

我问他,对方为什么不支付余款。王厂长坦率地说,那批货有点质量问题,装配到汽车上之后引起了连锁反应,给对方以及相关企业造成了一些损失。对方提供了国内权威机构的鉴定报告,我方也请某大学实验室做了鉴定,结论相差无几。

事实看来比较清楚,这官司凶多吉少。我苦笑着摇了摇头。王厂长有些沮丧,求我好好研究一下,看看能不能找出突破口。他觉得自己挺冤,因为交付产品时做了检验,当时没发现问题,验收是合格的。

这就涉及产品质量纠纷中的隐蔽瑕疵即内在质量问题。此类纠纷是比较复杂的,而且诉讼中需要司法鉴定,耗时比较长,往往几年才能有结果。所以,老律师一般都不大愿意接此类案件。可我没有选择,他是我多年的朋友。

我说,死马当活马医吧。

他表示完全信任我,一切都听我的安排。

我觉得这句话里含着另一层我不大喜欢的意思,所以冷冷地告诉他,现在决定是否代理还为时尚早,等我研究完再说。

顺便提一下,律师要善于领悟"言外之意"。有些话是包含前提、假设或暗示的,律师应该及时判断并作出必要的反应。

曾有一起委托理财纠纷案件,双方争议焦点是被告有没有给原告注册理财账户。我代理被告。法庭辩论的时候,我说法庭调查已经查明,被告为原告注册了理财账户,对此原告是明知的而且账户一直由自己管理。这时,原告律师突然打断说,那个理财账户是违法的。他这句话没有错,因为那个理财平台涉嫌传销,所有的账户都被公安机关查封了。然而,他这句话里包含一个前提,那就是被告为原告注册了理财账户,或者原告拥有那个理财账户,只不过后来该平台及账户被认定违法了。此前,原告一直不承认自己有这类理财账户。我马上请求法庭把他的话记录下来,然后解释原告律师这句话背后的含义。法官的反应也非常快,他立刻追问原告,存不存在那个账户,原告律师没办法自食其言只好回答说有。此案原告最后的败诉与原告律师那句话的"言外之意"应该说有相当大的关系,因为这涉及关键事实的认定。所以,律师在法庭上必须注意力高度集中,像眼镜蛇一样死死地盯住目标,对目标的一举一动哪怕是眨一下眼睛都不能放过。

言归正传。

假如现在把王厂长的案件交给你,你准备从哪里着手?会制订什么样的诉讼策略?

研究案件有个基本的顺序——先程序后实体,因为有些案件程序不行实体基本上就不用考虑。当然,这是指民商事案件。

那么,在案件研究中程序具体指什么呢?第一,诉讼主体;第二,管辖;第三,回避;第四,调解;第五,起诉、上诉、申诉。

制订策略时,第一步要考虑诉讼主体。诉讼主体主要有两个:原告和被告。有的案件还可能存在第三人。王厂长的案件只需确定原告和被告。原告应该是大连某厂(不是王厂长),被告就是吉林某公司。

第二步要考虑管辖。管辖问题具有战略性,极其重要,有时会决定案件的胜败。

如果你稍加注意就会发现,由谈判中占优势地位的甲方起草的合同,如商品房买卖合同,争议解决条款基本上都写着"协商不成在甲方所在地法院起诉"。这不是为了方便或省钱,而是为了在诉讼中占据主动。占据主动的一方,比较容易实施各种策略,因此胜诉的可能性就更大。

本案中,管辖就是一个突破口。

除了法律有特别规定之外,合同纠纷都是由被告住所地法院或合同履行地法院管辖。合同履行地双方有约定的按约定，没有约定则要具体问题具体分析。

本案中，双方签订的合同是国家示范文本《工矿产品购销合同》。双方在合同里没有约定争议解决的法院，也没有约定合同履行地。因此，认定双方是什么法律关系就显得至关重要，它直接决定管辖法院。

原告、被告之间可能存在两种法律关系：一是购销合同法律关系；二是加工承揽合同法律关系。这两种法律关系对确定管辖有重大影响。

第一，如果双方是购销合同法律关系，那么，由于在本案中合同履行地未作约定，而且，从合同条款无法确定合同履行地，因此应由被告住所地法院管辖。本案证据对我方极为不利，因此诉讼若在被告住所地法院进行，我方几乎没有胜诉的可能性。

第二，如果双方是加工承揽合同法律关系，按照最高人民法院有关司法解释的规定，加工行为地就是合同履行地。因此，可以在我方住所地法院起诉。

那么，本案的性质是不是加工承揽合同纠纷呢？这要看合同的内容。合同约定，被告向原告提供加工图纸，分期下达订单，原告按图纸和订单完成产品交付给被告。这种"量身定做"的交易方式更符合加工承揽合同的特点。所以我认为，双方的合同名为购销合同实为加工承揽合同。

现在，我们找到了本案在本地法院起诉的法律依据，可以从容地在自己的地盘上"宣战"了。

因此，确定管辖法院，是我们制订本案诉讼策略的第一步。

本案中的管辖权问题，后来实际的发展过程是：原告在大连某某市法院起诉被告之后，被告立即提出管辖权异议，认为原告、被告之间是购销合同法律关系，应由被告住所地法院管辖。一审法院裁定驳回了被告的管辖权异议，被告提起上诉，大连市中级人民法院维持了原裁定。

于是，我们的第一阶段诉讼策略顺利得到实施。

然而，争取到本地法院管辖只是暂时占据优势而已，对案件胜败不能产生决定性影响。归根结底，真正影响案件胜败的是案件本身，即案件的实体问题。

那么，一起案件的实体是什么呢？证据证明的事实。不过，证据并非摆在那里就能证明所要证明的事实的。如果把诉讼比作战争，证据就是一发发炮弹。我方手里有一些，对方手里也有一些。因此，我们不仅要懂得如何使用自己手里的炮弹，还要懂得如何控制对方的炮弹，让它们不能发挥威力。

这里包含两个策略，一是"关门打狗"，二是"釜底抽薪"。如果我方手里的炮弹足够多就"关门打狗"，向对方进行狂轰滥炸；反之，就要想方设法"釜底抽薪"，让对方手里的炮弹变成废铁。

我们已经讲过，本案中原告提供的产品确有质量问题，证据对我们极其不利，没有条件对被告采取"关门打狗"之策。所以，只有一个办法——"釜底抽薪"，让他们的炮弹变成废铁。这是本案第二阶段诉讼策略的核心。

让被告的证据失去作用，成为一堆废纸，这谈何容易！你有什么好的主意？先开动你的脑筋想几分钟，然后继续我们的"复盘之旅"。

那段时间，我一有空就翻阅最高人民法院的案例选，但没有得到任何启发。有一天，中国海洋大学的金教授和我研究案件时提到实施不久的最高人民法院《关于民事诉讼证据的若干规定》（以下简称《证据规定》），说某法院对举证期限执行得非常严格。

"证据规定"？我出神地咀嚼着这个词。突然，一个想法在我的脑海闪过，我似乎找到了王厂长案件的突破口。我闭上眼睛静静地理了理思绪，几分钟后我梳理出一个相当绝妙的策略。

这个策略富有创意，此刻回忆起来都让人感到有点匪夷所思。所以我始终认为，律师一定要创造性地解决问题，不能老想着那些因循守旧的办法，否则，你即使胜诉了也不会感到工作的意义。人是追求意义的动物，而律师追求的意义更是与众不同。

我的策略是，用举证期限把被告手里的证据变成废纸。这就是我为本案制订的诉讼策略的第二步。

它是基于这样的假设：被告的律师不可能重视《证据规定》的举证期限。因为我了解他们所在的那个地区，那里还没有真正实施《证据规定》，而且我也了解他们的做事习惯和生活方式，那里的人没有多少是与时俱进地学习的，包括律师。

于是，我大胆地设计了一个方案：请求法官给原告、被告一份举证通知书，明确规定举证期限，并且严格执行《证据规定》。

这个方案想要成功需要法官的支持。我打电话给法官提出我的请求，理由是我担心对方搞证据突袭。他起初有些不解但马上恍然大悟，表示我的请求并不过分。我告诉法官，如果被告不在举证期限内提交证据我不会质证。法官说，按法律规定办。

那次开庭十分有趣。

被告方来了两个男律师：一个中年人，大概有50岁，一个年轻人，30岁左右。他们一到法庭就从行李箱里拿出证据材料放在被告席上，显得成竹在胸。

我看那些材料足有二尺高，但丝毫没有紧张，因为他们没有在举证期限内提交证据。一切都在我的意料之中。我心里比较轻松，用微笑和他们打招呼，他们也礼貌地报以微笑。

法庭调查开始。我的证据比较少，举证质证用了不到半小时。轮到他们举证了。年长的律师把手放在那一摞证据上理直气壮地说，我们有充分的证据证明，原告提供的产品存在严重的质量问题，不符合合同约定，原告不但没有权利索要配件款，反而还应该赔偿被告的经济损失。

我耐心地听完了他的陈述，然后向审判长举手请求发言。

"原告律师，你有什么事？"审判长问。

"审判长，大概是一个月前，我收到法院的举证通知书，不知道法院有没有给被告一份相同的举证通知书？"我谦恭地问道。

"当然了。"审判长说着把脸转向被告律师，"被告，你们收到举证通知书了吗？"

"收到了。"年轻律师满不在乎地回答。

"审判长，他们的证据是什么时候向法庭提交的？"我继续问。

"刚才，法庭调查之前。"审判长说。

"也就是说，他们没有在举证通知书规定的期限内提交证据，是不是，审判长？"

"对。"审判长回答。

"那我不同意质证。"我用不容置疑的语气说，"按照最高人民法院的《证据规定》，法院也不应采纳他们现在提交的证据。"

被告的两位律师目瞪口呆，面面相觑。

"被告，你们为什么现在才提交证据？"审判长厉声问。

"这个，"年长的律师面红耳赤，吞吞吐吐地说，"工厂比较大，整理证据需要很长时间……"

"我认为那不是理由。"我打断道。

审判长凝视着他们断然说："被告，原告律师讲的不是没有道理，他不同意质证，我就不能组织质证。"

"狗屁！"年轻律师拍案而起，"你们这是串通一气欺负外地人……"

审判长用力敲了一下法槌，严厉地训斥道："被告律师，坐下，请注意你的言辞。你们不是律师吗？你们应该清楚不按期提交证据的法律后果，法院的举证通知书在你们眼里是废纸一张吗？"

"好，好，咱们走着瞧。"年轻律师一边收拾材料一边咬牙切齿地说。

年长的律师显然经验丰富，他用极其谦卑的语气恳求道："审判长，我们这些证据非常关键，没有它们不可能查明本案的事实。其中有些证据是从长春某装配厂提取的，所以用了不少时间。希望审判长能给个机会，我们可以接受处罚，比如罚款……"

审判长用犹豫的眼神望着我，我立刻打断了被告律师的发言：

> "审判长,被告的两位代理人都是执业律师,是专业法律工作者。他们应该知道相关规定,如果有特殊原因可以向法院提出延长举证期限的申请,但是他们没有提出延期申请,这说明根本不存在什么特殊原因。实际上,今天的后果是由于他们工作不负责任导致的。现在给他们机会,不是给被告机会,而是给失职的律师机会,我认为这是不应该的。反正,我坚决不同意质证。"
>
> 审判长沉默了片刻,朝着两位被告律师郑重地说:"被告,依照法律规定,本庭对你们的证据不组织质证。"
>
> 年长的律师长叹一声摇了摇头。

庭审就此结束。十天后我收到判决书,里面有这样一段话:"被告以原告交付的产品存在质量问题进行抗辩,因在本案举证期限内并未向本院提交证据加以证明,本院不予采纳。"

被告提起上诉,很快被大连市中级人民法院驳回。

有些人可能觉得我和一审法官之间好像有猫腻,其实不然。我以前不认识他,关于本案我也没有与他私下沟通过。不过,我想他也许清楚我的计划,但没有阻止,因为我的请求是合法的,在本案中他履行法官职责没有任何瑕疵。法官是按照《证据规定》(法释〔2001〕33号)第34条裁判的,该条规定:"当事人应当在举证期限内向人民法院提交证据材料,当事人在举证期限内不提交的，视为放弃举证权利。对于当事人逾期提交的证据材料，人民法院审理时不组织质证。但对方当事人同意质证的除外。"

目前正在施行的最高人民法院《关于适用〈中华人民共和国民事诉讼法〉的解释》对举证期限的规定做了重大修改。该司法解释第102条第1款、第2款规定："当事人因故意或者重大过失逾期提供的证据，人民法院不予采纳。但该证据与案件基本事实有关的，人民法院应当采纳，并依照民事诉讼法第六十八条、第一百一十八条第一款的规定予以训诫、罚款。当事人非因故意或者重大过失逾期提供的证据，人民法院应当采纳，并对当事人予以训诫。"

吉林某公司败诉后又在自己住所地法院起诉了大连某厂，案由是购销合同纠纷。

我们提出了管辖权异议，该法院立即驳回了我们的管辖权异议。这是意料之中的，因为吉林某公司在当地是纳税大户，而且是国有企业。他们开始利用"地利"进行报复。这可能就是那位年轻律师说的"咱们走着瞧"。

我们提起上诉，把唯一的希望寄托在长春市中级人民法院。但是，那里仍然是人家的地盘。吉林某公司的母公司在长春。

王厂长急得像热锅上的蚂蚁，不停地"恳求"我想想办法。我再次陷入无计可施的境地。再用那种"奇兵"侥幸取胜已不可能。这回是硬碰硬的较量。

不过，此刻我们的处境和最初起诉时已经完全不同。那个时候我们除了"地利"外几乎一无所有，他们占据着事实方面的优势。而经过管辖权异议的一审二审、加工承揽合同纠纷的一审二审，如今我们手里握着四份胜诉判决，大连市中级人民法院的两份二审判决书已经生效。我们在法律和事实方面占据优势，而他们只有"地利"，处境正好颠倒过来。

因此，我只要打破他们的"地利"就可能赢得胜利。这成了本案新的策略问题。

我决定与长春市的律师合作，他的工作很有效果。长春市中级人民法院完全同意我们在上诉状中的分析，认为按照"一事不再理"的原则，吉林某公司在大连法院已经受理并判决的情况下，不能以同一个事实在其他法院重新起诉，因此，撤销该法院一审裁定，并作出终审裁定，将案件移送到大连瓦房店市人民法院。大连瓦房店市人民法院随即驳回了吉林某公司的起诉。该案到此画上了圆满的句号。

下面是我为本案写的上诉状，大家通过它可以更全面地掌握本案。

上 诉 状

上诉人（原审被告）：大连某汽车部件制造厂

住所地：大连瓦房店市××街道办事处××村

法定代表人：王某　　　职务：厂长

被上诉人（原审原告）：吉林某机械制造有限公司

住所地：吉林省××市××街

法定代表人：于某　　　职务：董事长

上诉人因加工合同纠纷一案，不服吉林省××市人民法院（2006）×民初字××号民事裁定，现提起上诉。

请求事项

1. 撤销吉林省××市人民法院（2006）×民初字××号民事裁定，并将案件移送有管辖权的人民法院即大连瓦房店市人民院。

2. 被上诉人承担一审、二审诉讼费。

事实与理由

一、原审裁定适用法律不当

吉林省××市人民法院（2006）×民初字××号民事裁

定书认定:"合同性质是加工合同,而此案为加工合同质量纠纷。"(见证据1)按此认定,本案应是合同纠纷,应按合同纠纷受理和审理。事实上,原审法院也是按合同纠纷受理的(见证据2)。所以,原审法院应当按合同纠纷有关管辖的法律规定确定管辖权,而加工合同纠纷应由加工地法院管辖。本案中,加工地是大连瓦房店市,因此,本案应由大连瓦房店市人民法院管辖。

这一点原审法院应该十分清楚。然而,原审法院却得出自相矛盾的结论:"按照产品质量纠纷案件的管辖规定,侵权行为地法院有权管辖,故此案本院有管辖权。"这一结论没有任何依据,适用法律明显不当,是典型的张冠李戴。我国没有一条法律规定,合同产品质量纠纷由侵权行为地法院管辖。最高人民法院《民事案件案由规定(试行)》第二部分权属、侵权及不当得利、无因管理纠纷案由第九项特殊侵权纠纷224号(现为"第九部分373号")所规定的案由是"产品责任纠纷"(见证据3),说明只有产品责任纠纷才能以侵权纠纷案受理,可以以侵权行为地作为连接点确定管辖。原审法院对本案的认定是"加工合同质量纠纷",而不是"产品责任纠纷"。也就是说,原审法院认定本案性质是"合同纠纷",而不是"特殊侵权纠纷"。

既然如此，又怎么能套用产品责任纠纷案件的规定认定自己有管辖权呢？！

原审法院显然是故意混淆了加工合同（产品）质量纠纷和产品责任纠纷之间的重大区别。基于合同并就产品质量问题发生的争议（包括索赔），属于合同纠纷范畴，应承担的是违约责任。只有产品存在重大质量缺陷或瑕疵，并因此造成他人的生命、身体、健康或者财产重大损害的，才承担产品侵权责任。上述两种法律责任泾渭分明，不能混淆。

本案中双方的争议是：产品本身的质量是否符合约定，是否存在违约的事实，是否因违约给被上诉人造成损失。这显然是合同的订立和履行纠纷，正如原审法院所正确认定的，属于"加工合同质量纠纷"。本案根本谈不上产品侵权责任问题，当然不能适用关于产品责任纠纷的管辖规定。

简言之，原审法院在认定双方的纠纷为合同纠纷的基础上，却适用关于产品责任纠纷案件的管辖规定，属于适用法律不当。原审法院对本案没有管辖权。

二、原审法院滥用职权，程序违法

原审法院对案由进行随心所欲的变更，剥夺了当事人的诉讼权利。原审法院受理本案时的案由是购销合同产品质量纠纷（见证据2），而现在案由变更为加工合同产品质量纠纷（见证据1），在确定管辖时，实际上再次变更为侵权纠纷（见证据1）。这是典型的滥用职权。案由本应根据当事人的诉求确定，案由的变更直接涉及当事人的主张、举证责任以及实体利益等诸多方面，因此，不应允许法院利用职权随心所欲地改来改去，否则就会严重损害当事人的诉讼权利。法院受理案件之后，如果认为原告起诉的案由不正确，应该向原告释明，原告继续坚持则应驳回诉讼请求，令其以适当的案由另行起诉。

可见，原审法院随意变更案由属滥用职权、程序违法，严重损害了上诉人的权益，请二审法院予以纠正。

三、原审法院以有管辖权的法院因案件已审结而无法合并审理为由自己行使管辖权，也属于滥用职权

原审法院认为："由于被告诉原告加工合同货款一案已审结，此案合并审理的前提不存在。移送大连瓦房店市人民法院审理，已无法合并审理。"言外之意是，大连瓦房店市人民法院有管辖权，应当向其移送，只是因为该院上一案件审理已结束，所以没有移送之必要或客观上没有移送之可能。这个逻辑不能成立，这个观点也无法律依据。在管辖权问题上受诉法院只需审查自己有没有管辖权，如果没有管辖权，那就应该向有管辖权的法院移送或者驳回起诉。明知自己没有管辖权，只因有管辖权的法院另一案件已经审结，无法合并审理，所以找个理由认定自己有管辖权，这也是滥用职权的一种表现，必然损害诉讼当事人的合法权益。

综上，上诉人认为，原审裁定适用法律不当，程序违法，属滥用职权，对上诉人明显不公正，损害了上诉人的权利，原审法院对本案没有管辖权，请二审法院依法予以纠正。

此致

吉林省长春市中级人民法院

上诉人：大连某汽车部件制造厂

2007年4月1日

附件：

证据1：吉林省××市人民法院（2006）×民初字××号《民事裁定书》；

证据2：《××市人民法院传票》，（2006）×民初字××号；

证据3：最高人民法院《民事案件案由规定（试行）》第二部分：权属、侵权及不当得利、无因管理纠纷案由。

以上就是王厂长案件的整个办理过程。此案取得完胜看起来有些"玄乎",其实不然,这是我方根据被告的情况采取"以正合,以奇胜"策略的必然结果。这是策略的胜利。

这套精心谋划的策略由六个步骤组成:

第一步:分析判断被告律师对举证期限可能采取的态度。判断准确是该策略能够成功的前提条件,一旦误判就会全盘皆输。

第二步:争取法官的支持。请求法官给原告、被告发送举证通知书,指定举证期限。这一步十分关键,因为没有这一步该策略就无法进行下去。

第三步:我方向法庭提交极少的证据以迷惑对方,让被告律师觉得我们手里没有任何有力的证据。这就是"以正合"。

第四步:当被告举证时突然提出"不予质证"的意见,根本不给被告在法庭上出示证据的机会。这就是"以奇胜",出其不意,攻其不备。从两位被告律师当时的反应看,他们是做梦都没想到我方会使出这一招。

第五步:防止法庭上出现意外,当法官犹豫不决时,拿出特别坚定的态度,让法官依法行事。

第六步:关键时刻引进"外援",促进成功。

从这起案件的分析中可以看到,制订诉讼策略是办案的根本,直接影响案件的胜败。好的诉讼策略可以让一起案件起死回生,反之则相反。而制订诉讼策略的关键在于知己知彼，因敌制胜。律师首先要搞清楚自己的优劣势，然后深入研究对方的情况，找出对方的软肋，制订相应的打击策略。

《孙子兵法》有云："夫用兵，识虚实之势，则无不胜矣。"

同样，策略的实施方案也很重要。策略是一个大的框架和原则，它必须转化为具体的方案，只停留在某种想法上对案件不会产生任何影响。而制订方案时一定要考虑可行性，每个步骤都要仔细推敲，准备出各种预案。

另外，策略要贯穿诉讼的整个过程。一起复杂的案件，其发展往往是跌宕起伏的，要经历多个阶段。我们必须根据案情的变化灵活调整自己的策略，见招拆招。在策略的实施上绝对不能刻舟求剑。

总之，制订策略和方案是律师办案的第一步，这一步不是可有可无的，它是必不可少的。没有策略，案件就会变成无头苍蝇；策略不灵活，就会失去转瞬即逝的机会，而机不可失，失不再来。

律师是案件的总设计师和总指挥，所以，既要深谋远虑也要细致入微，既要稳扎稳打也要善于奇袭。律师办案是技术活儿，但这是需要谋略的技术。

有人说，《孙子兵法》是世界上最好的博弈论著作，对此我完全认同，《孙子兵法》里蕴含着许多深邃的博弈思想和绝妙的博弈策略。

律师办案是你胜我败的零和博弈，建议大家好好研读一下《孙子兵法》，我相信对你制订诉讼策略会有很大的帮助，同时还可以增加你的思维深度。

第二节　原告律师如何先声夺人主导诉讼

> 原告律师有两个天然的优势：一是准备好再动手；二是先声夺人。原告律师必须充分利用这两个优势，主导整个诉讼，让诉讼往自己确定的方向发展，做到"胜可胜之敌"。

律师代理原告和代理被告，虽然经历的是同一个诉讼过程，然而需要研究和解决的问题却有很大差别。

原告是主动提起争端的一方，理应占有一定的优势，但事实上并非如此。太多的例子可以证明，原告在诉讼中未能占据优势，甚至一交手便处于劣势。为什么呢？主要的原因在于，原告律师没有吃透自己的案子，在证据和法律方面都准备不足，不懂得利用原告的地位采取先声夺人的策略。

【案例】

北京某咨询公司起诉北京某知识产权代理公司（被告一）及其法定代表人郭某（被告二），诉讼请求是：判令被告一返还抽逃的出资款64万元并支付其利息，被告二对此承担连带责任。理由是：被告二担任原告法定代表人期间（2016年3月11日到2018年9月10日），通过虚构交易等方式从原告账户向二被告转账共64万元。

我代理二被告，接受委托后，我到北京市市场监督管理局调取原告的工商登记档案，发现了以下事实：

1. 原告成立于2008年11月18日，注册资本3万元。2019年11月11日增资到100万元，有三个自然人股东，全部出资到位。2014年2月13日，被告一从其中的两位股东手里受让股份，成为原告的控股股东（占80%的股份）。

2. 被告二于2016年12月5日开始担任原告的法定代表人、执行董事、经理，2018年8月29日，被告一全部转让原告的股份退出该公司，被告二也不再担任该公司任何职务。此前和此后，原告的法定代表人、执行董事、经理均为原告目前的控股股东季某。

3. 原告从成立之日起到起诉之日止，共发生五次转让股份的情形，每次都是无偿转让，因为公司一直在亏损。

> 另外，我从原告提交的证据以及被告二郭某提供的证据中又发现以下事实：
>
> 1. 原告主张的所谓抽逃出资款中占 80% 的是代收代付专利商标款和现金取款。这些转款开始于 2015 年，即季某担任原告的法定代表人、执行董事、经理期间。而其他的支出项目，有原告的副总经理杨某参与决策和执行。
>
> 2. 原告与被告一曾是合作关系，在一个大房间里办公，人员、财物等有混同情形。
>
> 3. 原告有个财务管理方面的规定：出纳每天下班前把当日"银行日记账"和"现金日记账"用公司邮箱发给季某、郭某。
>
> 4. 原告的会计颜某是季某聘请的，被告一入股之前和之后一直都由他担任会计。
>
> 5. 从事商标和专利代理业务需要在国家有关部门备案登记。被告一做了登记，但原告没有登记。

了解上述事实之后你有什么感觉？是不是觉得原告的起诉有点仓促？我们结合庭审情况看看原告的准备情况如何。

首先，原告的诉讼请求是"返还抽逃出资款"。原告律师把本案定性为抽逃出资纠纷，这显然是错误的。

什么是抽逃出资？《最高人民法院民商事判例集要》（公司卷）里对抽逃出资有个定义："'抽逃出资'系指在公司验资注册后，股东将所缴出资暗中撤回，却仍保留股东身份和原有出资额的一种欺诈性违法行为。"可见，抽逃出资是针对具有缴纳注册资本义务的股东而言的，因此，对于从已经缴纳出资的股东手里受让股权的股东来说，不存在抽逃出资问题。《刑法》对"抽逃出资罪"的定义也是如此。

本案中，被告一是2016年从已经实缴出资的股东手里受让股权的，而且是无偿受让。所以，本案的性质不可能是抽逃出资纠纷。案由错了，诉讼请求不可能正确，这是方向性的大问题。这说明，起诉前原告律师没搞清楚与案件有关的法律问题。

其次，原告律师掌握的事实。

开庭后我发现，原告手里除了财务单据和账目之外没有其他证据，而被告却提交了17组75份证据。

有些证据原告律师出于策略可以不提交但必须了然于胸，比如原告要求返还的40多万元代收代付商标款，是被告二郭某还没有掌管原告公司的时候即2015年就开始的，当时的负责人是现在原告的法定代表人季某。被告的证据证明了这一点。然而，原告律师对如此重要的事实并不知情。

法官敏锐地意识到了这个问题的重要性，于是询问原告律师。

原告律师试图蒙混过关："被告郭某2015年的时候已经是原告的

实际控制人了。"

法官追问:"有证据吗?"

原告律师支吾半天只好回答:"没有。"不过,她马上意识到这是个漏洞,请求法庭给她两个月的调查取证期限,法官认为案件比较复杂,同意了她的请求。

其实,这个问题从工商登记材料中就可以发现,因此她在起诉时就应该考虑到。她可能在起诉前根本没有调取原告的工商登记材料。她比较幸运,遇到了有耐心的法官,否则,不可能给她两个月的调查取证期限,因为她是原告律师。

可见,这位原告律师起诉的时候,不仅法律问题没搞明白,事实问题也没弄清楚。所以,本来应该主动攻击的原告,却陷入了被动防守的境地。不客气地说,这就是不会办案。她把做原告这一难得的机会给糟蹋了。

原告是什么?原告就是发动战争的人。中国人常说,先下手为强、先声夺人、先发制人……说明处于原告地位的一方具有先天的优势。原告律师的主要任务就是,充分发挥这种先天优势,占据制高点,主导整个诉讼过程。

这种优势在起诉时就应该体现出来。

下面,我们通过一起商品房买卖合同纠纷案件,探讨原告律师起诉前应该如何工作才能把原告的优势充分发挥出来。

2017年8月11日，申请人于某与被申请人北京某置业有限公司签订《北京市商品房预售合同》。签约后，申请人及时支付了全部房款（公积金贷款120万元，余款113万元用现金支付），并按时接收了房屋（不含地下室和小院），全面履行了合同约定的义务。但是，被申请人没有按约定和承诺交付下跃式地下室和花园小院。后来，申请人从有关部门的处罚决定书等材料中得知，该楼盘的建设规划里根本不存在被申请人承诺的下跃式地下室和小院。申请人购买的是一楼，本来应该在整个楼栋中价格最低，但却支付了最高的单价，比现在价格最低的二楼一平方米多出5040元，总价多出34万余元。

被申请人通过户型图、沙盘模型、微信公众号等方式反复宣称："多一层空间多一层想象！""叠厅花苑双明厅！""楼上是家庭会客厅，楼下就留给孩子，做他的琴房和舞蹈室。"并在现场发放的叠厅花苑户型示意图宣传彩页中展示了"下跃式户型"。北京市市场监督管理局某分局认定这些广告违反了相关法律规定，并罚款2万元。

双方在合同附件补充协议里专门对附赠的地下室和小院做了约定，其中特别约定：由于政策、规划、出卖人的原因不能交付地下室和小院，买受人不能因此解除合同、不收房屋。

双方在合同中选择的纠纷解决方式是仲裁。

本案中，申请仲裁前的工作分以下四步。

第一步：确定案由

如前所述，案件的性质至关重要，它是方向性问题。本案的案由比较明显，那就是商品房买卖合同纠纷，或可以再细分为商品房预售合同纠纷。

第二步：确定仲裁请求

提出什么样的仲裁请求以及怎么提出，这里颇有学问，需要深入研究。

1.合同纠纷首先要研究合同是否合法有效，是否可撤销、可变更。

这涉及应不应该提出合同无效或撤销合同、变更合同的仲裁请求。这也是方向性问题。

如何研究？

先查阅法律规定，《民法典》或《合同法》（现已失效）里，有专门的条款规定了合同无效或可撤销、可变更的情形。

然后，落实合同约定以及合同履行情况，看看合同内容或对方的行为有没有符合上述法律规定的情形。

本案属于《民法典》施行前的法律事实引起的民事纠纷案件，所以按照最高人民法院《关于适用〈中华人民共和国民法典〉时间效力的若干规定》，应该适用《合同法》和《民法总则》。

那么，本案合同存不存在无效的情形呢？应该说不存在，因为没有发现本案合同有违反法律、行政法规强制性规定的地方，也没有发现其他导致合同无效的情形。

存不存在可撤销的情形？存在，附件十四补充协议就属于可撤销的合同。因为，被申请人隐瞒了建设规划里没有地下室和小院的事实，用欺骗的手段使申请人在违背真实意思的情况下订立了该协议。

《合同法》规定撤销权的除斥期间是一年，即自知道或应当知道撤销事由之日起一年内行使。当事人是什么时候知道地下室和小院不在规划范围内的呢？2020年4月1日，市场监督管理部门下发处罚决定书的时候。而当事人找我时已经是2021年9月，显然过了除斥期间。因此，无法提出撤销补充协议的仲裁请求。

本案亦不存在可变更的情形。

综上，本案应该主张合同合法有效，在这个前提下开展下面的工作。

2. 研究合同是否可以解除，这又是一个方向性的大问题。

我们都知道，合同解除有法定解除和约定解除。《合同法》第94条（已失效，现为《民法典》第563条）规定了法定解除的五种情形。其中，我们常用的是第四种情形"当事人一方迟延履行债务或者有其他违约行为致使不能实现合同目的"。

本案中有没有这种情形呢？有。申请人比正常价格多支付34万元购买一楼的房子，就是因为被申请人承诺附赠下跃式地下室和花园小院。现在被申请人不能交付地下室和小院，申请人完全可以说，由于被申请人的违约使他的合同目的没有实现。

这个解除合同的理由应该是能够成立的。但在本案中有个障碍，那就是补充协议中不得以不能交付地下室和小院为由拒绝接受该房屋或退房的约定。我们讲过，这份补充协议应该是可撤销的合同。申请人没有在除斥期间内主张撤销，所以该补充协议是有效合同，应该继续履行。

不过，如果从另一个角度考虑，这份补充协议可能是无效的。因为地下室和小院即使建成也是违章建筑，违章建筑是不得出售的，买卖违章建筑的合同违反了法律、行政法规的强制性规定。

如此看来，解除本案合同的主张有可能成立，所以提出解除合同的仲裁请求是一个选项。

既然在法律和事实上存在可能，那么就要研究策略上是否应该。这里首先要考虑当事人想要实现的主要目标。他主要想得到什么？最顾虑的是什么？

实现当事人的主要目标，是确定诉讼策略和诉讼请求的出发点。

从本案合同的内容看，解除合同可以主张总房款20%的违约金，大约47万元。不解除合同，可以按补充协议主张总房款3%的违约金，然后主张一些可得利益损失，但可得利益损失得到支持的可能性不大。所以，这就需要当事人来衡量和选择。

律师可以给当事人解释合同和法律，以及不同的方案可能产生的不同后果，但是，一定要把决策权交给当事人，让当事人自己来决定采用哪种方案，因为他自己最清楚想要什么。

我的当事人对总房款20%的违约金有所动心，加上对所购房屋的增值潜力缺乏信心，有解除合同的想法。不过，他有两个担心：一是仲裁庭不支持，无法解除；二是解除之后无法再用公积金贷款买房。因此，最终他决定不解除合同。

3. 确定具体的仲裁请求。

> 本案中，仲裁请求共有六项。
>
> （1）返还房屋差价款 343,886 元。
>
> 这是被申请人通过虚假宣传和承诺，比正常价格多收的房款。这个数额是如何确定的呢？根据是北京市住房和城乡建设委员会出具的《房屋拟售建面单价汇总》，即预售商品房备案价格。为了确定这项仲裁请求，我特意向北京市住建委申请政府信息公开，从这个汇总表中可以计算出差价。正常来讲，一楼应该比同一单

元二楼便宜，但本案却高出 5040 元（房屋单价）。而该单元其他楼层的情况是，三楼比二楼每平方米高出 242 元，四楼比三楼每平方米高出 244 元，五楼比四楼每平方米高出 244 元。因此，如果一楼没有下跃式地下室和花园小院，即正常情况下，一楼应该比二楼每平方米至少低 240 元。按每平方米低 240 元计算，申请人因为有下跃式地下室和花园小院，购房时每平方米多支付 5280 元，购房款总计多支付 343,886 元。

（2）请求被申请人以 343,886 元为基数，按年利率 4.75% 的标准，向申请人支付自 2017 年 8 月 9 日起至实际支付之日止的利息（资金占用费），暂计算至 2021 年 11 月 8 日，为 69,421 元。

年利率在网上可以查到，2017 年中国人民银行公布的 1~5 年期贷款基准利率是每年 4.75%。被申请人多收的房款是申请人于 2017 年 8 月 8 日支付的（见证据 58 页），2021 年 11 月 8 日是申请仲裁日。

（3）请求被申请人向申请人支付违约金 70,090 元。

这是根据本案合同附件十四补充协议(专有使用空间)确定的。该补充协议第 8 条规定，本协议约定的专有空间因法规、政策变化或出卖人的原因等未能交付的，不影响本合同项下房屋的交付，买受人不得以此拒绝接受该房屋或退房，出卖人向买受人支付总房款3%的违约金。如前所述，该补充协议按照《合同法》第54条（已失效，现为《民法典》第147~151条）的规定应为可撤销的合同，但申请人没有选择撤销，因此该补充协议应认定为有效，被申请人应按照该补充协议的约定支付违约金（70,090元）。

（4）被申请人赔偿申请人的可得利益损失233,633元。

这是本案以后的争议焦点。有人可能会问：我们已经要求违约金了，应不应该再要求可得利益损失？我认为必须这样做。

首先，在法律上它是可行的。认定可得利益损失一般需要满足两个条件：一是该损失是可以确定的损失；二是该损失在签订合同时可以预见到。在本案中还需要满足一个条件，那就是被申请人支付的违约金无法弥补申请人遭受的损失。我认为，本案满足以上三个条件。另外，本案中被申请人故意隐瞒了规划里没有地下室和小院的事实，属于恶意欺诈，所以，仲裁庭有可能支持带有惩罚性赔偿性质的损失。

其次，这里还有策略上的考虑。我的主要目标是不打折扣地拿下前面三项，那样合计就有48万元，这个数额已经超出了当事人的期望。因为他的邻居刚拿到仲裁裁决书，得到支持的数额不足 20 万元。我在 48 万之外还要求 23 万元的可得利益损失，一方面可以强调被申请人的恶意欺诈和严重违约行为，另一方面还可以起到对前三项请求的保障作用。

（5）请求被申请人向申请人支付律师费 40,000 元。

法院支持律师费的情形只有十几种，但仲裁基本上是无条件支持的，所以，申请仲裁的时候一定不要忘了请求律师费、公证费等事项。

（6）请求本案仲裁费由被申请人承担。

以上就是我在本案中提出的仲裁请求。

大家可能会发现，这里需要许多计算。其实，不少案件是需要仔细算账的。这个时候，律师应该专门写一个关于损失计算方式的文件提交给仲裁庭，让仲裁员看明白你提出的请求数额是怎么产生的。

顺便说一句：律师有一项不能忽视的工作，那就是尽可能让法官对你的主张和观点一目了然，不需要费力地琢磨或分析。法官手里案件太多，非常忙，很需要这种"帮助"。而实践证明，提供表格、说明等文件是比较有效的方式。

有些律师写的东西挺有水平，但是，要么晦涩难懂，要么过于冗长，这对案件的结果没有好处。办案必须注重实效，律师说的每一句话都要有目的、有指向，不能玩文字游戏。

做律师最忌讳虚夸的作风。

另外，如果案件涉及房屋等实物，那么，确定诉讼请求之前律师应该到现场实地察看，这样才能确定具体的请求事项。律师不能只听当事人的一面之词。在商品房买卖合同纠纷案中，合同约定的房屋是否存在或能否交付，直接关系到提出继续履行合同交付房屋的请求还是提出解除合同赔偿损失的请求。

第三步：做证据目录

确定案由和仲裁请求之后，应该先写仲裁申请书还是先做证据目录？我的经验告诉我，应该先做证据目录，然后写仲裁申请书。因为，申请人向仲裁庭提交的所有法律文件中仲裁申请书是最重要的。有不少律师对它不大重视，在审理过程中动不动就变更、增加仲裁请求，这样很容易给仲裁员留下不认真不专业的印象，而且还有可能打乱自己的策略和方案，让自己陷入不应有的被动之中。

做证据目录有两个目的：

第一，证明我们需要的事实。什么是我们需要的事实？就是对我方有利的事实和对对方不利的事实。除此以外的事实，即使有证据也不应该出现在我们的证据目录中。所以，证据目录里的证据都是服务于诉讼策略的,是精心选择的。证据的取舍,体现了你的办案思路。

第二,梳理出我方的证明逻辑。这是做证据目录的主要目的。证据目录里的证据是比较散乱的,你必须用你的逻辑把它们连接起来形成一个完整的证明体系。

现在回到于某的仲裁案,看看怎么做它的证据目录。

1. 让当事人写个"情况说明",把签订和履行合同的整个过程尽可能详细地写出来。

"情况说明"有两点用处:一是可以脱离证据了解客观事实。当事人讲的有些事实,往往自己手里没有证据,但对方手里可能有。律师了解这些客观事实之后,才能做到对案件心中有数。律师不能只重视有证据证明的事实。二是可以作为当事人的陈述,以后当事人万一不承认某些事实,可以用它进行反驳。有些当事人遇到不利情况就试图否认自己说过的话,甚至把责任推给律师,所以,律师要用适当的方式留下证据。

于某特别忙,没有专门写"情况说明",而是在微信里对购房前后的情况以及目前该小区一楼业主们的投诉维权情况大致做了介绍。从中我了解到以下基本事实:

(1)于某想申请仲裁的原因是,开发商没有按照合同约定和宣传材料的承诺,交付下跃式地下室和花园小院。

(2)涉案房屋于2019年初收房。

（3）业主们向区市场监督部门和区住建部门投诉，市场监督部门以虚假广告为由处罚了被申请人。住建部门没有受理业主们的投诉，建议业主们按照合同约定走法律程序。

这些事实显然是远远不够的。

2. 让当事人提供与案件有关的所有证据，不管在他看来是否有用。

律师的作用之一就是，在普通人看起来无关紧要的证据或合同条款中发现线索或找到需要的东西。

现在，当事人往往用微信或电子邮件传递证据，你最好把它们打印出来再看。有人研究过，看电子版材料和纸质材料，发现问题的概率有明显差别。

把所有的证据材料按照时间顺序整理出来，然后开始阅卷。阅卷时要对照当事人写的"情况说明"，发现不一致的地方要写在备忘录上，或及时询问当事人。

阅卷的目的，除了掌握案情之外主要是发现问题。在准备证据目录阶段发现问题，是为了补充必要的证据。

当事人提供了商品房预售合同、发票和付款凭证、小区业主们的投诉材料（他在外地没有参加）、该楼盘二期价格表。

这些证据证明的事实，几乎没有超出他讲述的范围。

我们最需要的东西也是本案最关键的证据——有关地下室和小院

的证据一个也没有。在合同附件里有相关内容,但附赠的地下室、小院、露台、屋面、仓储用房这几项中双方没有勾选,所以对方可能以约定不明抗辩。

既然合同里没有说清楚,那么,我们必须用其他证据来证明被申请人承诺附赠地下室和小院。

我们首先需要证明商谈过程的证据。当事人马上找出当时与置业顾问(售楼代表)小雨的微信聊天记录。从聊天记录中可以看到,小雨从解答咨询到办理公积金贷款,为申请人购买涉案房屋提供了全过程服务,其中附赠地下室和小院是商谈的主要内容。微信里,小雨还传来她和销售经理刘某写的"确认和承诺书"。另外,销售主管朱某也写了几乎相同的"确认和承诺书"。这些证据能说明不少问题,但被申请人一定会否认这三个人的身份,因此我们还需要其他佐证。

我让当事人继续寻找。当事人说,他的邻居年初就申请仲裁了,好像前几天刚收到裁决书。我喜出望外,让他赶紧把裁决书传过来。

我如饥似渴地读了三遍裁决书。申请人的仲裁请求是34万元,但仲裁庭只支持了19.6万元。我仔细研究后发现,其原因不在仲裁员而在申请人。申请人请了律师,所以问题就出在律师身上。

我发现,在整个仲裁过程中,申请人的律师犯了至少三个错误:

(1)提出的仲裁请求有问题。他要求被申请人交付地下室和小院。

这是不能履行的，因为地下室和小院不在建设规划里，已被政府有关部门认定为违法建筑。

（2）他没有去现场进行调查，不知道地下室的施工情况。所以，他同意了被申请人的说法，即该房屋下面没有可用于居住的地下室或半地下室。我到现场看过，涉案房屋实际上是有可居住的地下室的，而且是两个各15平方米左右的带大窗户的相当亮堂的房屋。它旁边有戊类库房。这就是律师工作不到位。

（3）他对申请人多支付房款的性质没搞清楚，所以处理得非常荒唐。申请人的购房价格每平方米高出正常价格5000多元，这明明是开发商以附赠地下室和小院的名义多收的房款。然而，这位律师却没有指出这一点，而是莫名其妙地请求变更合同价款，被申请人当然求之不得。因此，申请人后来得到的19.6万元是变更价款的结果。如果他主张返还多收的房款（34万元）并支付资金占用费以及违约金，那么，仲裁结果会好得多。由于主张变更合同价款，申请人损失了至少10万元。如果说，没去现场调查是工作作风问题，那么，搞错法律事实的性质就是工作能力问题了。

不过，看到这里我是既喜又忧。喜的是，我应该能让我的当事人拿到比他邻居更好的裁决；忧的是，这份生效裁决很可能会影响这起案件的仲裁员，导致我方得到支持的数额不会太高。

但不管如何，这份裁决书是个难得的"宝贝"，我从中找到了对我方十分有利的四个结论。虽然那只是该案仲裁员的观点，但这毕竟是在同一个仲裁委做出的裁决，而且其中包含着对某些事实的认定，因此对后面的类似案件肯定会有指导作用。

这四个结论是：

（1）被申请人在宣传材料中明确、具体、清晰地显示了下跃式结构、上下双明厅、私享入户花园。故，这些内容应当视为要约，虽未载入本案合同，但应视为本案合同的内容。

（2）申请人选择购买此房，正是基于其对下跃式地下室和花园小院使用功能的期待，这种期待正是申请人决定购买此房而非其他房屋的主要原因。

（3）本案中，规划部门已经明确涉案房屋不存在配套小院和跃层设计，故被申请人对其广告内容的违反亦构成违约，应承担违约责任。

（4）现由于申请人无法取得签订合同时所预期的专有使用空间，其支付购房款所对应的权利整体减损。

这些结论里包含了对某些重要事实的认定，比如在宣传材料中作出了明确、具体、清晰的承诺，以及规划里没有跃层设计（地下室和小院。由于它是生效裁决，因此，它所认定的这些重要事实我们无须再去证明。

现在，我方已经拥有不少关键证据，但我仍然觉得还欠缺点什么。缺什么呢？缺一份能够证明房屋价格差额的证据。当事人手里没有这种证据。

于是，我立即代表当事人向北京市住建委提出政府信息公开申请。我在确定仲裁请求时提到过这一点。提出申请20多天后，我拿到了住建委的备案登记价格表，该表显示，我的当事人为了"附赠"的地下室和小院每平方米至少多支付了5280元，即房款总额多支付了34万余元。

到此为止，我的证据基本可以证明我要证明的事实，这时候可以制作证据目录了。但这些证据的顺序应该怎么安排呢？是按事情发生的时间顺序吗？不一定。这要看你确定的证明逻辑。也就是说，在做证据目录之前，你首先要确定案件的证明逻辑。

什么是证明逻辑？通俗地说就是你怎么用证据证明你的主张和观点。这不是把证据罗列起来就可以做到的。你必须把它们有机地组合起来，共同证明某些事实，这些被证明的事实形成一个比较完整的"故事"，而贯穿其中的"故事线"就是证明逻辑。

那么，我为本案确定的证明逻辑是什么呢？合同合法有效，申请人全面履行了合同义务。但是，被申请人没有按约定交付地下室和小院，属严重违约，应承担违约责任。而且，被申请人故意隐瞒了规划里没有地下室和小院的事实，通过虚假宣传诱使申请人签订合同，并抬高房价多收了几十万元房款，被申请人的行为属于恶意欺诈，应对其进行惩罚。所以，被申请人不仅要返还多收的房款并支付其利息和违约金，还要赔偿申请人的可得利益损失。

按照这个逻辑，我把本案的19份证据分成11组。它们的顺序如下：

第一组证据：《北京市商品房预售合同》及其附件十一、十三、十四补充协议。

证明对象和内容：（1）合同内容：签订时间、单价、总房款、套内面积等；（2）一楼存在对生活产生不利影响的因素；（3）双方约定了广告和宣传材料的效力；（4）专有使用空间是赠送的；（5）双方约定了附赠地下室和小院以及不能交付时的违约金。

第二组证据：契税完税证明、增值税普通发票三张、被申请人收款回执八张。

证明对象和内容：申请人按照合同约定全面履行了义务。

第三组证据：叠厅花苑一层和下叠客厅户型图、沙盘模型彩色宣传页、北京市市场监督管理局某分局行政处罚决定书。

证明对象和内容：（1）被申请人的广告宣传明确、具体、清晰；（2）被申请人的广告宣传违反了法律规定，属虚假宣传；（3）涉案房屋所在楼盘不存在配套小院和跃层设计。

第四组证据：北京仲裁委员会裁决书（邻居案件）。

证明对象和内容：（1）涉案房屋与申请人的房屋位于同一单元且左右相邻；（2）仲裁庭的四个结论。

第五组证据：涉案房屋所在单元各楼层备案售价表、被申请人曾公布的涉案房屋所在楼盘二期售价表。

证明对象和内容：（1）涉案房屋比二楼单价高出 5040 元；（2）三楼比二楼单价高出 242 元，四楼比三楼单价高出 244 元；（3）地下室戊类库房售价每平方米 8500 元。

第六组证据：北京市某公证处出具的公证书。

证明对象和内容：被申请人在自己的微信公众号上，对一楼房屋附赠地下室和小院做了具体、明确的承诺。

第七组证据：涉案房屋"小院"的照片两张。

证明对象和内容：（1）涉案房屋没有花园小院；（2）所谓"小院"里没有通往地下室的下跃式楼梯。

第八组证据：地下室照片三张。

证明对象和内容：地下室分两部分，一部分是安装铁门的戊类库房，另一部分是没有安门的两间各 15 平方米左右的可居住的房间。

第九组证据：律师代理合同及律师费发票。

证明对象和内容：申请人为本案支付了4万元律师费。

第十组证据：被申请人销售主管朱某的确认和承诺书。

证明对象和内容：（1）涉案房屋附赠下跃式地下室和花园小院，与楼上为一体；（2）地下室分两部分，一部分是需要购买的戊类库房，另一部分是附赠的与楼上一体的房屋，约30平方米。

第十一组证据：浙江省某公证处公证书。

证明对象和内容：（1）小雨是被申请人的售楼代表，为申请人购买涉案房屋提供了全过程服务；（2）小雨和销售经理刘某书面确认和承诺，涉案房屋附赠下跃式地下室和花园小院。

以上就是证据目录的核心内容。考虑到被申请人可能找小雨、刘某、朱某等人做工作，立案的时候第十、十一组证据暂未提交。在仲裁庭确定开庭日期之后，我把它们作为补充证据提交给仲裁庭。

申请人（原告）提交的证据目录必须完成一项任务：让裁判者先入为主地对案件产生我方希望的印象。这就是作为申请人（原告）享有的得天独厚的优势，甚至是权利。

本案中这个印象应该是：被申请人作为全国知名企业，隐瞒事实，虚假宣传，多收房款，恶意违约，行为极其恶劣，严重侵害了许多像申请人这样的购房者的权益。

因此，上面证据目录里的主要证据，几乎都指向被申请人的恶意欺诈和严重违约行为。

证据目录的制作过程到此结束。

做得好的证据目录，法官一看就知道你想说什么。

但在证据目录里，我们只能简要讲这些证据直接证明了什么，而不能展开讲这些证据还能间接地证明什么。比如，合同附件十一补充协议里，申请人签署了"关于一楼房屋存在对生活有不利影响的因素"的特别提示。这份证据在证据目录里只能说，它证明了一楼房屋存在对生活有不利影响的因素，而不能说它证明了一楼房屋应该比二楼房屋价格便宜，虽然完全可以推导出后面的事实。

因此，只有证据目录还不能让裁判者了解到我方系统的观点和完整的逻辑，裁判者得到的往往是比较散乱的碎片化的印象，这种印象一旦受到另一方当事人提交的证据的冲击就容易发生改变。

怎么办？用代理词来弥补。可见，代理词不是可有可无的。

律师要用证据目录建立初步的证明逻辑，然后用代理词进一步把它讲透，展现一个令人信服的故事。这就是证据目录和代理词的配合。

第四步：写仲裁申请书

确定了案由和仲裁请求，制作了证据目录，你对案件就有了整体的把握，这时候就可以写仲裁申请书了。

仲裁申请书主要由当事人信息、仲裁请求以及事实与理由组成。前几项已经解决完毕，只剩下事实与理由。

怎么写事实与理由呢？

有不少律师写得特别简单，认为写多了会让对方提早做准备，对自己不利，所以应该尽可能少写，能立案就行。

这种观点我不敢苟同。喜欢下围棋的人都知道，先手非常重要。你先落子却不能占先手，说明从策略上就错了。

仲裁申请书是战书。这个战书是给谁看的？一般战书是给对手看的，但这个战书不是，它主要是给裁判者即仲裁员看的。

现在是信息社会，我们制定诉讼策略时，不能像以前那样寄希望于证据突袭，那几乎是不可能的。如今的信息是比较充分的，我们必须在这个假设下考虑问题。因此，担心对方有准备，把事实与理由部分写得很少，这是掩耳盗铃。

那么，作为申请人如何占先手呢？就是突出被申请人的违约或违法行为，让仲裁员感觉被申请人"罪大恶极"，而申请人是纯粹的受害者。

本案就是要极力强调这样一个事实：被申请人作为全国知名的房地产企业，故意隐瞒对签订合同有重大影响的事实，通过虚假宣传抬高房价，进行恶意欺诈。

基于这样的事实，提出我方的观点：被申请人的行为属严重违约，而且不是一般性质的违约，是恶意欺诈，所以应该受到法律的严惩，应赔偿包括申请人的可得利益在内的所有损失。下面就是本案仲裁申请书的事实与理由部分。

事实与理由

2017年8月11日,申请人于某与被申请人北京某置业有限公司签订《北京市商品房预售合同》。签约后,申请人及时支付了全部房款(公积金贷款120万元,余款113万元用现金支付),并按时接收了房屋(不含地下室和小院),全面履行了合同约定的义务。

然而,被申请人没有按约定和承诺交付下跃式地下室和有下跃式楼梯的花园小院。后来,申请人从有关部门的处罚决定书等材料中得知,该楼盘的建设规划里根本不存在被申请人承诺的下跃式地下室和花园小院。这说明,被申请人在签订合同时就故意隐瞒重要事实,目的是抬高房价多收房款,这是明显的欺诈和违约行为。申请人购买的是一楼,本来应该在整个楼层中价格最低,但却支付了最高的单价,比现在价格最低的二楼每平方米多出5040元,总价多出34万余元,因此所谓的附赠地下室和小院,其实是申请人付款购买的。由于被申请人通过户型图、沙盘模型、微信公众号等方式反复宣称:"多一层空间多一层想象!""叠厅花苑双明厅!""楼上是家庭会客厅，楼下就留给孩子，做他的琴房和舞蹈室。"并在现场发放的叠厅花苑户型示意图宣传彩页中展示了"下跃式户型"。所以申请人不仅接受了高出正常价格很多的房价，而且对这样难得的好房屋及其未来丰富的使用功能和显著的价值提升，产生了切实的值得信赖的期待，而这样的期待是被申请人给予的。因此，被申请人不仅应该按照合同约定支付违约金，还应按照有关法律规定赔偿申请人因此遭受的损失。

实际上，被申请人这种恶意的欺诈行为，也完全符合《消费者权益保护法》第55条关于惩罚性赔偿的规定，应该按照多收房款的三倍支付赔偿金。

总之，被申请人严重违反合同约定和法律法规，给申请人造成了重大损失，应依法予以赔偿。故，根据该合同第28条关于争议解决方式的约定，特向贵委提出仲裁申请，恳请贵委查明事实依法支持申请人的仲裁请求，保障善良守约者的合法权益，惩罚恶意违约者的欺诈行为，以维护社会的公平正义。

此致
××仲裁委员会

申请人：于　某
2021年11月14日

由上可见，原告律师在起诉前需要做大量的工作，其中既有策略层面的工作，也有操作层面的工作。这些工作归纳起来由四个步骤组成：

第一步：确定案由。明确案件的性质、当事人之间的法律关系。

第二步：确定诉讼请求。合同纠纷要先考虑合同是否有效，是否应该解除、撤销、变更等方向性问题；为了确定某项请求，有时必须进行调查取证；确定数额必须仔细算账，要有计算公式。

第三步：做证据目录。通过证据的排序，形成初步的证明逻辑。

第四步：写起诉状。事实与理由部分要做到让法官产生先入为主的印象。

我将这四个步骤称为"起诉慢四步"，因为每个步骤既要深思熟虑也要细致入微，绝不能操之过急。

原告律师必须清楚，原告的机会只有一次，那就是一审。作为挑起争端的原告来说，一审败诉意味着再无翻身之日。我代理被告胜诉的案件中，原告上诉的比例很低，而原告上诉的案件中转败为胜的更是寥寥无几。所以，原告绝不能打无准备之仗，而这个准备要达到有70%的胜诉把握才行。原告应该做到"胜可胜之敌"。

总之，原告律师必须能够主导整个诉讼过程，让诉讼基本按照自己确定的方向发展。这是原告律师的特殊使命。

第三节　被告律师如何以攻为守赢得诉讼

> 被告律师必须通过有效的反击抢回先手，反客为主。攻击，只有攻击才能找到机会，才能赢得胜利。

被告律师是比较潇洒的，败诉不窝囊，胜诉很风光，可进可退。这种轻松自由的处境，更有助于发挥律师的创造力，而有发挥创造力的空间办案才有乐趣。所以，我比较喜欢做被告的律师。

我可以自豪地说，我代理被告的案件胜诉率很高，差不多有80%。这可能与我采取的以攻为守的诉讼策略有关。

因此，被告胜诉的秘诀在于有效的反击。攻击，攻击，只有攻击，你才能找到机会，才能制服对手。美国著名刑辩律师德肖维兹在其著作《最好的辩护》中反复强调，最好的辩护就是攻击。

以攻为守不是简单的反击，它是一套复杂的"组合拳"。

一、以攻为守的方法

被告可以采用哪些以攻为守的方法？司法实践中经常使用的方法有以下几种：

（1）提出管辖权异议；

（2）提出回避申请；

（3）提起反诉；

（4）提出司法鉴定申请；

（5）提出调查取证申请；

（6）提出证人出庭申请；

（7）创造新证据；

（8）投诉；

（9）舆论宣传。

诉讼是自由搏击，必须用一切合理合法的方法打击对方，做被告尤其如此。

二、以攻为守的目的

第一，打乱原告的计划，阻止它顺利得到实施。

原告一般都是有备而来，他有自己的计划，所以，被告的第一项任务就是千方百计地干扰他，让他举步维艰。这需要根据案件的具体情况灵活运用各种方法，比如提出管辖权异议。我们在"如何制订因敌制胜的诉讼策略"一节中，详细介绍了大连某厂和吉林某公司之间的管辖权大战。该案中，被告吉林某公司提出管辖权异议时很清楚案件不可能移送管辖，他们的目的只有一个——设置障碍打乱原告的计划。

拖延时间是被告经常采用的重要策略。原告一般都想速战速决，所以案件一旦停滞不前或者出现反复（如发回重审），他们就会失去信心，就可能接受我方的调解方案。凡是久拖不决的案件，法官都希望调解结案，因为调解是不发生错案的最好方法。因此，如果证据对自己确实不利，就应该想方设法地拖，拖到不仅原告心急如焚，就连法官也坚持不下去的程度，那时候利益的天平可能就会偏向你。

第二，抢回先手，掌握主动。

原告是发起争端的一方，先下手为强，容易占先手。因此，被告的另一项重要任务就是扭转这种被动的局面，把先手抢回来，掌握主动权，这是以攻为守的根本目的。

不过，要做到这一点并不容易，有时需要下狠手，比如提出回避申请。回避申请一般是不会得到批准的，但如果能和投诉或舆论等手段相结合，往往可以产生奇效。前面"要善于做法官的助手"一节中，有家暴背景的钱某离婚案就是很好的例子。我们通过投诉成功地让原来的法官回避，使案件得到了比较公正的审判。

被告在案件进行过程中，往往需要一边阻击一边进攻，上面所列的方法有时候都要使用。对于律师来说，方法没有优劣。"不管黑猫白猫抓住老鼠就是好猫"，只要是能够有效打击对方的方法就是好方法。当然，使用的方法必须合法。

我曾在一宗案件中代理被告，当时我用反诉的手段主动进攻，并且在对方身上取证,成功地抢回了先手。下面,我们通过复盘该案看看具体的操作过程。

这是"一房二卖"的房屋买卖合同纠纷。2010年前后,北京市二手房市场比较动荡,价格波动幅度较大,所以出现了不少"一房二卖"的纠纷。当时,最高人民法院对此没有明确的司法解释。

(一)基本案情

2010年2月22日,我的当事人彭某(被告)与原告吕某签订《北京市存量房屋买卖合同》及其《补充协议》,将通州区的一套房屋卖给原告。原告支付了2万元定金,房款未付。3月25日,被告将该房屋另行出售给李某。被告与李某的合同办理了网签,房屋完成了交付,李某的贷款申请也得到了银行的批准。

于是,被告口头通知原告解除合同。但原告不同意,起诉到北京市通州区人民法院,要求继续履行合同并支付违约金。原告在庭审中还提出,可以一次性付款(原合同中约定的是公积金贷款),对涉案房屋表现出志在必得的决心。

(二)深陷泥潭

这是典型的"一房二卖"。现在的焦点问题是,为什么原告交了定金之后没有继续履行合同即支付房款呢?原告说,被告以各种理由躲他,让他无法支付房款。而被告则说,原告以出国等为由不尽快办理贷款手续,实际上是在观望,如果房价下跌他就不继续履行合同。

我经常办理房地产纠纷案件，比较熟悉原告、被告在市场波动时的心理。原告支付定金之后选择了观望，因为那一个月中北京市和各地政府出台了不少有关房地产的调控政策。

而被告试图利用原告的这种心理，另行出售该房屋得到更多利益。从法律上他的目的能够实现吗？这取决于他的运作手法。

他应该书面通知原告，如果原告在合理的期限内（给原告20天左右的时间）不履行合同，我方视为你以实际行动表示不再履行合同，按照法律规定，我们之间的合同就此解除。

然而，他没有这么做。他只是在电话里说了一句，而且也不是专门为解除合同之事打的电话。因此，产生的法律后果是，该合同尚未解除。在还没有解除合同的情况下就与另一个人签订合同，这显然是违约行为。他面临两份合同都违约的局面，弄不好左右挨耳光。

如果你是他的律师应该怎么办？有没有办法把他从泥潭里拉出来？

（三）反客为主——反诉

如前所述，由于原告给付定金后有一段时间采取观望态度，所以，他的行为也不符合诚实信用原则。这是本案的切入点。律师要善于找别人的毛病，特别是从别人的行为和话语中找出隐藏的不良企图。这是律师的"职业病"。没有这种"职业病"的律师,不能算是合格的律师。

现在,切入点是找到了,可用什么方式进攻呢?在本案中最好的方式是反诉。因为只有理直气壮地反诉,才能迅速改变法官对本案的先入之见。

在房价上涨的时候"一房二卖"的被告,基本上都是为了利益宁可违约的不诚信者,这一点法官比谁都清楚。因此,律师要做的第一件事就是努力改变法官的刻板印象。

反诉最大的意义在于,它不是抗辩,它是"控诉"。抗辩是说我没有错,不用赔你。而反诉是讲错的是你,你得赔我。抗辩是被动,反诉是主动。这两种态度会让人(被告、原告及法官)产生完全不同的心理,这有时是极为重要的。

不过,反诉必须具备条件,并非任何案件都能反诉。具体来讲,本诉与反诉必须有牵连关系,牵连关系主要表现在两方面:一是诉讼请求基于相同法律关系;二是本诉与反诉的诉讼请求建立在相同事实的基础上。

那么,本案是否具备反诉的条件呢?如果具备应该如何反诉?

这要围绕反诉的诉讼请求进行分析。本案中,反诉的诉讼请求应该是什么呢?

1.解除合同。这是最主要的请求事项。被告反诉的目的就是解除和吕某的房屋买卖合同。不过，如果仅仅是为了解除合同，完全可以通过抗辩来解决，不用如此大动干戈。

反诉中提出解除合同，是策略上的精心安排。只有在反诉中将解除合同作为独立的诉讼请求提出来，这个问题才能成为本案的焦点，否则，本案的焦点就是原告提出的履行合同。虽然解除合同与履行合同犹如一枚硬币的两面，似乎强调哪一个都无所谓，其实不然。如果法官强调解除合同，那意味着本案的审理是围绕被告的主张展开的。相反，如果法官强调履行合同，那意味着本案的审理是围绕原告的主张展开的。这两种情况会给法官截然不同的心理影响。

简言之，我们通过在反诉中提出解除合同的诉讼请求，掌握案件的主动权。

2. 提出不予退还定金的诉讼请求。2万元数目不大，是小事。提出此项请求的主要目的是，详细阐述原告违约的地方，指出合同未能履行的责任在于原告。这就是反客为主的策略。

提出这两项诉讼请求，基本上就可以达到反诉的目的：改变不利形象，重塑诚信形象。

而这两项诉讼请求与本诉的诉讼请求基于相同的法律关系，而且建立在相同事实的基础上，因此，反诉无疑是成立的。

下面就是本案的反诉状。

反 诉 状

反诉人（本诉被告）：彭某，男，19××年×月×日出生

住址：北京市通州区西马庄××幢×单元×××号

联系电话：138××××××××

被反诉人（本诉原告）：吕某，男，19××年×月××日出生

住址：北京市海淀区二里庄小区塔一楼××号

联系电话：139××××××××

第三人：北京某房地产经纪有限公司

联系人：李某（132××××××××）

反诉人因房屋买卖合同纠纷一案，对被反诉人提起反诉。

反诉请求

1. 判令解除反诉人与被反诉人2010年×月××日签订的《北京市存量房屋买卖合同》。

2. 判令反诉人不予退还被反诉人支付的2万元定金。

3. 判令被反诉人承担本案诉讼费用。

事实与理由

2010年2月22日,反诉人与被反诉人签订了《北京市存量房屋买卖合同》及其《补充协议》和《委托办理个人住房公积金贷款补充协议》。双方约定:反诉人将北京市通州区西马庄××幢×单元×××房屋(以下简称该房屋)出售给被反诉人,成交价为62万元,签订合同之日支付2万元定金,被反诉人在签订公积金贷款补充协议之后3个工作日内即2010年2月26日之前将23万元首付款自行支付给反诉人,反诉人应在签署房屋买卖合同补充协议后26个工作日内向该房屋的贷款银行预约一次性提前还款。

签订上述合同后,反诉人于3月8日向贷款银行——招商银行预约一次性提前还款,并支付了提前还款的违约金,完全履行了合同义务。然而,被反诉人只支付了2万元定金,没有按期支付首付款,致使后续工作难以进行。反诉人多次催告,但被反诉人以出国等各种理由推脱。反诉人给了被反诉人20余天的合理期限仍不见其履行合同的诚意,反诉人认为这是被反诉人以自己的行为明确表示不再履行合同,所以将该房屋出售给了李某,并办理了合同网签和交付房屋的手续。目前,李某已获得银行贷款,并实际占有、使用该房屋。因此,反诉人与被反诉人签订的房屋买卖合同实际上已无法履行,应当解除,而这样的结果完全是被

> 反诉人违约在先即没有按期支付首付款所致，被反诉人应当承担违约责任。另外，被反诉人应立即申请解除对该房屋的查封，否则，反诉人将依法要求被反诉人赔偿因此而造成的损失。
>
> 故，特此提起反诉，请人民法院依法作出公正判决。
>
> 　　此致
>
> 北京××区人民法院
>
> 具状人：彭　某
> 2010 年 4 月 26 日

（四）从对方身上取证，出其不意攻其不备

反诉，表达的是自己的无辜和决战到底的信心。然而，办案不是喊口号。案件要胜诉，还需要在细节上下功夫。

本案有个争议焦点：原告支付首付款的时间应如何确定？是按照房屋买卖合同及其补充协议，还是按照公积金贷款补充协议。按照前者确定则原告没有违约，而按照后者确定则原告构成违约。

首次庭审时，第三人中介公司出具了一份"证明材料"，证明内容是本案中原告支付首付款的时间应该按照房屋买卖合同及其补充协议确定。虽然第三人表现出明显的倾向性，但它毕竟是处于居间地位的中介公司，因此，它的"证明材料"有一定的杀伤力，不能等闲视之，

如果不反击就会陷入被动。

但应该如何反击呢？庭后我一直在想。中午吃饭时我突然有了个主意，我要从第三人这个"敌人"身上取个证。

为本案原告、被告提供居间服务的中介公司经办人是李某和门店经理史某。从签字上看，签订房屋买卖合同及其补充协议由李某经办，而签订公积金贷款补充协议则由史某经办，公积金贷款补充协议没写日期。李某参加了庭审，但史某没有参加。原告提交的一份证据中有史某的电话。

我判断史某对庭审情况尚不知情，所以让助理给他打电话并录音。我这位助理特别擅长做这种事，他用若无其事的语气询问公积金贷款补充协议是什么时候签的。史某毫无防备立即回答说，是签订房屋买卖合同及其补充协议的次日。这正是我想要的答案。

第二次开庭时，我把这份录音证据提交给法庭，然后指出：李某在上次庭审时所讲的三份合同同时签订的陈述是虚假的，房屋买卖合同及其补充协议签订在前，公积金贷款补充协议签订在后。因此，首付款支付时间就应当按照公积金贷款补充协议确定。

原告律师马上对录音里史某的身份提出异议，以此否认证据的关联性。

对此我早有准备。我拿出原告提交的证据，读出史某的电话号码，然后盯着原告律师说："这是您的证人的电话，我们正是给他打的电话。所以如果您坚持我的证据与本案无关，那就等于否认您自己的证据。"

法官问原告律师:"你还坚持刚才的质证意见吗?"

原告律师满脸尴尬,他低头犹豫了片刻,狠狠心说:"坚持。"

我看见法官脸上掠过一丝难以形容的微笑。

从对方身上取证,这是颇有创造力的想法,可以起到出其不意攻其不备的效果。这样的证据会让你在法庭上占据主动,会让法庭的氛围立刻有利于你,有时甚至可以一锤定音。

(五)用代理词巩固庭审成果,保障反诉成功

在本案中,我通过反诉和在对方身上取证,在庭审中基本上占据了优势。但这个优势仍然比较微弱,必须进一步巩固,方法就是提交有说服力的代理词。

我先后向法庭提交了代理词和补充代理词,详细阐述了我方的观点和逻辑。从判决结果看,这两份代理词功不可没,因为判决书不仅支持了我方的主要反诉请求(解除合同),还采纳了代理词里的观点和逻辑。

下面就是我的代理词和补充代理词,虽然两份代理词加起来篇幅不短,但是可以让大家从中了解办案的整个过程。正如我在前面强调的那样,学习案例不能分段,要从头到尾跟着做一遍,这样才能迅速提升办案能力。

代 理 词

尊敬的审判长：

北京某某律师事务所接受被告（反诉人）彭某的委托，指派我担任被告彭某与原告（被反诉人）吕某以及第三人北京某房地产经纪有限公司房屋买卖合同纠纷案的一审诉讼代理人。接受委托后，我对本案进行了必要的调查取证，并参加了法庭审理，现就本案争议的焦点发表如下代理意见，请予参考。

第一部分：关于合同问题

被告先后与原告吕某以及案外人李某签订房屋买卖合同，两份合同均为有效合同，而被告与李某的合同已经进行网签，该房屋已经实际交付使用，造成原告、被告的合同已事实上不能履行，应当解除。因此，原告在本诉中要求继续履行合同的诉讼请求不能成立，而被告在反诉中要求解除合同的诉讼请求是有事实和法律依据的。具体理由如下：

第一，被告先后与原告以及李某签订的房屋买卖合同均为合法有效的合同。

从合同成立的角度分析，债权并无优先性和排他性，因此在同一房屋上成立的两个债权在法律地位上是平等的,第一买受人（原告）不能简单地以时间上的在先性而否定第二买受人（李某）与出卖人（被告）签订的合同的效力。在与第二买受人（李某）签订合同时,被告并没有与第一买受人（原告）进行房屋过户登记,此时该房屋的所有权仍由被告享有,被告有权对该房屋再度进行处分,与第二买受人（李某）签订房屋买卖合同,尤其是原告违约没有在被告给予的合理期限内支付首付款致使原告、被告签订的合同迟迟得不到履行的情况下。因为第二买受人（李某）对原告、被告签订合同之事事先不知情,并通过评估确定了交易价格,支付了合理的对价,是善意的买受人,所以被告与李某签订的合同同样是合法有效的。

第二,被告与善意第三人李某签订的房屋买卖合同已进行网签,该房屋也已实际交付,因此,原告、被告签订的房屋买卖合同已事实上不能履行,应依法解除。

根据司法实践和最高人民法院关于商品房多重买卖合同中取得标的物所有权的确定规范（详见《民事裁判标准规范》第423页,人民法院出版社2006年版）,"一房二卖"的买受人之间的权利冲突一般情况下按以下原则处理:有效房屋买卖合同的买受人原则上优先于无效合同的买受人取得房屋所有权;

合同均为有效的,已办理房屋产权过户登记的买受人取得房屋所有权;买受人均未办理房屋产权过户登记的,合同已办理备案登记的买受人优先取得所有权;合同既未办理产权过户登记,又未办理备案的,已接受出卖人交付即占有该房屋的买受人优先取得房屋所有权。

上述规范当然同样适用于二手房买卖。根据上述规范,结合本案的实际情况,不难得出本案中应当继续履行的合同是被告与李某签订的房屋买卖合同,而原告、被告签订的房屋买卖合同因履行不能应依法解除的结论。具体理由如下:

1.北京地区二手房买卖中的网签,相当于商品房买卖中的"合同备案登记",因此李某应优先于原告取得房屋所有权。北京地区房屋买卖合同的网签具有两个突出作用:一是公示作用,通过网签向社会公布房屋买卖情况;二是限制所有权处分的作用,即网签合同不经合法撤销不能再行出售房屋。从上述网签的作用可以看出,北京地区房屋买卖中的网签制度具有一定的债权物权化的性质,通过网签将该债权赋予了若干物权效力,通过公示和限制所有权人的处分权限,给网签合同买受人特殊的保护。因此,网签合同的买受人应当优先取得房屋所有权。

2.被告已经将该房屋实际交付给善意第三人李某,因此李某应优先于原告取得房屋所有权。

善意第三人李某已实际占有、使用该房屋,造成原告、被告的房屋买卖合同事后履行不能。根据《合同法》第110条(已失效,现为《民法典》第580条)的规定,当事人一方不履行非金钱债务或者履行非金钱债务不符合约定的,对方可以要求履行,但有下列情形之一的除外:(1)法律上或事实上不能履行;(2)债务的标的不适于强制履行或者履行费用过高;(3)债权人在合理期限内未要求履行。可见,原告要求继续履行合同的诉讼请求不符合法律规定,原告、被告签订的房屋买卖合同应当解除。

3.从保护善意合同当事人的利益和维持社会秩序的角度考虑,也应当解除原告、被告签订的房屋买卖合同,履行被告与李某签订的房屋买卖合同。

首先,简要比较一下两份合同的实际履行情况和所产生的法律关系。

(1)原告、被告之间的合同:签订合同时原告支付了2万元定金,除此之外原告没有履行任何合同义务。被告按约定向招商银行申请了提前还款,之后由于原告没有履行按期给付首付款的在先的合同义务,所以被告的其他在后的合同义务也没有履行,实际上双方的主要合同义务均没有履行。因此，原告、被告之间的合同履行至此，仅仅产生了原告与被告两方的合同之债法律关系。

（2）被告与李某之间的合同：签订合同时李某给付 2 万元定金，接着给付首付款 12.8 万元（含 2 万元定金），同日合同进行网签，被告向李某交付房屋，李某与物业管理公司签订物业服务协议，李某的贷款申请也获得银行批准，李某向税务机关缴纳了税款。之后，李某又将该房屋出租给他人使用。可见，被告与李某的合同除了未办理过户手续之外，其他义务已基本履行完毕。

被告与李某的合同履行至此，产生了若干法律关系，而且履行程度之深已难以回到签约前的状态：(a) 被告与李某的法律关系。由于双方的合同已经进行网签，而且房屋已经实际交付，所以，双方的关系不只是简单的合同之债，还产生了物上请求权，如腾退房屋等。(b) 因合同网签而产生的被告、李某与房屋交易管理部门的管理、监督法律关系。(c) 李某与银行、担保机构的借贷、担保法律关系。(d) 李某与税务管理机关的税务行政管理法律关系。(e) 李某与物业管理公司的物业服务法律关系。(f) 李某与承租人之间的房屋租赁法律关系。

从以上比较中不难看出，如果被告履行与原告的合同，那么，首先必然导致已经产生的上述诸多法律关系的混乱，不利于社会交易秩序的稳定，这也是有违法律宗旨的；其次，也不利于当事人利益的保护。与本案处理有关的当事人不单是原告，还有被告、李某以及银行、担保机构、物业公司、承租人等参与交易的众多主体，法律应当从全局上考虑，更加侧重保护多数善意当事人的利益。

第二部分：关于违约问题

第一，原告未按合同约定支付首付款而违约在先，是导致原告、被告签订的房屋买卖合同履行不能的根本原因，原告应当向被告支付违约金，原告要求被告支付违约金是没有事实和合同依据的。

原告、被告签订的房屋买卖合同补充协议第二条第二款约定："乙方（原告）在签署本协议后26个工作日内将该房屋首付款交与甲方（被告）。"在此约定基础上，原告、被告又在《公积金贷款补充协议》第二条第一款中对原告首付款的支付做了特别的约定，明确了支付首付款的具体时间："购房首付款即除贷款申请额之外的余款，由乙方在签署本协议后三个工作日内，自行支付给甲方（已付定金转为房款）。"按此约定原告应在2010年2月26日之前支付首付款，这是先合同义务，原告不支付首付款被告就无法解押，不能解押就无法进行评估等后续交易程序，这也是目前房屋买卖的惯例。但是原告没有按期支付首付款，而且，每次被告催告时原告都以出国等名义推脱，被告给了原告 20 余天时间仍然没有见到原告履行的诚意，实际上原告是以自己的行为表明了不再履行该合同，被告不得已只好终止了与原告的合同的履行，将该房屋出售给了李某。因此，原告起诉要求被告继续履行合同并支付违约金没有事实和法律依据，反而原告应当承担违约责任，赔偿被告因此而遭受的损失。

第二，原告在本诉中既要求履行合同又要求巨额违约金没有合同依据。

原告要求 12.4 万元的巨额违约金的依据是，补充协议第四条关于被告若向第三方出售房屋则要承担房款总额 20% 的违约金的约定。该条款的适用前提是被告向第三方出售了房屋致使原告无法取得房屋所有权。而目前的情况是，由于原告请求财产保全，查封了该房屋，该房屋的所有权由谁取得尚需法院判决，处于待定状态，此时原告无权按照上述合同约定要求支付违约金，所以应当驳回该诉讼请求。

第三，即使在原告、被告之间的合同解除的情况下，原告要求 12.4 万元的巨额违约金也是没有依据的。

原告、被告在买卖合同补充协议中关于房屋出售给第三方的约定非常笼统，而在买卖合同中却约定得非常具体、明确。主合同第八条约定："被告将房屋出卖给第三人，导致原告不能取得房屋所有权的，原告有权退房，被告应当退还全部已付款，按照银行当时利率付给利息，并按原告累计已付房价款的一倍支付违约金。"

本案假设被告有违约行为，也应当按主合同的约定计算违约金，理由有二。

1.这符合法律的规定和精神。最高人民法院《关于审理商品房买卖合同纠纷案件适用法律若干问题的解释》第8条中，对"一房二卖"的出卖人给予的惩罚性赔偿就是"出卖人承担不超过已付购房款一倍的赔偿责任"（已被修改，新司法解释无此内容）。这一法律规定说明"一房二卖"的惩罚性赔偿最多只能是已付房款的一倍，超过的部分是没有法律依据的，也是有违法律精神的，本案当然也应当遵循这一规定的精神。

2.这符合双方签订合同时的真实意思。原告、被告在房屋买卖合同及其补充协议的多处约定了违约责任，约定比较混乱，并且有些约定双方的责任不对等，显失公平。因此，应对合同进行综合分析，找出双方签订合同时的真实的意思表示内容，而不是简单地只采用某一个条款，忽略其他条款，这样才能得出公正的结论。如房屋买卖合同补充协议第四条约定的甲方责任是："若甲方（被告）违约，则应在违约行为发生之日起五个工作日内，以相当于房屋总价款20%的数额向乙方（原告）支付违约金。"而约定的乙方（原告）责任是："若乙方（原告）违约，则应在违约行为发生之日起五个工作日内，定金不退，乙方（原告）向甲方（被告）已支付的全部款项抵顶违约金，多退少补。"

本案的情况是，原告只向被告支付了2万元定金，若按上述条款执行，则原告违约只需要把已经向被告支付的2万元定金作为违约金赔偿给被告即可，无须再支付违约金，这也是原告迟迟不支付首付款的真正原因；而假如被告违约，则要承担原告在本诉中要求的相当于房屋总价款20%即12.4万元的巨额违约金。权利义务如此不对等的合同显然不可能是双方签订合同时的真实意思，因此不能采信。

双方的真实意思体现在房屋买卖合同第八条的约定中。这个条款与补充协议中"定金不退，乙方（原告）向甲方（被告）已支付的全部款项抵顶违约金，多退少补"的条款是对等的。再者，原告只给付2万元定金就试图在短短的两个月时间内获取12.4

万元违约金，这不仅不符合法律的规定，在情理上也难以成立。

因此，本案中即使是因为被告违约而导致原告无法得到该房屋，合理的违约金也应该是已付房款的双倍，即4万元（含已收到原告的2万元房款）。

被告在反诉时充分考虑到合同的履行程度以及上述合同约定和法律规定，认为适用定金罚则更为合理和公平，所以只要求不退还已收取的定金，以示对原告违约行为的适度惩罚。所以，被告的反诉请求是合理合法的。

综上，代理人认为，本案最为公平合理的处理结果应该是判决解除原告、被告之间的房屋买卖合同，继续履行被告与李某的房屋买卖合同，原告、被告之间则按履行义务的情况确定违约责任。这样既有利于解决当事人之间的矛盾，也有利于社会秩序的稳定，完全符合法律的宗旨和本案的事实情况，恳请审判长给予充分考虑，依法公断。

此致
北京市某某区人民法院

北京某某律师事务所　吴春风
2010年5月13日

补充代理词

尊敬的审判长：

现就本案庭审中的部分争议焦点在原代理词基础上补充以下代理意见，请予参考。

一、原告支付首付款的时间应当适用《公积金贷款补充协议》的约定

1.《公积金贷款补充协议》晚于房屋买卖合同及其补充协议签订。负责该房屋居间的第三人公司门店经理、经办人史某与被告的通话内容证明，《公积金贷款补充协议》是签订房屋买卖合同及其补充协议后的第二天签订的。从签字上可以看出，签订房屋买卖合同及其补充协议是李某经办的，但是签订《公积金贷款补充协议》是史某经办的，故史某对该事实的陈述更加可靠，应当采信。因此，李某在庭审时所讲的三份合同同时签订的陈述是虚假的、错误的。既然《公积金贷款补充协议》是最后签的，那么，毫无疑问首付款支付时间就应当按照《公积金贷款补充协议》确定。

其实，从逻辑上看《公积金贷款补充协议》也应当是最后签

订的。因为房屋买卖合同及其补充协议是关于房屋买卖所有事项整体的约定，而《公积金贷款补充协议》是专门对支付房款的约定。

2.《公积金贷款补充协议》与房屋买卖合同及其补充协议并不矛盾，是在房屋买卖合同及其补充协议约定的26个工作日范围内所做的更为具体的约定，是对首付款支付时间的特别约定。《公积金贷款补充协议》第七条明确约定："本协议是《北京市存量房买卖合同》与《居间成交确认书》的有效补充，如有与上述合同内容不符之处，以本协议为准。"所以，原告应当遵守《公积金贷款补充协议》。

另外，即使《公积金贷款补充协议》是格式合同，原告也应当履行，理由在于：第一，该协议签订在后；第二，该协议与房屋买卖合同及其补充协议并不矛盾，是对后者的补充；第三，该协议不是被告准备的合同，而是中介公司准备的，不存在只对原告、被告某一方有利或不利的问题，是公平的合同，原告、被告都必须遵守。需要强调的是，无论是否是格式合同，无论当事人签订合同时是否注意合同条款，合同一旦签订对合同当事人都有法律约束力，双方都必须遵守。

3.在法庭调查阶段，原告本人在回答审判长的提问时讲得很清楚："房款给付方式以公积金贷款协议为准。"本案中,《公积金贷款补充协议》约定的房款给付方式包括两个方面：（1）首付款以现金方式在签订该协议后3个工作日内自行支付；（2）余款以公积金贷款方式支付。那么，按原告本人的陈述，原告应当按《公积金贷款补充协议》全面履行现金支付首付款和公积金贷款支付余款的义务，这两项义务是不可分割的，原告不能只履行对自己有利的公积金贷款部分，而不履行以现金支付首付款的部分。

4. 原告提出的公积金贷款改为商业贷款的观点没有事实和法律依据。原告、被告在电话里可能涉及类似问题，但只是协商而已，双方没有达成任何协议，而且，如果变更原来的书面协议必须采取同样的书面方式。

二、支付首付款之事与本案第三人中介公司无关，中介公司对此所做的任何陈述或证明都不能采信

1. 原告、被告在《公积金贷款补充协议》第二条明确约定，首付款由原告自行支付给被告。即首付款的支付不经过中介公司，中介公司无权也不可能做什么证明。

2. 中介费是由买受人支付的，中介公司一般都站在买受人立场上说话，本案中中介公司与买受人即原告之间有利害关系，所以中介公司对原告有利的陈述或证言不能采信。庭审中也表现得

> 非常明显，中介公司不惜捏造事实也要帮助原告，如网签必须在解押后才能进行等。
>
> 北京某某律师事务所　吴春风
2010 年 6 月 13 日

本案庭审中有个花絮。法庭辩论结束时，我把代理词的主要内容讲了一下。休庭后，中介公司的律师（应该是公司法务部的职员）很谦虚地跟我要代理词，说写得太好了。她还说，我们这些年轻人应该向您学习，案子准备得这么充分，讲得这么透彻。

我觉得她后面的话可能是真诚的，但我怀疑她要代理词的动机，所以没给她。案件还没有结束，中介公司的屁股坐在原告那边，我不想给他们任何仔细研究我方的机会。

顺便说一下，本书中，我几乎在每个章节都附上了代理词等法律文书。这么做是出于两个目的：一是我认为这些法律文书是律师办案的最重要内容，你只有通过这些法律文书才能真正了解和把握案件；二是法律文书写作是律师的基本技能，而学习法律文书写作必须结合具体案情，不能与案件割裂开来单独学习，那样的方式学到的只是形式而不是精髓。

无论学什么，学习方法都非常重要。

第四节　如何以战促和争取最好结果

> 假如我方在诉讼中处于极端不利的局面，就必须用所有可能的法律手段把水搅浑以战促和，只有这样才能争取到最好的结果。

解决当事人的问题是律师工作的根本目的。因此，凡是能够解决当事人问题的方式，律师都应该认真研究。比如，通过谈判促成当事人之间的和解，或者参与法院主持的调解，我把这两种情况统称为律师调解。

《孙子兵法》云："不战而屈人之兵，善之善者也。"律师调解的最高目标也是如此。因为一旦发生长期的诉讼，双方都要投入大量的人力、物力，经济上消耗巨大不说，还往往弄得身心俱疲。

不过，在现实中能做到"不战而屈人之兵"并非易事。回顾我二十多年的律师生涯，未经诉讼只通过协商和谈判结束冲突的不超过二十次，法院庭前调解的成功率也很低。本书第四章提到的张某交通事故案，是协商效果比较好的一例。

绝大多数情况是，边打边谈，以战促和，就像当年的抗美援朝战争。任何一个冲突事件都不像看起来那么简单，而人的心理比事件本身要复杂得多。没有几个人真正认识自己,更没有几个人真正了解对方。所以,双方必须通过你死我活的战争,把深层的矛盾打出来,把真正的欲求打出来,把双方的实力打出来,这个时候才能谈和解。即要和必须先战,以战促和。

有一起二手房买卖合同纠纷案件,可以作为以战促和的典型例子。

我代理被告,被告是卖方。此案还有个第三人——房屋中介公司,它站在原告那边。原告有几份录音证据对我方极为不利,我无奈之下只好使用"辩论术",用逻辑进行抵抗。对于陷入困境的律师来说,逻辑是最好的武器。结果,原告换了律师,法院换了法庭和法官。此案经过艰难的一审、二审,最后原告不得不接受调解。

原告是专业炒房人,起初志在必得,十分嚣张,非要拿到房子不可,因为他买的价格非常低,而那时候北京的房价正处于新一轮上涨的起点。如果我们没有全力以赴阻击他并展开有力的反攻,他的计划完全能够实现。他经常打官司,诉讼已成为他"赢得"超额利润(高额赔偿金)的手段。他万万没想到,在这起案件里竟然会遇到如此强烈的抵抗。所以,有一次庭审后他跟我说,我从来就没见过像你这么能"搅和"的律师。

"搅和"这个词用得好。什么是"搅和"?律师的"搅和"不是胡搅蛮缠,强词夺理,而是逻辑之辩,自圆其说。由于客观事实无法复现,所以,案件审理中查明的是法律事实,而法律事实是根据证据用逻辑推理出来的。因此,我们常说,逻辑比事实更真实,是逻辑决定事实。

（一）基本案情

2009年11月，被告范某的妻子委托其叔叔张某出售夫妻二人在北京市丰台区的一套房屋，面积140平方米，售价285万元。范某当时在内蒙古，买卖双方在北京某房屋中介公司签订合同时，中介人员给他打电话询问他的意见，他没有表示反对。几个月后，范某突然意识到房子卖得太便宜，开始怀疑妻子和她叔叔串通损害其利益，因为夫妻两人关系一直不好。于是，范某准备另行出售该房屋，但发现中介公司已办理网签。他立即起诉该中介公司，请求法院判令该中介公司注销网上签约信息，但法院一审、二审都认定注销网上签约信息不属于民事诉讼的处理范畴，驳回了他的起诉。

此时，通过张某买到涉案房屋的孙某起诉范某夫妻，要求履行合同并支付总房款10%的违约金。范某找我代理该案。

（二）突破口在哪儿

接受委托后，我首先想到跟范某妻子的叔叔张某谈谈，了解具体的签约情况，但此人不知为什么突然"神秘失踪"了。范某的妻子说，她也找不着他。

我只好埋头研究证据材料，看看能不能有点意外收获。他们签订的是《北京市房屋买卖居间合同》。从这类格式文本中，我们很难发现有用的东西。要重点研究补充协议，双方的真实意思一般都在补充协议里。

果然，我在补充协议里发现了两个可以做点文章的条款：

> 补充协议第三条约定:"甲方(被告)未能在3月28日之前由本人或委托人持已公证委托书签订房屋《居间合同》(含补充协议)或甲方未能在4月28日之前还清贷款以及其他原因导致房屋买卖未能成交,则丙方(中介公司)应在10个工作日内全额返还乙方(原告)已付佣金。每逾期一日,丙方支付乙方千分之一的违约金。"
>
> 补充协议第七条约定:"如果张某不能提供甲方(被告)出具的合法的委托手续,则定金由张某本人承担。"

这两个协议条款说明了什么呢?

第一,原告、被告之间可能是居间合同法律关系,而不是买卖合同法律关系。

第二,该合同是意向性合同,而不是正式的合同。这种意向性合同,原告无权要求有关方必须履行。当某一方不能履行其义务时,另一方只能依据该意向性合同中解决纠纷的约定,追究有关方的缔约过失责任。

第三,张某有没有合法有效的授权是相当关键的问题,至少是原告必须证明的问题。

总之,这份居间合同及其补充协议的效力只及于原告、张某以及中介公司三方,对被告没有法律约束力,原告、被告之间不存在合同法律关系,原告无权要求被告履行该合同的义务,其诉求没有法律和事实依据，应当驳回。

当然，以上是我作为被告律师的观点，不一定正确。但不管怎么样，我找到了一个突破口，可以从合同性质上即从根本上否认我方有交付涉案房屋的义务。这是个完全能够自圆其说的理由。

（三）绝处逢生

起诉时原告提交了《录音录像证据目录》，其中有五份录音录像证据。这些证据大体能够证明，范某夫妻把出售涉案房屋事宜委托给张某，而张某与原告和第三人中介公司就房屋买卖进行了充分协商。

这是个致命的证据，几乎把我逼到了绝路。但开庭时我发现，原告现场播放的录音在时间上与早先提交的证据不完全相符。我如获至宝，马上对此进行了猛烈攻击。

我在庭上发表了如下质证意见：

> 原告提交的录音材料大体可分为电话录音和现场录音。
>
> 1.关于电话录音，《录音录像证据目录》中的证据二、证据三、证据五等证据有明显的瑕疵，对其真实性、关联性不予认可。
>
> 原告的录音材料必须同时提交移动公司的通话记录，以证明是谁与谁通话、通话的起始时间、总的通话时间等。原告在起诉时就曾提供所谓原告、被告通话的录音证据，该证据与庭审时提供的所谓原告、被告通话的录音证据，虽然从整理材料的内容上看并无不

同，但通话时间却相差很大，起诉证据的通话时间是2分28秒，庭审证据的通话时间为7分钟。可见，原告提交的所谓原告、被告通话的录音证据不可信，原告必须提交移动公司的通话记录。

原告还应当提交通话手机的录音原件，而不是录音笔所转录的电话声音。另外，我们也听不出那是原告和被告的声音，原告还需要证明那是原告、被告的声音。

不符合上述条件，就无法证明该录音是真实的、没有剪辑过的、与本案有关的，因此不能采信。

2. 关于现场录音。原告和张某、中介公司三方的谈话与被告无关，因为被告从未授权张某代理其出售讼争房屋，他们的商谈结果对被告没有约束力。

不过，从原告整理的录音书面材料上看，其内容正好证明了张某没有取得合法有效的代理权，而且原告、中介公司以及张某在对此明知的情况下签订了居间合同及其补充协议。如证据六中有段对话："张某：快递一个原件委托书。孙某（原告）：对，原件委托书。张某：来公证吧。中介公司：不用，当地就可以公证。孙某：他来一个公证，他甚至连过户都不用来了。"这些对话证明，原告、中介公司、张某对本人不在的时候如何签订合法有效的合同是非常清楚的，即必须出具原件委托书，而且还需要公证，以免出具委托书的人作假。

而证据八中的整段对话更是证明了这一点。公证的内容就如中介公司在对话中所讲："委托被委托人办理房屋买卖的授权，贷款的所有手续及过户产权手续。"三方还约定，由范某的妻子把公证的委托书带来。可为什么没有带来，而且至今也没有带来？因为，那是张某和范某的妻子在隐瞒的情况下试图卖掉房子，但没有范某的配合无法拿到公证的委托书。对此情况原告也是明知的，在证据八里原告孙某说："钱啊，我感觉从这些话里，全是张某用的，所以还款。他那不是抵押贷款182万元吗？那182万元可能都在张某那里。"

另外，从录音材料中还可以看到，张某和中介公司多次讲，要让被告亲自过来签合同，张某还讲，范某已经取消了对我的授权（见录音证据二）。在这种情况下三方还要签署居间合同及其补充协议，显然是在恶意串通损害被告的利益。

3. 我们特别提请法庭注意一个问题：原告提交的录音书面整理材料中加了许多录音里不存在的自己的解释，试图诱导法庭的思路，如关于公证的部分，多次加括号解释说是为了办理银行贷款和解除抵押。实际上对委托书进行公证是为了签订合法有效的合同，这也是原告和张某、中介公司三方所约定和明知的。因此，请法庭要求原告提交没有任何删节、增加、更改、解释的录音整理材料，否则不予采信。

上述质证意见中我的逻辑是：用电话录音形式上的瑕疵，否认该证据的真实性和关联性；用现场录音中对我方有利的内容，证明张某没有取得合法授权，否认他代理签约的资格。

我的这番抗辩取得了很好的实际效果。

首先，原告那边有点不知所措。他的律师明显缺乏庭审经验，在法庭上反应比较慢，而且讲得不对题、不到位。

其次，法官开始"发飙"了。我不知道他是因为感觉原告有点弱所以想帮他，还是因为感觉我在强词夺理，他开始为原告说话。于是，庭审变成了我和他的对抗。

> 法官：录音里是不是被告范某的声音？
>
> 我：不知道，我听不出来。
>
> 法官：那你现在给范某打电话，我们一起听听。
>
> 我：我没有他的电话，我是通过他妹妹和他联系。据说他在内蒙古山地开矿，一般打不通电话。
>
> 法官：他妹妹来了吗？
>
> 我：没有。
>
> 法官：你告诉他妹妹，让被告听听录音，看看是不是自己的声音，然后向法庭汇报。
>
> 我：好，我会转告他妹妹。不过，我认为举证责任在原告，

> 他首先应该提交移动公司的通话记录，证明那是原告打给被告的电话，否则我们没有义务配合。
>
> 法官：原告已经举出初步的证据，现在举证责任转移到被告了。
>
> 我：审判长，我不敢苟同您的观点。现在还不能说那个录音证据与本案有关，原告首先要证明那是与本案有关的证据。原告必须先证明关联性，也就是要拿出移动公司的通话记录，证明那是原告打给被告的。

法官无可奈何地摇摇头，然后再次强调他的命令：你转告被告的妹妹，让她务必联系到被告，让被告听听录音是不是自己的声音，然后你给我书面的质证意见。

我微笑着点了点头。

后来，法官多次打电话询问我有没有联系上被告，我说联系不上。法官说，原告提出了对录音中被告声音的鉴定申请，需要被告配合提供原声。我说，我会通过他妹妹转告他。

我为什么如此强调让原告提交移动公司的通话记录呢？因为移动公司规定通话记录只保留半年，而本案中的通话时间是八个月之前，原告根本拿不到。

此案就这样被我生生拖住了，原告的计划完全被打乱。他是炒房客，需要快进快出，其实那时他已经找好了买家。

(四) 发起反攻

一晃过了半年。案件如石沉大海杳无音信。本来作为被告我们并不着急，但是当事人突然急需用钱想卖掉涉案房屋，而当时恰好有人要出高价购买，所以问我有没有办法加快速度。

加快速度？这谈何容易！如果主动找法官请求尽快审理，法官还会让我们提交被告的声音。

只有一个办法：投诉。投诉谁呢？投诉中介公司。原告是炒房客，显然与这家中介公司是合作伙伴，打击中介公司就是打击原告，这样原告就会请求法院加快审理速度。

那么，投诉中介公司有什么依据吗？当然有。中介公司在没有取得房屋所有权人（被告）授权的情况下擅自进行网签，致使被告无法另行出售。这是违法行为。

我们先后向区住建委和区政府投诉了中介公司。以下是投诉到区住建委的投诉材料。

投诉材料

北京市××区住房和建设委员会：

现将某房地产经纪（北京）有限公司有关擅自网签等违法行为向贵委投诉如下：

投诉人：范某，男，汉族，××××年××月××日出生

住所：北京市丰台区马家堡西路××号

电话：135××××××××

被投诉人：某房地产经纪（北京）有限公司

住所：北京市丰台区南四环公益西桥名流未来大厦××层

电话：010-8758××××

法定代表人：王某

经办人：邢某

投诉请求

1. 请贵委责令某房地产经纪（北京）有限公司立即注销编号为C29××××的存量房买卖合同网上签约信息。

2. 请贵委依法处罚某房地产经纪（北京）有限公司擅自网签的违法行为。

事实与理由

投诉人范某对坐落于北京市丰台区马家堡西路××号院1号楼××室的房屋（以下称该房屋）拥有合法的所有权。2010年4月，投诉人在准备出售该房屋时，发现该房屋已由某房地产经纪（北京）有限公司（以下简称该公司）于2010年3月27日进行网

签,不能再行买卖,网签合同号为C29××××,买受人是孙某。投诉人从未委托该公司出售房屋,也从未与孙某签订任何房屋买卖合同。

投诉人向该公司询问情况,被告知有人代理投诉人办理过一些手续,但投诉人要求出示手续时却遭到该公司的拒绝。几个月来,投诉人多次找该公司协商,并请求北京市房地产中介协会进行调解,但该公司始终置之不理。无奈,投诉人于2010年9月向北京市××区人民法院提起诉讼,要求人民法院依法判令编号为C29××××的存量房买卖网签合同无效并立即注销编号为C29××××的存量房买卖合同网上签约信息。2010年11月,北京市××区人民法院作出裁定〔(2010)×民初字第××××号民事裁定书〕,认定编号为C29××××的存量房买卖网签合同买卖双方没有实际签订,并认定注销网上签约信息不属于民事诉讼处理范畴,驳回了投诉人的起诉。投诉人向北京市××中级人民法院提起上诉,上诉法院维持了原裁定。既然两审法院都认为本案的网签问题不属于法院管辖,那么投诉人只能请求行政管理部门给予解决。

任何人处分房屋都必须经所有权人同意。该公司在未经买卖双方同意的情况下,利用自己的方便条件擅自将投诉人所有的房屋进行网签，致使投诉人无法及时出售该房屋，给投诉人造成了很大的经济损失。这是严重的违法行为，应当受到严厉的处罚。故，特向贵委投诉，请政府部门依法维护投诉人的合法权益。

附：1. 房屋所有权证复印件。

2. 北京市房地产中介行业协会《存量房网上签约合同查询表》。

3. 北京市××区人民法院、北京市××中级人民法院裁定书复印件。

投诉人：范　某

2011 年 1 月 14 日

住建委对投诉比较重视但没有解决问题，于是，当事人的妹妹又投诉到区政府。区政府立即召集住建委和法院的有关人员协调此事。会议的结果是，既然有关该房屋的纠纷已进入司法程序，还是应该由法院来解决，政府不宜介入。就这样，事情又回到法院，只不过法院不能再拖下去了。

我们很快收到了开庭通知，至此投诉的目的已经达到。这是一次非常有效的反攻。凡是投诉的案件，没有一个法官愿意承办。与我"交锋"多次的这位法官，匆匆组织一次庭审后就退出本案，原因不言自明。也许那个派出法庭再无人接这个烫手山芋，案件被转到了另一审判区。

我们在另一审判区的简陋平房里又开始了新的战斗。

（五）调解结案

投诉取得了意想不到的效果，我们士气大振。我方在气势上完全压倒了对方，基本上占据了主动。作为被告这是相当不容易的。

这次的主审法官比较年轻，应该刚过而立之年。他的功课做得不错，对案件几乎了如指掌。他没有纠缠于细节，询问原告、被告几个问题之后开始主持调解，好像他的任务就是调解。在他的"说服教育"之下，原告把赔偿额降到了30万元。这已经非常低了，如果判决我方败诉，需要支付的违约金也可能达到这个数额。所以，我劝当事人接受这个方案。

然而，当事人坚决不同意。他说现在没有钱。我知道，这不是真正的理由。问题出在他的判断上，他认为我们能够胜诉。他看了我写的代理词，觉得很有道理。他妹妹旁听了大部分庭审，她传达的信息应该也是我们占有绝对的优势。是我给了他错误的信心。但是，作为律师我又不能告诉他，我只是自圆其说而已，从证据看我们胜诉的概率很小。

结果，一审没有调解成功，被告败诉。当事人深感意外，马上要求上诉。二审法官的首要工作仍然是调解。这回原告的赔偿额涨到了60万元，因为一审胜诉让他从被动转为主动，但他依然没敢坚持要房子。庭审时我正在旅游没能去，另一个律师参与了调解。当事人不敢再心存妄念，同意给60万元，此案就此结束。判决后不久，该房屋的价格就涨了一倍。

现在总结此案，我认为之所以取得了比较好的结果，主要是因为我们始终贯彻了以战促和的策略。作为被告，我们没有被动挨打，而是主动出击，抢占先手，逼迫原告接受调解。这种强悍的打法是很值得提倡的。

第五节　如何在法庭上建立胜诉基础

> 孙子曰："昔之善战者，先为不可胜，以待敌之可胜。"法庭是律师的战场。律师在法庭上，必须用完整的逻辑让自己立于不败之地，然后避实就虚不断猛击对方软肋以取得庭审优势，建立胜诉基础。

一、庭审是律师的试金石

你是合格的律师吗？你适合做律师吗？法庭会告诉你答案。

我以前有个同事，她在日本东京大学获得了法学博士学位。回国后，她拒绝了几个大学的邀请，没有选择做老师。她的志向是成为在法庭上叱咤风云的大律师，她的偶像是美国著名刑辩律师丹诺。我们有时候一起讨论案件，我发现她的思维能力非常强，每次都把案件分析得头头是道。而她的表达能力更是出类拔萃，她经常到一些大学讲课，还给高级别会议做同声传译。应该说，她具备了优秀律师的所有条件，成功只是时间问题。然而，她的律师业务开展得却并不顺利。在一次闲聊中我得知了其中的原因：她一到法庭就说不出话，好像有法庭恐惧症。为此她苦恼不已,甚至去看过心理医生。

其实,一进法庭就特别紧张的律师不在少数,她只是程度严重而已。法庭并不神秘但相当特殊,那是专门进行对抗和博弈的场所,就像拳击台一样。平日里打拳和上台比赛完全是两回事。

因此,律师想在法庭上游刃有余,首先需要的不是法律知识,而是心理素质。律师必须能够在直接的对抗和博弈中处之泰然,始终保持清醒的头脑和快速的反应。这说起来容易做起来却很难。

她为什么可以在课堂上讲课、可以在会场上翻译,但到了法庭就说不出话呢?因为讲课和翻译不存在对抗和博弈,而法庭上,你说的每一句话都是针锋相对的,而且说错了可能会产生严重后果。法庭和会场、课堂相比,从现场的氛围到涉及的内容、说话的方式,都存在很大的不同。这对她脆弱的心理是严峻的考验。她缺乏承受能力,一想到说得不对可能会遭受攻击就心慌意乱。她有很强的责任感,一想到说得不好可能会败诉就不知所措。这样的心理会导致思维的混乱。语言是思维的反映,思维一旦混乱就无法讲话。

她听了我的分析,若有所思地点了点头。她说,她特别害怕争吵的场面,因为她的父母经常吵架。我恍然大悟。正是因为她害怕争吵,所以想成为法庭上的辩论大师,可惜她的身体出卖了她。她后来去某大学做了教授,成了颇受学生欢迎的老师。

我为什么举这个例子呢?我是想说,律师这个职业看似在走程序,好像只要学了法律就能干,其实完全不是那么回事。律师是特殊的职业,需要特殊的素质。因此,选择做律师之前你最好先看清楚自己。而你想知道自己适不适合做律师,去法庭做一下代理人就可能找到答案。

二、出庭前的准备工作

做律师不要轻信权威,谁准备充分谁就能胜诉,这是诉讼的基本规律。

那么,出庭前律师应该做哪些准备工作呢?

(一)吃透案件

有些律师对案件没有深入研究就出庭,结果一遇到细节问题就说不清楚。

比如,在前面讲到的于某商品房买卖合同纠纷案件中,争议焦点是涉案房屋是否附带地下室和小院。仲裁员问被申请人的律师,地下室有没有建成?目前地下室是什么状况?这位律师开庭前去看过涉案房屋,但没有去看地下室,所以只能回答不清楚。而我不仅下去看了,还拍了好几张地下室的照片,因此讲得非常详细。这个时候仲裁员会相信谁的话呢?答案不言而喻。

律师一旦在庭审中出现两次以上说不清楚的情形,他的可信度就会大打折扣,他在法官眼里就可能成为无法信任的人,这是十分危险的。

那么,对案件了解到什么程度才能叫吃透呢?以原告律师为例,必须做到以下六点：

第一，能够解释清楚案件性质即法律关系。有时候你认定的法律关系不一定正确，但观点必须鲜明并能说出你的法律和事实依据。

第二，能够脱口而出每一项诉讼请求，以及各项诉讼请求之间的关系。诉讼请求主要部分往往是款项，你一定要说清楚那些数额是如何计算出来的。

第三，能够说清楚支持你诉讼请求的事实是什么，有哪些证据可以证明。这些证据通过你的组织形成初步的证明逻辑。为什么说"初步"呢？因为你的逻辑往往要根据庭审情况进行调整。

第四，对基本事实的细节能够对答如流，包括没有证据的事实。

第五，判断出案件可能的争议焦点。

第六，分析对方可能采取的策略以及可能用来突袭的证据，制定初步的应对之策。

（二）确定当事人是否应该出庭

这不是小事。除非心中有鬼，大部分当事人是想出庭的，他们主要是想看看自己案件的情况。当然，也不排除想监督律师的工作，毕竟自己请律师花了不少钱。

那么，作为律师应该如何考虑这个问题呢？

首先，原则上应该主动建议当事人出庭。这有三个好处：（1）让当事人亲眼目睹自己案件的审理情况，特别是对他不利的情况，让他心中有数。(2)案件事实的有关细节可以让当事人自己讲,这样可以增强可信度。(3)有助于提升当事人的信心。实际上,当事人出庭确实可以督促律师做好准备,而律师准备充分表现良好,也会让当事人对你更满意,对案件更有信心。

不过,当事人出庭前你必须和他约法三章:(1)除了律师让他说或法官直接问他之外不能发言。(2)发言越短越好,仅限于回答问题,不能展开。

其次,有下列情形之一的不能让当事人出庭。

1. 主要事实对他不利

这种情况下让他出庭,很可能他的一句话就让你前功尽弃。有些法官喜欢直接问当事人,不让律师插嘴。而当事人大都没有庭审经验,回答问题往往比较草率。由于他是当事人,所以关于事实的陈述非常具有说服力,一旦说错或说漏嘴,律师难以弥补。

我记得有一次庭审中,原告、被告各自出示了一份合同,于是哪份合同是实际履行的合同成为争议焦点。我是被告律师,我主张履行的是10日签订的合同,而原告律师主张履行的是7日签订的合同,双方各执一词。这时主审法官突然发现原告在庭上,于是问原告:你们执行的到底是哪一份合同?原告脱口而出:是付款那天签订的合同。我立即指出,原告的付款日期是10日。这个关键事实就这样被确定了,原告亲手葬送了自己的案件,也让原告律师的计划付之东流。此案的情形与"律师的逻辑思维能力"一章中的张某股权转让合同纠纷案之情形十分相似。

2. 当事人的性格不适合出庭

有些当事人比较自以为是，这时如果律师软弱，他可能会喧宾夺主，而如果律师强势，律师和当事人就会在法庭上发生冲突。无论哪种情况，对案件都有百害而无一益。

还有些当事人特别没有耐性，只要听到对自己不利的话就想打断，这会扰乱法庭秩序，引来法官的训斥。在法庭上，多次遭到法官训斥的一方，胜诉的概率会大大降低。

（三）选择庭审方式

这里是指线上开庭还是现场开庭。庭审方式一般是由法院决定的，但当事人也可以请求以某种方式开庭。

线上开庭和现场开庭有什么不同吗？当然有。就像读电子书和纸质书，不仅感受不同，效果也不一样。

有些案件不适合线上开庭，比如证据特别多的案件或者证据需要现场演示的案件。所以，庭审方式涉及诉讼策略，你应该根据自己案件的情况判断什么庭审方式对当事人最有利，或者对对方最不利，然后极力争取用那种方式开庭。

以我的经验，存在以下问题的案件最好线上开庭：

1. 证据对你总体上不利，尤其是对方有录音录像等证据。线上开庭回旋余地比较大，质证时间比较充足。

2. 对方有证人出庭。证人在法庭上作证，可信度比在网上作证要高得多，所以要尽可能让证人远离法官。

3. 我方准备不足的时候。线上开庭各方的成本特别是时间成本比较低，仪式感比较差，容易达成妥协，比如会同意再给点调查取证时间等。

4. 自己是外地人而对方是本地人的时候。网络可以消弭地域差别，削弱对方的地域优势。

总之，庭审方式对案件能够产生微妙的影响，律师应该认真对待。诉讼往往是势均力敌的博弈，拥有很小的优势就可能取得胜利，因此律师必须在每一个细节上争取主动。

律师应该明白，诉讼是阵地战，争议焦点就是要占领的阵地，你必须用各种方式一点点往前推进。诉讼不是闪电战，试图一招制敌是危险的妄念。

（四）准备证据原件

当事人的证据原件律师一定要保管好，那是案件的生命。除非万不得已我是不拿证据原件的，一旦证据原件丢失导致关键事实无法得到认定，作为律师担当不起责任。所以，第一次开庭我一般都让当事人也参加，主要目的就是让他拿着证据原件。

以上就是律师庭审前需要做的主要工作。

三、没有法庭就没有大律师

大家有没有想过，对于我们律师来说法庭究竟是什么？

有人可能回答：法庭无非就是律师工作的场所，因为律师代理的案件只有经过法庭的审理才能有结果。

没错，确实如此。但果真那么简单吗？法庭真的只是律师工作的场所吗？

不，至少我不那么想。自从做律师那一天起，我心中的法庭就像演员心中的舞台，那是展现自己、实现自我的地方。

我喜欢法庭的那种带有"肃杀之气"的氛围，所以一到法庭就比较兴奋。我进入状态特别快，只要法官宣布开庭，我就像听到命令的警犬一样立刻竖起耳朵，对庭上的每一个细节都全神贯注，随时准备"扑上去"。

有一次，我发现法官在庭上耐心地指导对方律师举证，忍无可忍提出了抗议，结果两人吵得面红耳赤，差点拍桌子。但我丝毫未受影响，在接下来的庭审中依然神色平静思维敏捷，不仅很好地完成了对两个证人的提问，还及时发现了对方律师发言中的漏洞，让对方不得不承认一个极其重要的事实。我的助理在旁边看得目瞪口呆。后来他感慨地说，也许这就是所谓的职业化吧。

其实，这里的原因非常简单：我太专注了，达到了忘我的程度。我觉得，庭审中律师就应该是这种状态。

有些律师在法庭上显得相当散漫或没精打采。他们不能集中注意力，经常答非所问，对事实问题作出错误的陈述，而且抓不住转瞬即逝的机会。心态决定工作质量。如果你只是把法庭当作不得不来的工作场所，那你就不可能调动自己所有的潜能，创造性、高质量地完成任务。

无论在哪个国家，没有法庭就没有大律师。对于律师来说，法庭是施展才华的最佳舞台。所以，你要是想成为大律师，就必须喜欢法庭，善于利用法庭。

四、庭审要解决什么问题

庭审的主要任务是解决两个问题：一是确定诉求；二是查明事实。因此，律师的工作也要围绕这两个问题展开。

（一）确定诉讼请求

有的诉讼请求非常简单，一目了然，但有的比较复杂，需要解释或说明，特别是需要计算的数额，最好写个专门的计算公式或计算方法给法官，让法官很容易看明白。

这项工作做起来并不难，只要认真仔细就可以，但经常能看到做得不好的律师。在庭上法官问他这些数据是怎么来的，他的回答要么啰唆，要么不清楚，耽误不少时间。法庭上的时间是有限的，法官最恼火的一件事就是由于律师工作不认真准备不充分导致庭审进展缓慢。

原告说明诉讼请求是庭审的开始，千万不要给法官留下不好的第一印象。

原告陈述诉讼请求后，被告律师需要对此发表答辩意见。这个答辩意见应该怎么说？律师们普遍采用的方式有两种。

第一种方式：只说结论不说理由。比如，不同意原告的诉讼请求，原告的诉讼请求没有事实和法律依据，应予驳回。

这样答辩的理由是：此时还没有举证，没必要展开说，并且说多了等于暴露代理意见，而此时的代理意见还不一定正确。

第二种方式：对每一项诉讼请求都进行简要的反驳。这样做的好处是，有助于改变法官先入为主的看法，让法官在开庭之初就怀疑原告的主张能不能成立。正常来讲，如果起诉状写得好，法官在心理上多多少少会倾向于原告，这是人之常情。所以，有些法官在开庭前不看卷宗。

我的做法是：如果起诉状煽动性不强，很难影响法官心理，就用第一种方式，否则就用第二种方式。

不过，如果我发现诉讼主体不对或诉讼请求有问题，我会毫不犹豫地采用第二种方式，马上指出原告不具备本案的诉讼主体资格，或指出原告的主张存在哪些根本性的问题。在第二章"律师的逻辑思维能力"中，我举的张某股权转让合同纠纷案就是这种情形。

该案中，原告的第一项诉讼请求是解除《股权合作协议》，而该《股权合作协议》不是原告签的，而是已经注销的 A 公司签的。因此，我对诉讼请求进行答辩时，对原告的第一项诉讼请求进行了专门的反驳。

我说，原告不是《股权合作协议》的当事人，也没有从 A 公司合法受让债权债务，因此不具备本案的诉讼主体资格。从此，我的这个观点就牢牢地印在法官的脑海里，成为该案的争议焦点。

可见，原告律师解释诉讼请求和被告律师进行答辩不是程序性的工作，律师必须仔细研究并根据不同情形分别采取不同的策略。

（二）查明事实

法庭通过什么查明事实？证据的举证和质证，加上法官的询问。

举证和质证是原告、被告律师都要做的工作，是庭审中最重要的内容，所以律师必须熟练掌握举证和质证的方式以及相关技巧。

下面，我们一起走进庭审现场，看看原告、被告律师是如何举证质证的。此处举的例子是我们在"让当事人参与办案过程"一节中曾经提到过的老教授委托理财合同纠纷案。该案中，原告的诉讼请求只有一项：判决被告返还 78 万元并支付其利息。

我是被告代理人，首先由对方（原告）来举证。

1. 原告举证

原告律师提交了一份简单的证据目录，里面只有四组证据。

第一组证据：工商银行银行卡一张、借记卡账户历史明细清单（3页）、工商银行境内电子回单（5页）。

证明对象及内容：证明原告多次受被告的欺诈、诱导后，原告信以为真，并使用工商银行银行卡在 2016 年 11 月 5 日至 2017 年 7 月

20 日，先后共支付给被告 33 万元的事实情况。

第二组证据：建设银行银行卡一张、个人活期账户交易明细。

证明对象及内容：证明原告多次受被告的欺诈、诱导后，原告信以为真，并使用建设银行解行卡于 2017 年 8 月 2 日支付给被告 45 万元的事实情况。

第三组证据：微信记录。

证明对象及内容：证明被告自己承认其不但收取原告 78 万元的款项，而且将上述部分款项作为其佣金据为己有的事实情况。

第四组证据：光盘录音及文字材料。

证明对象及内容：证明被告收取原告 78 万元的款项，且被告承诺不但能够保本，还能够得到本金 10% 的高额利润回报。

你们发现原告举证中存在的问题了吗？

先看看原告律师想用这些证据证明的事实：原告多次受被告的欺诈、诱导，通过银行给被告转款共 78 万元，被告承认了收款的事实，并把其中的一部分作为佣金据为己有。被告还承诺不但保本还给 10% 的利润。

现在再看看，这几个事实分别是用什么证据来证明的，从中我们可以发现一些问题。

（1）原告多次受被告的欺诈、诱导。这是前提，是关键事实。可他提交的四组证据中没有一个证据能够证明这一事实。他试图用第一组、第二组证据证明它，然而银行卡的转款记录怎么能证明欺诈、诱导的事实呢？这说明原告主张的关键事实没有证据证明，这是他举证中的第一个问题。

在这里，原告律师还犯了一个错误。在证据目录的证明对象及内容里，不应该写"原告多次受被告的欺诈、诱导"，这样的写法不合格。他的目的是让法官对案件产生先入为主的印象，但由于他说的毫无根据，法官反而会认为他在强词夺理。

律师提交的每一份证据，都要有明确具体的证明对象和内容，不能胡乱地引申到别的地方，否则效果会适得其反。这应该是原告律师举证中的第二个问题。

（2）原告给被告转款78万元，被告承认收到，这个事实没问题。

（3）被告将78万元中的一部分作为佣金据为己有。这是别有用心的证据，是"项庄舞剑，意在沛公"。原告律师是想用佣金来证明，原告、被告之间的法律关系是委托理财合同纠纷，这样就可以与原告起诉时的案由相互呼应。所以，这份证据十分重要。

不过，原告律师试图证明被告收取佣金的行为，反而暴露了他的疑虑和不自信。他如此担心委托理财合同纠纷这一法律关系不能成立，说明他手里没有证据能够直接证明委托理财这一事实。因此，微信记录这一证据一定漏洞百出、似是而非。

原告律师自作聪明，暴露了自己最虚弱的地方，给被告律师指出了打击的方向。这就是原告律师举证中的第三个问题。

（4）被告承诺保本并给10%的利润。证明该事实的证据是电话录音。这份证据相当重要，必须驳倒。这就要研究录音的内容。

总之，我们从原告律师的举证中发现，他的证据不足以证明本案最关键的事实——原告、被告之间存在委托理财合同法律关系。而且，我们还从他的举证中找到了主要的攻击方向和着重需要研究的内容。

2. 被告质证

质证的"质"是什么含义？对质还是质疑？我认为，从质证行为的性质看应该是质疑。质证一方要对另一方出示的证据从证明力的有无、大小以及证据的"三性"（真实性、关联性、合法性）等方面提出质疑，目的是否定对方证据与本案有关或否定对方证据所要证明的对象和内容。总之，质证就是质疑和否定。这是鸡蛋里挑骨头的工作。

当然，有些证据既真实又合法还与本案有关，无法否定，只能承认。但对于律师来说，凡是对方的证据，都要本能地进行质疑和否定。就像有个美国辩护律师说的那样，你如果在法庭上睡着了，醒来后第一句话就应该是"我反对"。

不过，质证是一项技术性的工作，做好并不容易。我发现，青年律师在质证中经常出现以下问题。

（1）对证据"三性"的概念掌握得不准确

曾经有一位律师对我的《律师函》质证说："认可真实性，不认可有效性和关联性。律师函主张被告拖欠原告货款没有事实和法律依据。"

这个质证意见的问题在哪儿？首先，这里的有效性指什么？证据"三性"里有有效性吗？没有。我分析他指的可能是合法性，因为我们经常说"合法有效"，但是，证据的有效性和合法性是完全不同的概念，不能混为一谈。证据的合法性是指证据本身是否合法，而证据的有效性是指证据是否产生法律效力。被告收到了《律师函》，所以该《律师函》已经产生了法律效力，是有效的。但它是否合法呢？这就要看《律师函》的形式和内容是否合法。一般情况下，《律师函》是合法的。其次，《律师函》讲的就是被告欠原告多少货款的事情，它怎么能与本案没有关联呢？可见，他对证据"三性"的概念根本没搞清楚。

（2）对证据"三性"到底质证什么不十分明白

我们对证据"三性"究竟应该质证什么呢？质疑证据本身的问题。

还是以《律师函》为例，我们质证时要考虑，《律师函》本身是否真实、合法，是否与本案有关。因此，如果被告确实收到了《律师函》，正确的质证应该是："对其'三性'没有异议，但是不同意原告的证明目的。"另外，如果认为《律师函》里讲的欠款数额不对，那也可以提出对其内容的真实性不予认可。

（3）对质证的目的不清楚，不懂得结合案情具体指出对方证明目的中存在的问题

质证的目的通常有三个：第一，削弱对方证据的证明力，指出有

无证明力或证明力大小，包括否认证据资格；第二，对证据的"三性"提出有效的质疑；第三，对对方的证明目的不予认可。我曾经看过一份书面的质证意见，里面内容很多，但通篇没有"证明目的"这个词语。也就是说，这位律师质证时根本没有想到否认对方的证明目的。其实，很多证据我们很难否认其"三性"，因此质证的重点往往在于否认其证明目的，然后指出我方认为该证据真正证明哪些事实。

那么，律师在庭审中应如何质证呢？

证据应该"一证一质"，以前都是如此。但现在因为庭前基本上都交换了证据，所以，无论是法院还是仲裁委都采用整体举证质证的方式，即一方把所有的证据都举完另一方再开始质证。因此，你必须事先做好准备，否则你的质证可能会丢三落四或流于形式，不能全面深入。你应该写出书面的质证意见，这样质证的时候可以从容应对。不少法官也明确要求律师提供书面质证意见。我认为，准备书面质证意见对于办案律师来说是必须要做的工作。

下面是我为老教授委托理财合同纠纷案件写的质证意见。

一、关于原告的证据一、证据二

对其真实性没有异议。对原告通过银行向被告转款共78万元的事实也没有异议。但是，这两份证据不能证明"原告多次受被告的欺诈、诱导"的事实。

二、关于原告的证据三：微信记录

1. 对其真实性有异议

2. 它不能证明被告将 78 万元的一部分作为其佣金据为己有

佣金，准确地说是奖金，这个问题其实与本案无关，它是 mbi 公司的奖励政策，体现的是公司和投资者之间的关系。得到佣金的前提是公司收到 78 万元并成功注册 mbi 账户。如果被告将 78 万元中的一部分据为己有，那么，原告就不可能拥有 24 个账户（价值 84 万元，78 万元本金加上 6 万元收益）。

3. 这些微信聊天记录证明了以下事实

（1）原告在威胁、恐吓被告。微信里原告说："我，那我们一家子只好住你们家了。"对于 86 岁的孤寡老人来说，听到这样的话是相当恐惧的，对他的心理和精神会产生重大的影响。

（2）按微信聊天记录，原告还欠被告 10 万元佣金。"脉果儿"投资中，被告是原告的下线，原告既没有退本金更没有退佣金。

（3）mbi 账户是原告主动找被告帮忙注册的，不是被告找的原告。

三、关于原告的证据四：录音证据

对其真实性没有异议。但这份录音证据既不能证明被告将原告的钱据为己有，也不能证明被告承诺过收回本金和支付 10% 的利息。

它证明了以下几点内容：

1. mbi 账户是原告请求被告帮她注册的。

2. 被告通过杨某帮原告注册了 mbi 账户，而且杨某把原告放在自己的第十个下线的下面。原告对此没有否认，她只是询问杨某的联系方式以及转给她多少钱。

3. 被告通过杨某（包括她丈夫）帮原告注册 mbi 账户，将原告的钱转到 mbi 公司。

这份质证意见的第一个目的是，否认佣金与本案有关。在本案中佣金是个相当敏感的话题，后来成了第二次庭审的争议焦点。我多次询问当事人，他以各种借口不做直接答复。所以，我在网上查询类似项目的佣金计算方式自己算了一下，得到的数额相当惊人。于是，我要求当事人写出关于佣金的书面说明，让他给我详细的计算表。我告诉他，这件事说不清楚我们可能会败诉。当事人没办法拖了半个月勉强弄了一份，说是别人给他算的。

律师经常遇到这种当事人，他们千方百计地隐瞒某些事实。这时你一定要明白，他们隐瞒的东西往往是本案的症结所在。你不一定让它呈现在法庭上，但必须详细了解做到心中有数，否则很可能被当事人算计。律师办案一定要心明眼亮，不能做糊涂虫。

这份质证意见的第二个目的是，否认原告、被告之间是委托理财关系。我用对方的证据来反证对我方有利的事实，即被告应原告的请求帮助原告在理财平台上注册账户，该账户已经注册完成。因此，双方是虚拟货币投资者之间的互相帮助关系，而不是委托理财关系。

用对方的证据来反证对你方有利的事实，是以攻为守的好办法。

不过，质证必须针对对方的证据发表意见，所以，一般只能起到质疑和辩驳的作用，即使以此能否定对方的观点，通常也难以建立自己的逻辑。

可见，质证本质上只是"破"，想"立"还要靠自己的证据。

3. 被告举证

证据是不是越多越好？当然不是。证据是"双刃剑"，使用不当会反受其害。

不过，对于被告来说，证据似乎多多益善。我做被告的律师时就喜欢提交很多证据，实践证明其效果相当不错。这可能是因为，证据多了就比较容易组织证明体系，使证明逻辑看起来更加完整。

除非是特别简单的案件，否则只用几个证据就想把事情说清楚是很不容易的，而且，证据太单薄，可能会给人感觉你的反击力量不够。

对于律师来说，证据就像将军手里的兵，兵太少了没法排兵布阵。证据少还有一个风险，那就是一旦某个证据被攻破你就可能全盘皆输。

当然，证据太多也有风险，因为这样对方比较容易找到攻击点。所以，律师要选择性地使用证据。但总体来说，作为被告证据应该多一些，至少应该比原告多两倍。这样才有可能围剿原告。

现在我们一起看看我为老教授委托理财纠纷案准备的证据目录。

证据目录

原告：赵某

被告：叶某　2021年×月××日　被告提供

序号	证据名称	时间	证明内容
1	原告赵某的确认书	2020年4月16日	原告亲自确认和被告之间没有任何关系（主要指债权债务关系），承诺不再麻烦被告
2	原告、被告聊天记录截屏2份	2020年1月11日	原告承认自己投了80万mfc（mbi），承认投mfc被骗了，并保证一定还被告4万元借款

续表

序号	证据名称	时间	证明内容
3	中国建设银行个人活期账户交易明细	2016年11月5日—2017年8月2日	1.原告分别于2016年11月5日、2017年1月23日、2017年7月18日、2018年8月2日,向被告转款3.5万元、7万元、22.5万元、45万元,请求被告帮助其注册mbi账户。四次转款历时八个月且有一定间隔,并且投资额度逐步增加。2.被告将原告转给她用于注册mbi账户的资金之大部分(49.6万元)立即转给上线杨某
4	进入原告mbi账户过程的视频以及相关的截图、MfcClub报表24份	2020年10月12日	1.被告帮助原告注册了a、b、c、d、e、f 6个账户[含3个白金单和3个小账户,共24个账户(一个白金单7个小账户)],共计84万元人民币(其中6万元是原告前三次投资中产生的收益)。2.原告明知自己拥有这些账户并一直由自己管理和受益
5	mbi公司给被告手机发来的"成功注册"的祝贺短信	2016年11月5日	原告给被告转款当日,被告就帮原告成功注册了mbi账户

续表

序号	证据名称	时间	证明内容
6	MfcClub 报表 2 份	2017 年 9 月 10 日、2018 年 10 月 20 日	后来原告自己又亲自注册了两个 mbi 账户，账户名分别为 g 和 h，金额均为 5000 美元。g 和 h 是衔接被告帮她注册的账户号（a、b、c、d、e、f）而起的。此证据和证据 4 共同证明，原告对 mbi 账户非常熟悉，一直在管理被告帮她注册的账户
7	徐某的证明材料以及补充证明材料	2020 年 10 月 18 日、2021 年 7 月 16 日	1.原告有白金单（大户），那是被告帮她注册的。她自己注册的两个账户太小，不是白金单。2.原告还帮徐某等一些人注册 mbi 旗下产品 MTI 和 MPV。3.证人和原告、被告因为都做 mbi 投资，所以经常在一起，被告如果没给原告注册，不用说全部账户，就是少一个账户，原告当时就会找她，不会等三年

续表

序号	证据名称	时间	证明内容
8	霍某的证明材料	2020年10月18日	1.原告丢失2000华克金，而这些华克金是从被告帮她注册的mbi账户中产生的，她自己注册的两个账户金额太小不可能产生这么多的华克金。2.原告丢失了mbi账户的一个密码，这正好说明她在亲自管理这些账户
9	杨某的证明材料	2020年10月21日	1.证明内容与证据8的证明内容相同。2.与证据7的证明内容1相同。3.被告多次转钱给她，让她帮被告买币为下面的人注册mbi账户。此证据与证据3共同证明，这下面的人就是原告
10	梁某的证明材料	2021年7月11日	证人通过马来西亚mbi公司总部的人查到的底单和密码进入原告赵某mbi全部账户的整个过程。此证据与证据4共同证明，原告共拥有a、b、c、d、e、f、g、h 8个账户，而前6个就是被告用原告的84万元（78万元本金加6万元收益）帮她注册的

续表

序号	证据名称	时间	证明内容
11	微信截屏：原告解答被告关于mbi账户里一条英文通知的含义（2份）——关于回馈积分	2018年9月21日	2018年时原告在mbi虚拟货币的投资方面已经远比被告专业，而且原告始终关注着mbi账户的信息，原告在管理着被告帮她注册的mbi账户并从中受益
12	原告亲笔写给被告的《交易平台操作流程》和《提现流程》	2018年年初	证明内容同证据11
13	微信截屏：被告向原告转款用于注册"脉果儿"账户	2018年9月18日	虚拟货币投资人之间互相推荐产品，互相帮助注册，这是该行业的惯例和普遍现象
14	微信截屏：关于2200奖励复投	2018年10月28日	原告在帮被告打理理财账户

除了以上14组证据之外，我又补充了4组证据。本案中，我共提交18组证据，是原告证据的四倍多。

上述证据按证明目的可以分为三个部分。

第一部分：证明原告、被告之间不存在任何债权债务关系（证据1、证据2）。

第二部分：证明原告、被告之间是虚拟货币投资者之间的互相帮助关系，而不是委托理财合同法律关系（证据 7、8、9、10、16、17、18，主要是证人证言）。

第三部分：证明被告尽到了帮助原告注册 mbi 账户的义务（证据 3、4、5、6、7、8、9、10、11、12、13、14、15、18）。这部分证据其实也是对原告的主要证据——微信记录和电话录音进行的"狂轰滥炸"。

这些证据形成了比较完整的证据链，清晰勾勒出我方的证明逻辑，而且也构成了对原告证据的围剿。

后来，法院在判决书中作出了如下认定：

本院认为，赵某提起本案诉讼时系以委托理财合同纠纷为案由，但是，根据双方陈述及提交的证据，赵某向叶某转账的目的不是委托叶某理财，而是委托叶某将款项投资到 mbi 公司。赵某称叶某曾经承诺投资一年收回本金和 10% 的利润，但是赵某提交的证据中，不能显示叶某曾经做过这样的承诺。叶某提交的视频、截图、报表及证人证言，可以证明叶某已经为赵某在 mfc 平台注册账户并投入资金，赵某也知晓账户注册情况。因此，赵某主张叶某将款项据为己有，要求叶某返还 78 万元并支付利息，缺乏事实依据，本院不予支持。

法院的这个认定，基本上采纳了我方的证据，支持了我方的观点。此案被告取得完全的胜利，应该说被告的充分举证发挥了重要作用。

4. 如何发挥证人的作用

本案中，被告提交的证据中有5份证人证言，这5位证人中4位证人出庭作证，他们为胜诉作出了特殊的贡献。法院在判决书中采信了被告提交的视频、截图、报表等证据，是因为有上述5份证人证言在佐证它们。这5位证人与原、被告一样都是mbi投资者。当时，该公司的投资平台因涉嫌传销被公安机关查封，无法进入公司网站。被告提交的视频、截图、报表等证据，是被告找朋友从马来西亚的公司总部弄来的，所以如果没有这些证人证言，它们的真实性就无法得到证明，因此不可能被法院采信，判决书中自然也不可能出现对"叶某已经为赵某在mfc平台注册账户并投入资金，赵某也知晓账户注册情况"这一关键事实的认定。

不过，即使有了这些证人，如果使用不当也无法发挥应有的作用。因为证人证言往往带有感情色彩，主观性比较强，无法保证绝对的客观和真实，不像书证、物证那样令人信服。

因此，使用证人证言需要设计。设计什么？设计证人陈述内容和律师发问内容。

证人出庭作证的程序通常是：先自己陈述与本案有关的事实，然后回答原告、被告律师的发问，再回答法官的询问。

按照这个顺序，我把证人需要作证的内容分为两个部分。

第一部分是自己陈述的内容。简要介绍证人与原告、被告相识的过程，重点讲述证人是怎么知道被告为原告注册了账户以及原告拥有并自行管理账户的。

第二部分是回答我的发问。我会在法庭上向证人演示打开mbi理财网站进入原告赵某账户的过程，然后问证人：（1）您是mbi理财产品的投资者吗？回答"是"。（2）我刚才给您看的是您做mbi投资时进入的理财平台网站吗？回答"是"。通过这样的方式，能够进入您的账户吗？回答"能"。（3）您刚才看到了什么？回答：看到了账户名为赵某的5个账户和每个账户拥有的mbi货币的数额。

你要保证这些内容一定是真实的，千万不能为了胜诉指导证人作伪证。

设计了内容之后，就需要对证人进行适当的"培训"。

"培训"的第一项内容是，用书面形式（微信亦可）十分郑重地告知证人，在法庭上必须如实陈述，写的证人证言必须真实客观，作伪证要承担相应的法律责任。

即便如此，你依然要慎之又慎。最好的方式是，你告诉当事人，让当事人告诉证人。实际上，对证人进行"培训"的目的不是让他们说假话，而是让他们只说该说的话，即对事实做选择性的陈述。

由于证人证言具有主观性，因此一两个证人的证言往往达不到我们所希望的证明效果。本案中，我鼓励当事人尽量多找几个证人，后来当事人找了5个。5个人共同证明一件事，此事的真实性就有了基本的保障。所以，法官不得不采信这些证人证言，而一旦采信了证人证言，视频、截图、报表等证据也只能采信，如此一来有关的事实就水到渠成地得到认定了。

五、法庭辩论

一位西服笔挺的英俊律师，在座无虚席的大法庭上，用无懈可击的推理和充满智慧的语言，把检察官驳得体无完肤，最后让一个杀人嫌疑犯当庭获释，赢得人们无限的敬佩。这就是我们熟悉的法庭辩论，也是我们心目中大律师的形象。遗憾的是，它不是现实而是影视剧。

现实中的法庭辩论几乎没有这种精彩的场面，而现实中的律师也不可能在法庭上用三寸不烂之舌扭转乾坤。

不过，法庭辩论仍然是律师的重要工作。举证质证讲的是事实，而法庭辩论讲的是观点。观点是越辨越明的，至少法官从原告、被告的辩论中能把案件看得越来越明白。这一点至关重要，因为这是原告、被告律师在法庭上进行辩论的主要目的。

法庭辩论中法官一般先归纳争议焦点，然后询问原告、被告是否同意。这时，你可以讲自己认为的争议焦点，或者在法官讲的基础上进行补充。但是，如果法官的归纳与你的意见出入不大，你最好表示同意，因为在法庭上公开纠正法官的观点有可能会引起他的不满。

对争议焦点没有异议，法官就会让原告、被告围绕争议焦点发表意见。

由于原告、被告在举证质证时大都已经阐明了自己的观点，所以你可以直接讲自己的代理意见。如果准备了代理词，你就把代理词里的主要内容讲一下，然后告诉法官庭后提交书面代理词。

现实中，针锋相对的辩论不太多，双方辩论的观点大都含在代理意见里。因此，举证质证和代理意见最为重要。律师只需铭记一点：质证也好，辩论也罢，形式并不重要，重要的是让法官明白你想说什么。

法庭辩论结束后，法官会让原告、被告进行最后陈述。很多律师只是简单地说：坚持诉讼请求或坚持答辩意见。这无关紧要，不过，有时候可以稍微多说一句。比如，在于某商品房买卖合同纠纷案中，我的最后陈述是这样的：被申请人作为全国知名的房地产开发企业，不仅违规建设，还故意隐瞒违规建设的事实，用欺骗的方式与申请人签订合同，致使申请人多支付了几十万元购房款。而被申请人的恶意违约，又给满怀期待的申请人带来了巨大的经济损失。被申请人必须为自己的违法行为付出应有的代价。恳请仲裁庭查明事实，依法作出公正的裁决。

这种义正词严的最后陈述，不仅表明庭审后真理依然在我方，还能给仲裁员留下更深的印象。

六、庭审中律师的其他重要工作

律师在庭审中除了上面的工作之外，还有一些工作不容忽视。

（一）提出回避申请

律师一般情况下不能申请回避，并且如果没有证据法院也不会同意。然而，回避是一项重要的策略，如果用得好可以起到打乱原告计划或抢回先手的作用。我在前面的章节中举过相关的例子。

提出回避申请，意味着你不信任这位法官，所以一旦被驳回，你就多了一个强有力的敌人，必然会陷入更加被动的处境。律师要明白，法官是我们争取的对象，而不是斗争的目标。一些刑辩律师经常用"回避策略"，有的明显见效，有的适得其反。但不管怎么样，后果都是由当事人来承担，所以，律师决定采取这一策略时，首先要考虑对当事人的影响。有些当事人开始支持你，可一旦感觉到自己的利益因此受到威胁或损害，他可能会埋怨你甚至投诉你。因此，要慎之又慎，轻易不能提出回避申请。

（二）提出调查取证申请

庭审中如果发现对我方特别重要的事实没有相应的证据支持，而该证据只有依靠司法机关才能取得，则应该及时向法庭提出书面申请。按照法律规定调查取证申请要在法庭辩论结束前提出，而司法实践中一般在法官宣布"证据关门"之前提出即可。

如果由于律师没有提出调查取证申请导致重要的事实不能认定，当事人的诉讼利益因此受到损害，代理律师是有责任的。有些律师认为多一事不如少一事，当事人有什么证据就用什么证据，反正当事人也不知道应不应该提出申请。我觉得这是不认真履行律师职责的行为，青年律师不应该效仿。

（三）提出司法鉴定申请

建设工程施工合同纠纷、离婚纠纷等案件，往往都涉及司法鉴定。现在的问题是谁有义务提出司法鉴定申请？答案是负有举证责任的一方。有时候举证责任是转移的，律师应该搞清楚举证责任在谁那里。比如在建设工程施工合同纠纷案件中，施工方已经向建设方提交了符合合同要求的结算报告，建设方在诉讼中不同意该结算报告，这时候如果法院认为需要进行司法鉴定，那么，提出司法鉴定申请的一方应该是建设方，因为施工方已经举出了初步的证据，此时举证责任就转移到建设方了。

以上就是律师在法庭上需要做的工作。律师提供的是法律服务，它既包括有形的也包括无形的。上面讲的都是有形的、看得到的，其实，律师工作最重要的那部分往往是无形的、看不到的。

律师工作有三个层次：第一层是应付了事，只要不出问题即可；第二层是尽责，做好律师应该做的工作，至少对得起律师费；第三层是尽心尽职，设身处地为当事人着想，千方百计维护当事人利益，不仅按职责而且凭良知做事。处于第三层的律师相当稀少,大部分处于第一层和第二层。令人遗憾的是,处于第一层的律师似乎更多一些,主要的原因是,许多人做律师的目的就是赚钱。既然办案也是生意,那自然就采用最容易赚钱的方法,所以出现不少只简单地"走程序"的律师。

我之所以讲这些,是因为律师在法庭上的表现不仅取决于他的业务水平,更取决于他处于哪一层次。麻木和冷漠正在侵蚀这个职业,而律师最需要的却是热心和激情。

第六节　如何用创造性的调查取证一锤定音

> 只坐在办公室里研究材料,那不叫办案。律师必须走出去,通过创造性的调查取证,打破僵局或扭转乾坤,最后赢得诉讼。

读过《梅森探案集》的朋友应该对一件事印象深刻,那就是主人公佩里·梅森律师经常不顾危险,自己去调查案情收集证据甚至制造证据,并用这些证据在法庭上转败为胜,救出当事人。

艾伦·德肖维兹(Alan M. Dershowitz)说,佩里·梅森的办案方式在现实中是不可能存在的。在美国如此,在中国则更是如此。我国法律对辩护律师自行收集和调取证据是有一定限制的，比如《刑事诉讼法》第 43 条规定，辩护律师必须经人民检察院或者人民法院许可，并且经被害人或者其近亲属、被害人提供的证人同意，才可以向他们收集与本案有关的材料。得到许可并不容易，而未经许可又涉嫌违法，弄不好会身陷囹圄，因此，大部分刑辩律师从来不自行调查取证。

不过，在民商事案件中情况就完全不同。法律对此并没有特别的限制，只要取证程序合法，证据内容真实，法庭就可能采信。所以我始终认为，在我国，律师在民商事案件中更能发挥作用，这也是为什么本书基本不谈及刑事案件的主要原因。刑事案件可以锻炼律师，但客观地说辩护律师对定罪量刑的影响并不大。

然而，在民商事案件中律师却可能左右案件的走向。应该讲，民商事案件的胜败在很大程度上取决于代理律师的工作。民商事案件的主审法官也大都乐见原告、被告律师之间针锋相对地较量，正常情况下他不会倾向于哪一方。这是律师真正大有作为的领域。

那么，什么情况下律师必须自行调查取证呢？缺少能够一剑封喉的证据，而这个证据你完全可以取到。

下面，我们通过两个案例看看，律师调取的关键证据是如何决定案件成败的。

案例一：于某与北京某置业公司商品房买卖合同纠纷案

我在前面章节中分析过这起案件，其中有一份关键证据——北京市住房和建设委员会出具的商品房预售价格备案表。这是我立案之后特意向北京市住建委申请政府信息公开而取得的，目的是搞清楚涉案房屋因为附赠地下室和小院开发商所多收的房款。我申请公开的是涉案房屋所在单元的各楼层备案价格，其中最重要的是二楼的价格，因为正常情况下一楼比二楼便宜。

当时，我做了两手准备。如果住建委不给备案价格表，我就直接去拜访二楼住户，从他那里取证。当事人说，楼上的业主们和一楼的业主关系比较微妙，不可能配合我。对此我并不担心，我在房地产企业工作多年，深知业主们的心理，知道如何得到他们的帮助。

不过，住建委立即批准了我的申请，不到一个月我就拿到了备案价格表。

这是决定性的证据，它不仅能够直接证明被申请人多收34万元房款的事实，还能佐证附赠地下室和小院是合同内容的事实，让仲裁员很容易看明白案件的要害。这种可以一剑封喉的证据，律师无论用什么办法都必须调取。

案例二：徐老太太煤炭购销合同纠纷案

这是个有趣的案例，发生在 2000 年。那时我在大连，刚刚开始执业，给主任做助理。有一天主任接了一个案件，是煤炭购销合同纠纷。当事人是年近 70 岁的老太太，对方是一家开发和经营别墅的企业，该企业累计欠她 150 万元买煤款。案件事实比较清楚，该企业也在对账单上盖了章，所以主要问题在于判决后能否顺利执行。据老太太讲，该企业在外面债务比较多，肯定没有现金，但也许有几套别墅还在企业名下。主任想做诉前保全，让我去查一下有没有可查封的房屋。

我拿着律师介绍信立即去了市房地产交易中心，并查到该企业还有四套未出售的别墅。我把这四套房屋的详细情况记录在笔记本上（交易中心只许看不给打印），回来向主任汇报。

主任很高兴，不过他说，那里的别墅一般都租给外国人，如果已经出租就没法给房子贴封条，只能在交易中心封手续，那样的话几年之内都可能无法变现。

"您的意思是，我们最好找一个既没有出售也没有出租的别墅查封它，是吧？"我问。

主任点点头。

"我去看看。"我想到了一个方法，但没跟主任说。

第二天，我以某韩国企业代表的身份来到那个别墅区。大连有不少韩国企业，我经常和它们打交道，有几个老板还是我的朋友。我跟门卫说，某韩国企业的社长要租一栋别墅，让我来看看有没有合适的。

可能是因为我长得像韩国人，门卫没有怀疑。他指着不远处的一栋别墅说经营部在那里，叫我去问他们。我东张西望着慢悠悠地朝那栋别墅走去。快到别墅时，从屋里出来一位35岁左右的漂亮女士。她上下打量着我问道："我是经营部的王经理，是您要租别墅吗？"

"不是我，是我们社长。"我说着走到她跟前，把那个韩国企业和社长的情况简单做了介绍。

她听完后露出了灿烂的笑容。"我们这有35栋别墅，住的基本上都是外国人，你看，"她指着右面山坡下的一栋别墅不无自豪地说，"实德的外援潘塔就住在那里。"

我点着头漫不经心地问："那现在还有空房吗？"

"只剩一套了。在那边，我领你去。"她指着左边一排别墅热情地说。

这个别墅群建在面向大海的山坡上，景色十分宜人。我们拐了几个弯来到一栋别墅前，经理说就是这套，上个月刚空出来。

我看了一下门牌号，是34号，在交易中心查到的那四套房屋中就有它。

我暗自惊喜。我说："房子挺不错，能不能进去看一眼？"

经理面露难色，"里面很乱，还没来得及收拾，您可以从窗户简单看看。这是地上三层地下一层的标准别墅"。

我装模作样地把别墅看了一圈，然后询问租赁方式、期限和价格。她十分耐心地给我一一做了答复和说明。

我向她承诺两天内一定会再来。我没说是来签合同，可她的理解无疑是那样。她显得特别高兴，极其热情地把我送到大门口。

我现在想起来感觉有点对不起她。然而，我当时根本没想到这些，心里只惦记一件事：赶紧回去向主任汇报，立即提交诉前保全申请，争取明天上午就来查封。

主任喜出望外，亲自拿着申请材料去法院办理了有关手续。

翌日上午10点，我领着法官再次来到别墅区。门卫起初看见我还以为是来继续谈租房的，笑容满面地跟我打招呼，但马上就发现有点不对劲儿，他看见了我身边穿着制服的法官。

法官问他经理在哪儿，他支支吾吾地说不知道。

"你给他打电话，让他到34号别墅。"法官用命令的语气说。

> 法院的车刚到 34 号别墅，企业董事长和昨天的那位王经理就赶了过来。
>
> 王经理见我从法院的车上走下来大吃一惊，结结巴巴地问："您是法官吗？"
>
> 我冲她笑了一笑，没做解释。法官向企业董事长出示了裁定书，并告知查封之后未经法院许可不得以任何方式处分别墅，包括出租。接着，法官在别墅的大门上贴了封条。当晚，老太太宴请了主任和我，特别感谢我们"创造性"的工作。她开怀大笑，用大连方言说："这几年我被这帮彪子欺负毁了。"从此，她一有法律问题就找我们，成了我们的常年客户。

以上两个案例说明，只要案件需要律师就应该千方百计地进行调查取证，这是法庭外的较量。律师不能只坐在办公室里办案，应该走出去，用你能想到的所有合法的方式收集证据。有什么证据就用什么证据，那是懒汉的做法。律师最不应该养成的习惯就是懒惰。

勤奋、智慧、不怕辛劳、迎难而上，这都是律师必备的基本素质。

第七章

企业法律事务管理能力

市场经济是法制经济,企业作为市场主体几乎"生活"在法律之中,须臾离不开法律。一方面,企业的合法权益有赖于法律的保护;另一方面,法律又要求企业依法规范自己的行为。国家正逐渐加强对企业违法犯罪行为的惩治力度,有的企业被处以巨额罚款,有的企业家则锒铛入狱。法律俨然成为企业的一把"双刃剑"。

目前,企业面临的市场环境非常复杂,经济形势非常严峻,企业的经营风险非常大。因此,如果企业不认真研究有关的法律规定,不立即采取必要的管理措施,那么,极有可能因为发生某种法律事件企业瞬间陷入危机。这绝非危言耸听。

然而,靠企业自身的力量,很难搞清楚那些复杂的法律问题,也很难建立有效的风险防范机制。这些专业的事务应由专业的人——律师来做,这一点企业十分清楚,企业从未像现在这样迫切需要法律顾问。但是,我与企业经营者们交流时发现,他们大多比较困惑,虽然他们经常和律师打交道，但是不知道如何才能找到合适的律师。

这说明，企业对律师的要求发生了重大的变化。现在做企业法律顾问，像以前那样仅仅解答咨询、审查或起草合同、处理发生的纠纷已经远远不够。律师在一如既往地提供这些传统法律服务的同时，还要从管理的角度为企业提供系统的解决方案，比如为企业制定规章制度等。因此，律师不但要懂法律，还要懂企业、懂管理。

遗憾的是，许多律师包括大牌律师，对企业和管理知之甚少，提供的服务要么不切实际，要么不够深入，无法满足企业的真正需求。我在大型国有企业和民营企业做过多年法务部长，对此颇有感触。这两家企业均为行业龙头，所以我们聘请的律师在业内都赫赫有名，但老板对他们的服务总是不满意，最后全都辞退了。为什么呢？原因非常简单：他们不了解企业需要什么。为什么不了解呢？因为他们不懂企业、不懂管理。

我曾给一个大所的主任讲过这个问题，他十分认同。他有不少顾问单位，安排了四五个律师负责给他们提供法律服务，律师们都很认真做事但效果却不大好，企业总抱怨说律师根本不了解企业的实际情况，提出的法律意见往往没法采纳。主任一直研究问题出在哪里，百思不得其解。当我跟他说，问题不在于他们不了解企业情况而在于不懂企业、不懂管理的时候，他恍然大悟。他说他自己也不懂，当即决定读 MBA。

法律事务在企业是相当特殊的工作，对企业的长远发展发挥着不可替代的作用。首先，法律事务工作为企业的正确决策提供专业支持，保证决策的合法性，避免决策的法律风险；其次，法律事务工作贯彻诚信和公平的法律理念，在促进交易的同时，维护企业的社会信誉。

有时候，法律事务直接关乎企业的兴衰。一份合同可以拯救一家企业于危难之中，也可以使一个运转良好的企业陷入困境甚至破产。这些案例比比皆是，特别是后一种情况。比如，一份对赌协议就可能让上百亿元资产的企业一下子深陷泥潭无法自拔。

法律事务是一项重要的管理工作，法律在其中往往只起到手段的作用，只是解决问题的工具。也就是说，企业的法律事务本质上是管理工作，而不是法律工作，这与诉讼是截然不同的。律师以这样的理念，把法律和管理结合起来提供顾问服务，才能与企业的真正需要相衔接，才能把法律事务工作纳入企业经营管理之中，取得整体上的效果。

企业法律顾问不是"消防员"，不能整天忙于救火；企业法律顾问也不是"门诊大夫"，不能头痛医头，脚痛医脚。企业法律顾问应该是"保健医生"，他要把企业作为一个整体，像人的身体一样，从理念、制度、管理上解决问题，这才是企业法律顾问真正的使命。

第一节　企业法务管理的四个核心要素

> 组织、制度、目标和人是企业法务管理的四个核心要素，企业法律顾问应围绕这四个方面开展工作，为企业建立完整的法务管理体系，提供系统的法律服务。

律师若想成为合格的企业法律顾问，首先要搞明白什么是"企业法律事务管理"。这里包括三个概念。

一、企业

我们经常和企业打交道，然而，能把"企业"这个概念解释清楚的律师并不多见。

企业是什么？企业的性质与律师工作有什么关联？

1. 企业是组织而不是个人。因此，律师必须以整个组织为服务对象，这一点十分重要。一般的企业都是有限责任公司，它的一个特点是两权分离，即所有权和经营权的分离。公司股东和管理层追求的利益往往并不一致。此时，作为法律顾问应该维护谁的利益？通常，董事长代表股东特别是大股东的利益，而总经理代表管理层的利益。有人说，谁请我（给我钱）我就维护谁的利益。如果你这么想，你就容易介入他们的争斗之中，很难摆正自己的位置，甚至可能会成为他们利用的工具。这与法律顾问的身份与职责是相悖的。

法律顾问是企业的法律顾问,不是企业某个人或某个利益群体的法律顾问。所以,律师在任何时候都应该坚定不移地站在企业的立场上考虑问题并出具法律意见。在这方面出现问题的律师比较多,必须引起足够的重视。

另外,企业是通过各部门之间协作而运转的组织。因此,企业法律顾问要深入了解企业的管理流程,善于和企业有关部门打交道,这样你的工作才能有的放矢而且事半功倍。最重要的是,这样你就能够赢得企业各部门的支持和好评,稳稳地保住"常年法律顾问"的位置。要知道,现在律师之间对企业法律顾问的争夺是相当激烈的。我的建议是,你要争取成为企业的"名誉职工",让大家觉得你是他们的一分子。这意味着你需要经常去企业。

2. 企业是以营利为目的的组织,与政府等非营利组织完全不同。既然是以营利为目的,企业自然希望每笔业务都能成交,不希望因将来未必会发生的法律风险而放弃交易。但一些律师在审查企业经济合同或提供决策咨询时,过分重视法律风险,极少考虑能否成交的问题。由于法律的专业性太强,一旦律师提出意见,有些经营者难免会踌躇不决,结果往往失去机会。如果经常出现这样的情形,企业就可能走向衰落。

律师当然不会承认这种结果与他有关,因为他觉得自己已经尽到法律顾问的责任。"我把风险讲清楚了,决策是你经营者做的。"这看起来并无不当,然而,真正与企业融为一体的律师不会这样做。

"防患于未然"是企业法律顾问的职责,但是,"促进交易"也是企业法律顾问所应追求的目标,兼顾二者应该是企业法律事务管理的主要理念。因为没有成功的交易企业就无法生存,而如果企业都不存在了,企业的法律顾问自然也没有存在的可能。

二、法律事务

这里的法律事务概念是整体性的,即包括建立组织体系、制定管理制度、法律培训、合同管理、诉讼管理、咨询服务等企业所有法律事务工作的总称。我们只有把法律事务从整体的角度进行思考,才能为企业提供全面、系统的服务。有些经营者把法律事务理解为单纯的合同审查或诉讼业务,没有认识到它是企业的一项重要管理工作。实践证明,这样的企业经常发生纠纷案件,法律风险如影随形。

有些律师做企业法律顾问极为老道,他即使发现了管理方面的问题也不向企业提出来,因为他知道只有出问题有案件老板才肯心甘情愿地支付律师费。如果他帮助企业把合同管理体系和法律风险防范机制都建立起来,那纠纷就会减少甚至"清零",这时候企业可能就觉得没必要再花钱请律师，这不是自掘坟墓吗？

应该说，律师确实处于两难境地。如果你把企业的问题从根上解决掉，可能会失去这个顾问单位；而如果你迟迟不能提供系统的解决方案，企业肯定还不满意，届时同样面临丢失客户的风险。对于律师来说把握这个度并不容易。因此，我认为最好的办法就是，用三年左右的时间为企业建立起初步的法律事务管理体系和法律风险防范机制。这三年内，你按照每年给企业制订的工作计划有步骤地完成目标。假如三年之后该企业真的"纠纷清零"，并且合同管理井然有序，那么，企业老板很可能把你介绍给他的朋友，你在某个行业或某个圈子内就会享有一定的口碑。律师的好客户一般都是靠这种"口碑相传"来拓展的。因此，作为律师你只需要诚实为人并有效地解决问题，其他无须考虑太多。

三、管理

管理是什么呢？传统管理理论创始人亨利·法约尔（Henri Fayol）对管理有个著名的定义：管理是计划、组织、指挥、协调、控制。这也是传统管理的五项基本职能。后来，现代管理学之父彼得·德鲁克（Peter F. Drucker）又提出著名的目标管理理论。

那么，作为企业法律顾问，在实践中应该如何运用这些概念和理论呢？我认为，应把握好以下四个要点。

1. 法律顾问开展工作必须依靠企业的组织体系。法务工作是系统的工作，不是零星的业务，因此，法律顾问不仅要依靠企业已有的组织，还要在企业内建立法务管理的专业组织，即法务管理的团队。

2. 组织的运行要依靠有效的规章制度。因此，法律顾问必须为企业建立健全各项规章制度，其中包括开展法务管理工作所需要的制度，如合同管理制度。

3. 法律顾问的工作要有计划、有目标，其目标和计划要纳入企业日常管理工作之中。

4. 法律顾问必须善于合作，只有与企业各类人员进行充分的合作，才能实现其工作目标。

由此可见，组织、制度、目标和人是企业法务管理的核心要素，企业法律顾问的应围绕这四个方面开展工作，为企业建立完整的法务管理体系，这样才能提供系统的法律服务。这就是管理思维。什么叫懂管理？用管理思维去工作就是懂管理的表现之一。

懂管理，是大企业法律顾问的基本要求。那么，中小企业呢？中小企业的法律问题不是很多也不太复杂，是不是没有必要建立管理体系？法律顾问懂不懂管理是不是也无关紧要？当然不是。我认为这是认识误区。应该说中小企业更需要管理，因为它抵御风险的能力更弱，一旦出现重大法律事件更容易陷入难以自拔的困境。

第二节　企业需要什么样的法律顾问

> 做法律顾问必须用两个视角看企业：一是管理的视角；二是法律的视角。然后，将看到的问题融合起来解决企业的问题，这才是企业真正需要的法律顾问。

企业需要什么样的法律顾问？这个问题其实在上一节已经作了回答，那就是"懂企业、懂管理"的。

如前所述，企业的法律事务既是法律工作又是管理工作，而且本质上是管理工作。所以，你要做企业法律顾问，仅仅具备法律知识和办案能力是远远不够的，你必须要懂企业、懂管理。

严格地讲，懂企业和懂管理是两个问题，但对于企业法律顾问来说，可以作为一个问题来探讨，因为你在了解企业的过程中必然会了解到企业的管理状况。

那么，律师如何才能做到懂企业、懂管理呢？

第一，要了解企业的概况

律师习惯于从法律的角度了解企业概况，比如，企业的名称、住所地、注册资本、企业形式（有限、无限、合伙等）、股东情况等，这些当然需要了解。不过，从管理的角度需要了解的企业概况有所不同，那是在工商登记材料中一般查不到的。比如，企业的规模（员工人数、净资产、在行业内的地位）、主要产品及其市场占有率、资产负债率、净资产收益率、现金流量、主要竞争对手、企业盈利模式等。

第二，要了解主要产品的技术以及生产过程

如果是生产性企业，你最好去生产车间走几遍，切身感受一下生产的过程。有时候，你起草合同或解决纠纷（如质量纠纷）时，如果了解产品的技术和生产过程会非常有底气，给出的法律意见或拿出的诉讼策略会比较切合实际。反之，你很可能说得"驴唇不对马嘴"。

第三，要了解行业的经营模式和企业的经营策略

企业有三大管理模块：技术、生产、经营。这里的经营主要指采购和营销。不同的行业有不同的经营模式，不同的企业由于战略不同采取的经营策略也会有所不同。比如，有的企业采用"哑铃型策略"——"两头大，中间小"，即产品开发和营销能力强，生产能力相对较弱，而有的企业则正好相反。这方面了解得越深入越好，因为它直接关系到合同如何签订、合同管理制度如何制定等具体业务内容。合同是交易的载体，是与经营紧密相关的。

第四，要了解企业的管理流程和规章制度

企业管理最直接的体现是什么呢？流程和制度。流程和制度是企业正常运行的基础，所以任何企业都有流程和制度，只是繁简不同而已。对于法律顾问来说，流程和制度格外重要，因为这不仅是我们需要了解的内容，更是我们以后工作的方向。法律顾问一定要审查企业流程和制度，并提出补充或修改意见。

第五，企业决策过程

著名现代管理学家赫伯特·西蒙（Herbert A. Simon）有句名言："管理就是决策。"不了解企业的决策过程，你就不能说了解了这家企业。企业法律顾问应重点了解决策的程序以及相关的规定，比如关于"三会一层"的规定，即《股东会议事规则》《董事会工作条例》《监事会工作条例》《总经理工作条例》。律师只有熟悉企业的这些决策程序，才能为企业的各项决策提供正确的法律意见。

如果律师充分掌握以上关于企业的情况，应该说他已经"懂企业"了。至于是不是也"懂管理"了，那就要看他是不是用管理者的视角去看这些情况。

做企业法律顾问，必须用两个视角看企业：一是管理的视角；二是法律的视角。然后将两个视角中看到的问题融合起来，系统地解决企业的各种问题。这才是企业真正需要的法律顾问。

第三节　将法律融入企业管理之中

孔子曾说："从心所欲不逾矩。"这句话应该是企业管理追求的最高境界。一个人可以在规定的尺度内达到身心合一的境界，一切顺其自然，没有丝毫的勉强。同理，一家企业也能够在法律规定的边界内将法律融入管理之中，毫无阻滞地自由发展。此时，法律给企业带来的不是枷锁而是价值，这个价值会体现在企业的交易模式、经营理念、企业文化等诸多方面。

企业法律顾问不仅要研究企业管理，还要研究法律和管理的关系，这样才能将法律和管理相结合，为企业提供系统的解决方案。

许多法律与企业是息息相关的，而且，各种法律从不同的角度对企业管理提出了不同的要求。比如，《公司法》规定，公司必须依法与职工签订劳动合同，参加社会保险，加强劳动保护，实现安全生产。这里涉及的劳动合同、社会保险、劳动保护、安全生产都需要具体的管理工作来保障。

有些法律规定还直接指出了企业管理工作的具体内容。《城市房地产管理法》规定，商品房预售应当符合下列条件：（1）已交付全部土地使用权出让金，取得土地使用权证书；（2）持有建设工程规划许可证；（3）按提供预售的商品房计算，投入开发建设的资金达到工程建设总投资的25%以上，并已经确定施工进度和竣工交付日期；（4）向县级以上人民政府房产管理部门办理预售登记，取得商品房预售许可证明。

这四项规定等于直接给房地产公司开发部、技术部、财务部、工程部、销售部下达了任务，因为这是房地产企业必须完成的工作。可见，法律往往是企业管理的出发点。

而有的法律则为企业管理设置了红线，成为合规管理的基础。比如，《刑法》规定的单位犯罪：非法吸收公众存款罪、集资诈骗罪、骗取贷款罪、拒不支付劳动报酬罪、假冒注册商标罪、串通投标罪等。

因此，企业法律顾问必须重视法律与企业管理的关系，不仅要通过管理保证企业行为的合法性，还要通过法律促进企业管理规范化，将法律融入管理中，使之逐渐成为企业规章制度、经营理念乃至企业文化的一部分，从而保障企业的长远发展。

我曾给一些企业做过"合同法在企业经营管理中的应用"的讲座，引起了较好的反响。

这个讲座与本节的题目比较相符，我整理出来把它附在下面，与大家共享。由于当时还没有《民法典》，所以引用的都是《合同法》的条款，但是《民法典》几乎完全吸收了《合同法》的内容，因此我没有进行修改，读者可以将其视为对《民法典》合同编相关内容的学习参考。

合同法精神与企业经营理念

在市场经济国家中，无一例外地都存在一部与企业经营活动密切相关的法律——合同法（或称契约法）。因为市场经济是商品经济，商品经济以其高度发达的交易为特征，而交易的载体是合同，合同法则是规范市场主体之间交易关系的基本法律。有位法学家曾讲："合同法因商品经济发展的要求而产生，但没有合同法就没有今天如此发达的商品经济。"

"法律的生命在于实施"，《合同法》的一个显著的特点也在于其较强的实用性，因此，很有必要结合企业管理的方方面面对《合同法》的基本精神、主要制度进行剖析，探求企业管理的法律基础，提高企业的法治化水平。

1. 信赖利益与诚信理念

《合同法》第6条　当事人行使权利、履行义务应当遵循诚实信用原则。

《合同法》保护当事人的信赖利益，维护社会信用制度，从法律上要求企业建立诚信理念。实践中，即时清结的合同寥寥无几，大部分合同其义务是签订后逐步履行的，这显然需要相互的信赖。

举个简单的例子：房地产开发企业预售商品房，总房款为150万元，买受人签订合同时交付首付款50万元，余款以按揭贷款方式分期支付，企业作担保人。这里买卖双方之间存在两个相互的信赖：一是买受人信赖企业能够按期、按质交付房屋；二是企业信赖买受人能够按期支付房款。双方都基于这样的信赖进行合理预期，设想合同履行完毕后各自应得的利益，但其中充满着风险。一般而言，企业能够按约定交房，买受人也能够按时付款，然而如果有一方不能履行其合同义务，则必然损害对方的信赖利益，使对方的合理预期无法实现。如果允许此类行为发生，整个市场秩序就会受到破坏，因此必须进行规范和制裁，其内容由《合同法》具体规定，这为整个社会的信用制度提供了法律依据。

需要指出的是，《合同法》对合同当事人"诚信"的要求是相当全面的，即从合同签订前的事实陈述、缔约、履行、履行完毕后的附随义务等都有较为具体的要求和责任追究制度。比如，在签订商品房买卖合同时，售楼人员承诺一楼赠送私家花园，该花园在房屋南面，但交屋时买受人发现花园不在南面而在北面，所以要求支付违约金。这种情况下即使合同中没有约定，买受人只要证明该承诺的存在，则企业应承担违约责任。可见，信守承诺已不再是道德范畴概念,它已转化为必须遵守否则将受惩罚的法律规则。因此,企业应该将"诚信"作为树立企业良好形象、建立社会信任关系的基础,作为企业的基本经营理念。

法学家罗斯科·庞德(Roscoe Pound)有一句著名的论断:"在商品经济时代,财富是由承诺组成的。"企业经营者应时刻铭记这句话。

2. 合同自由与市场导向理念

《合同法》第4条　当事人依法享有自愿订立合同的权利,任何单位和个人不得非法干预。

合同自由(意思自治)是市场经济的一个本质特征,是现代《合同法》的贡献,在很大程度上改变了经济交易的形态和内在模式。从宏观上讲,合同自由通过市场这一"看不见的手",促进了资源的合理流动和优化配置。对企业而言,其意义则更为深远。合同自由确立了在买方市场中消费者的地位。消费者在市场中对商品、厂商、服务有充分的选择权,企业必须完全尊重消费者的选择权,及时提供消费者需要的商品,努力提高消费者的满意度,否则将被消费者摒弃,被市场淘汰,这就要求企业牢固树立"以市场为导向""以消费者满意为宗旨"的经营理念。可见,法律在保障合同自由的同时,对企业提出了更高的要求。

3. 给付合理对价与创造顾客价值理念

《合同法》第 5 条　当事人应当遵循公平原则确定各方的权利和义务。

公平原则是民法的基本原则之一，在合同中主要体现在给付合理对价上。举个例子：一项工程成本加合理的利润是 2000 万元，但是发包方凭借其优势地位将工程款定为 1500 万元并且要求全部垫资，这个价格水平明显低于市场价格，承包方可能没有利润，但为了占领市场或其他目的同意按该价格签订合同。这表面上看是双方自愿，符合合同自由原则，然而因为发包方没有给付合理的对价，轻则影响合同的履行质量，重则因合同显失公平而被法院或仲裁机构撤销。

除了赠与合同、无偿保管合同等极少数合同之外，给付对价是合同成立的基本条件，而对价的合理性则是合同得以顺利履行的保障。例如，发包方要求工程质量达到省优质，则应将取费率提高到与省优质工程相一致，否则承包方有可能偷工减料；开发商以每平方米 30,000 元的高价出售商品房，则应具备与此相配的产品和服务，否则买受人有可能要求退房。因此，企业在签订合同时不仅要考虑自身的利益，还要结合市场因素考虑对方应得的利益；不仅要考虑合同本身给企业带来的利益，还要考虑合同

> 可能产生的长期的合作利益。
>
> 　　改革开放以来，虽然大多数企业已经摆脱计划经济思想，基本实现了从"以产定销"到"以销定产"的过渡，但进一步上升到"为顾客创造价值"者仍不多见，说明许多企业还不能随着市场经济的发展及时调整其经营理念。
>
> 　　"为顾客创造价值"不能是口号，必须落实到具体的行为，而该行为的最直接载体是合同。因此，企业应将签订和履行合同视为为顾客创造价值的一个过程，而不只是一笔简单的经济交易。唯有如此，企业的价值链才能得以巩固和延伸，最终实现可持续发展的目标。

第四节　要用管理者的思维方式开展工作

　　企业法律顾问应将自己视为企业的管理者，根据企业的整体目标主动提出工作计划，将法务工作纳入企业正常管理之中，通过全面系统的管理逐步规范企业的行为，通过管控过程防止纠纷发生、防范法律风险。

　　律师和企业签订常年法律顾问合同之后，应该从哪里着手开展工作？最重要的方面还是最急需的方面？

许多律师的做法是从企业急需的方面开始。这似乎理所当然。比如，企业刚发生一起案件，你全力以赴地解决它，既能显出你的能力又能解决企业的问题。

然而，我认为这并非正确的选择，因为这是被动的工作态度。你要知道，企业老板大都不喜欢被动工作的下属。老板们都希望你主动提出自己的工作计划，对外聘法律顾问的期望更是如此。所以，你应该从最重要的部分入手，而且要提出你的工作计划和具体目标。

其实，正常经营的企业很少有火烧眉毛的法律事务。即使发生了紧急事件，如企业重要资产被法院查封，企业的做法往往是聘请这方面有资源的律师特事特办。

我们要清楚，企业聘请常年法律顾问的目的是解决企业法务方面的日常性和长远性的问题，实际上是委托律师做企业的法律事务管理工作。所以，我们虽然叫法律顾问，其实是企业的法务管理人员。如果企业没有法务部，那法律顾问就相当于企业法务部。如果企业有法务部，法律顾问就是法务部的一个外援，这时候你需要服从法务部领导的工作安排。这个定位是十分重要的。遗憾的是，不少法律顾问对此始终没搞清楚，结果由于和企业沟通不畅失去了好不容易得到的常年法律顾问"位置"。

企业法务部会根据自己的工作计划给你安排任务，或者换个好听一点的说法——找你合作。这时候，你即使是律师事务所的主任也要谦虚地接受任务，最好像他的助手一样工作。有的大牌律师看不起企业法务人员，觉得他们不专业。这是傲慢和无知的表现。大企业的法务部往往人才济济。我做法务部部长的时候，下面有9个名牌大学毕业的律师。这些人不仅懂法律还懂管理，一般专职律师在处理企业法律问题方面根本不是他们的对手。

那么，企业法律顾问应该如何工作呢？

一、企业法律顾问不能用诉讼律师的思维方式工作

许多律师不大明白怎么搞法务管理，但善于诉讼，所以用诉讼的思维方式去处理企业的法律事务。他们通常有以下三种表现。

1. 特别强调法律风险。遇到任何事马上想到法律风险，所以提出的法律意见都比较严格，而且往往比较教条。

有些法律规定给企业设置了不能跨越的红线，如《刑法》里规定的单位犯罪；而有些法律规定则给企业提供了选择的余地，如《公司法》里对章程的规定。因此，法律顾问要灵活运用法律，特别在法无明文规定时，应该积极帮助企业，作出有利于企业发展的决策，签订与客户互利共赢的合同。也就是说，企业法律顾问不仅要防范法律风险，还要促进交易。这个理念在前面的章节里已经论述过，在此不再展开。

2. 特别强调证据意识，注重文本的合法性。由于首先想到可能出现的纠纷案件，因此，要求企业的各种重要行为，比如召开股东会会

议或签订经济合同等，都要形成书面的法律文件。

这是非常正确的，企业应该如此，但往往很难做到。哪有几个企业员工像律师那样有证据意识呢？企业员工的行为通常受两个因素的影响：一是企业文化；二是规章制度。

企业文化看起来虚无缥缈但实实在在地影响着员工的心理，就像中国人的为人处事不知不觉受到儒家文化影响一样。不过，在现实中重视法律的企业文化极为少见。

因此，企业必须通过规章制度引导和约束员工的行为。这就不是文本能够解决的问题，也不是法律顾问提出要求就能做到的事情。别说是外来的法律顾问，即使是老板要求"每个重要行为都要形成法律文件"，在企业里也很难得到执行。我在企业工作多年，对此深有体会。这就是为什么我反复强调，企业法律顾问要懂管理的原因。只有通过管理，才有可能实现这个目标。

3. 有问则顾，不问不顾。这是老毛病。很多律师就是这么理解企业法律顾问的，而且也是这么做的。他们认为，企业聘请法律顾问主要是为了解决纠纷。当然，他们也为企业解答一些咨询，进行法律培训，审查或起草企业的各种合同，偶尔也给企业做尽职调查，但这些工作都是应企业的请求或顾问合同的约定做的，完全是被动而为。因此，经常出现长时间没事做的情况，弄得有的律师很不好意思，但又不知道怎么去找事做。

总之，用诉讼思维做企业法律顾问，你解决的往往只是短期问题，不能给企业带来长远利益。由于未能建立长期有效的法律风险防范机制，企业会始终处于法律风险不可控、法律事件不断发生的状态。

这个问题如何解决？靠有效的管理。

二、企业法律顾问应该用管理者的思维方式开展工作

什么是管理者的思维方式？依靠组织、制度、目标和人开展工作，而组织、制度、目标和人，形成企业的管理系统。从这个角度讲，管理者的思维方式就是系统思维。

企业是一个系统，从管理的角度可以分为决策系统、采购系统、技术系统、生产系统、财务系统、销售系统等若干个系统，而法律事务就是其中的一个系统。这个系统思维包括计划、组织、指挥、协调、控制等管理的基本要素。

那么，我们如何用系统思维方式开展法律事务管理工作呢？

主要是通过计划管理或目标管理。目标管理是管理学大师彼得·德鲁克提出来的，我认为其本质上与科学管理中的计划管理没有区别，因为计划必然包含具体的目标。

第一步：制订计划

在企业，一切工作都围绕计划进行，计划里包括工作目标、工作内容、工作步骤等。还记得亨利·法约尔对管理的定义吗？管理就是

计划、组织、指挥、协调、控制。计划是管理的第一步，也是核心。有些企业管理比较混乱，主要原因之一就是计划没有制订好或者没有执行好。

下面是我担任一家房地产企业法务部长时制订的年度法律事务部工作计划，大家可以做个参考。不少律师从未在企业工作过，不知道如何制订企业的工作计划。

20××年法律事务部工作计划

一、团队建设

工作目标：在全集团建设一支高素质、专业化、互动型的法律事务（含合同管理）管理者队伍。

工作内容：

1. 集团公司、建筑一公司各招聘1名法律事务主管；

2. 每月召开一次集团成员企业法律事务管理员工作总结会，每周召开法律业务学习研讨会；

3. 组织两次专业知识培训；

4. 组织一次到万科、金地等企业考察学习。

二、合同管理工作

工作目标：全面建立并运行合同管理体系，合同管理水平达到行业一流。

工作内容：

1. 建立合同管理组织体系。详见"团队建设"。

2. 建立合同管理制度体系。现行的关于合同管理方面的制度有《合同管理制度》《商品房买卖合同管理规定》《招标规定》。今年计划增订以下制度：《终结协议签订办法》《建设工程施工合同管理规定》《房屋租赁合同管理办法》《授权管理办法》，基本形成以《合同管理制度》为核心的合同管理制度体系，为制度化管理奠定基础。

3. 建立合同文本体系，保证签约的规范性，提高签约效率。

现行合同文本有商品房买卖合同填写规范、以房抵款协议书、公建租赁合同、停车场使用权转让合同、终结协议5种。今年将在完善上述合同文本的基础上，计划制定下列合同文本：（1）机电设备买卖合同；（2）建设工程施工合同补充协议；（3）建设工程设计合同补充协议；（4）建设工程监理合同补充协议；（5）概念设计合同；（6）委托拆迁合同；（7）拆迁货币补充协议；（8）广告设计、制作合同；（9）电视广告制作、发布合同；（10）劳务输出合作协议书。今年通过全面推广以上15种文本，基本实现合同文本化管理，把住签约关，最大限度地避免签约风险，提高签约效率。

4.完善合同二级审核会签制度。各企业合同管理部门审核一般合同，集团公司法律事务部审核特殊合同和标的额较大（500万元以上）的合同。

5.建立履约控制制度，保证合同顺利履行。按照合同交底—计划跟踪—履约提示—监督付款的控制模式，严格按合同控制交货和付款进度，避免合同外操作引发的纠纷，促使企业以合同为主线开展经营工作。

6.建立履约评价体系，为科学选择合作伙伴提供依据。制定履约评价的标准和评价方法，对主要供货商、开发商和建设工程设计、施工、监理等合作伙伴进行履约评价，纳入《合格供货商名录》，作为企业选择合作伙伴的依据。

7.参与重大合同的谈判，及时提出法律意见。

三、诉讼代理

办案原则：重视诉前调研，加快结案速度，加大执行力度。

工作目标：（1）胜诉率：起诉案件95%，确认债权3500万元；被诉案件70%，减少损失600万元。（2）按审限结案率80%。

1.审理结案20件（详见审理案件明细表）。

2.受理执行案件11件（详见执行案件明细表）。

四、清理债权债务

1. 司法清欠 2734 万元（详见司法清欠明细表）。

2. 明确企业的债权债务，制订清理计划并开始实施。

五、法律知识培训

培训分为三个方面：（1）制度培训。制度是企业化的法律，通过宣贯制度剖析问题提出解决方案，是最好的培训方法。修订的制度通过后，对各企业培训一次，员工受培训率要达到 60%。（2）普法培训。目的是提高全员的法律意识，今年计划请专家进行一次全员培训。（3）专项培训（座谈式培训）。房地产公司在新项目开盘前进行一次商品房销售方面的法律知识培训，经营人员受培训率达 100%；对建筑一公司等企业针对其经常出现的问题进行专项培训。

六、其他法律支持

1. 为企业投资、合资、合作、合并、分立、清理解散等重大决策提供法律意见。

2. 随时解答企业各方面法律咨询。

3. 制定招标文件等文本，为企业招标工作提供全方位法律服务。

七、费用预算

预算总计 80 万元，其中，诉讼费 58 万元、差旅费 5 万元、

> 律师费 10 万元、招待费 3 万元、培训费 1.8 万元、活动费 1.2 万元、其他费用 1 万元。

从以上工作计划中可以看出，企业的法务工作包含许多方面，不仅包括诉讼等法律方面的业务，还包括建立组织体系等管理方面的业务。当然，这是法律事务部作为企业独立机构的工作计划，外聘常年法律顾问的工作内容不可能这么多。不过，可以参照它制订比较简单可行的计划。

在这里我想强调两点：第一，工作计划必须有，每年年初必须给企业一份；第二，计划的制订必须考虑自己的能力和企业的需要，要量力而行，循序渐进。做不到的千万不要写进去，因为年末要根据你提交的计划考核你的工作。

第二步：执行计划

企业里许多计划是执行不到位的。执行，一向是企业管理的难点，所以，不少大型企业设置首席执行官（CEO）这一职位。凡是设 CEO 的企业，CEO 就是管理层的最高领导。

那么，作为企业法律顾问如何执行自己制订的计划呢？

1.要依靠企业的组织体系。从我上面的计划中可以看出，大部分工作不是律师一个人能够完成的。比如建立履约控制制度，要完成这个目标，需要法务部、经营部、财务部、采购部等众多部门互相配合。企业里不少法务工作靠自己往往寸步难行，这与律师办案截然不同。律师习惯于独立工作，因此一些人缺乏合作能力，如果做企业法律顾问，那是绝对不行的。

2. 在企业里建立自己的团队。比如，建立合同管理队伍。如果企业没有法务部，你可以要求企业给你配一个专职或兼职合同管理员。然后，通过建立制度并进行培训，在财务部、经营部、采购部等与合同紧密相关的部门设兼职合同管理员，逐渐形成一个工作网络。没有这些网络，你在企业没法开展工作，就连起码的材料和数据都难以及时收集。这个团队不能指望企业领导给你安排，你要通过自己的努力逐步建成。

3. 每个月都要对计划执行情况进行分析，未能按期完成的目标要找出问题所在，然后立即解决。绝不能等到年末了再看计划，那时候即使发现问题也可能束手无策。

看到这里，大家有没有觉得这种工作方式和办案完全是两回事？这就是管理工作。而具体的工作中我们还需要运用法律。所以，我们是将法律与管理相结合，为企业提供全面的、系统的服务。

这种全面的、系统的法律服务，内在的理念是通过管理逐步规范企业的行为，通过管控过程防止纠纷发生、防范法律风险。

没有管理，那仅仅是解决问题，而不是消灭问题。法务管理的最终目标是不发生案件,这也是企业聘请常年法律顾问的根本目的。无论是民商事案件还是刑事案件,只要发生案件就意味着企业的管理出了问题,意味着企业已经发生了损失。因此,如果企业法律顾问常年在打官司,那说明他的工作没有做好。

一些企业案件始终不断,好像发生案件是必然现象,其实并非如此。企业里纠纷是不可避免的,但纠纷完全可以通过管理进行控制让它不至于变成案件,甚至很多事情还没有产生纠纷就可以妥善解决。这就是管理的作用。它不仅在理论上可行,在实践中也完全可以做到。

第五节　制度管理必须依靠组织体系

制度的生命在于有效的执行,而有效的执行需要两个条件:一是由总经理亲自负责;二是运行良好的组织体系。

企业法律事务有三项主要工作:一是制度管理;二是合同管理;三是公司治理。评价一个常年法律顾问是否称职或优秀,要看这三项主要工作做得如何。

其他工作如法律培训和纠纷处理,也比较重要,但基本包含在制度管理和合同管理中。制定的制度必须经过培训才能得到执行,而制度的培训要结合相关法律规定。可以说,制度培训就是法律培训。而企业的纠纷大多是合同纠纷，所以纠纷处理属于合同管理的范畴。

下面，我们分三节详细探讨法律顾问应如何开展这三项主要工作。

本节主要探讨企业制度管理。

制订了计划之后，首先要建立组织体系，把协助你工作的有关人员（各部门兼职合同管理员）组织起来，形成一个工作团队。然后，从企业的规章制度入手，开展法律顾问工作。

一、什么是好的制度

我在外企、国企、民企都工作过，这三类企业的规章制度各有特点。

外企的规章制度不是很多，但具体、明确，特别是执行比较严厉。1996年我在一家新加坡企业负责管理工作，是一个生产电子元器件的企业。生产性企业都喜欢在车间里到处张贴规章制度，外企也不例外。然而我发现，外企的规章制度明显与国企不一样，制度里经常能够看见"开除"条款，而且张贴在墙壁上。我观察了几个月，那几个月里按照这些条款被开除的员工不下十个人，可见它不是吓唬人的。

这之前我在国企工作了六年。大型国有企业的制度非常多也非常全面，尤其是推行全面质量管理之后，但是执行比较差。国企也有除名、开除等规定，不过很少能用得上。后来，国企开始搞现代企业制度，管理方面严格了许多，但还是没有从根本上改变。这与国企职工的身份有直接关系，国企职工仍然是"铁饭碗"。有"铁饭碗"的人你是很难管理的。管理者需要的首先是人事权，包括处罚的权力。

当时，我在结构件车间担任焊接工程师兼质量管理员。有一次，装配车间发生一起质量事故，我按制度规定提出应该对有关人员进行处罚，扣部分当月奖金。如果是外企，我的意见会立刻被领导采纳并执行。可这是国企。大家都觉得不可思议。出废品不是很正常吗，怎么还扣奖金呢？我给他们解释制度里的规定。班长和工人们捧腹大笑，仿佛我是外星人。好在车间主任新官上任，他想立威，所以支持了我的意见。于是，这个车间成立二十多年来，破天荒地因为质量问题处罚了员工。

民营企业的制度居于国企和外企之间。当然，我指的是大型民企，中小型民企的制度仍然不健全、不规范。

我讲这些是想说明，制度不在于多少而在于有效的执行。制度不是摆设，制定制度的目的是执行。因此，好的制度就是简单易行的制度。

为企业制定简单易行的制度，这就是我们法律顾问的工作方针。

二、企业需要哪些制度

我们为企业提供制度方面的法律服务之前，首先要搞清楚企业需要哪些制度。毋庸置疑，不同的行业和不同的企业需要不同的制度，然而，一些制度是所有企业都应该有的。这就像所有的国家都应该有刑法和民法一样。

专门聘请常年法律顾问的企业，规模通常都不会太小。我认为，这些企业至少应该有下列规章制度。

1. 人力资源管理方面的制度。比如，聘用制度、劳动纪律、考勤管理、薪酬和福利制度、违纪与惩罚措施等。

2. 经营管理方面的制度。比如，合同管理规定、销售管理规定、采购管理规定等。

3. 财务管理方面的制度。比如，差旅费报销规定。

4. 决策方面的制度。比如，股东会议事规则、董事会工作条例、总经理工作条例等。

5. 合规方面的制度。比如，员工行为规范等。

如果没有这些制度，企业可能会出现什么问题呢？

第一，决策过于随意，容易导致失误

老板的决策是企业最大风险所在。有些企业生产经营并无异常，但由于重大决策出现失误导致资金链断裂或巨额亏损，最后不得不申请破产。科学的决策需要制度来约束，否则，决策就变成"一把手"拍脑门的事。

我认识一位老板，他的企业规模比较大。他说，我有个习惯，小事喜欢开董事会或经理办公会研究，但是大事，比如拿地，都是自己一个人想好了就干。我建议他，要走个决策程序，这样不仅可以集思广益而且还能……他没等我说完就打断了我。他晃着大脑袋不屑地说，

你们这些书呆子就知道照搬知识,如果听你们的,我现在可能还是个小包工头。我无可奈何地闭上了嘴。之后几年,他开始在全国各地大肆扩张,还争取到在港交所上市,一度风光无限。但好景不长,企业的资金链很快断裂,无奈之下他只好转让股份黯然退出自己经营一辈子的企业。

第二,不断发生各类纠纷

公司控制权纠纷、股权转让纠纷、合作合作协议纠纷、合同纠纷、劳动纠纷等各类纠纷层出不穷。

第三,容易出现重大法律事件

缺乏健全的制度,管理必然混乱。这时,企业各类人员就会趁机谋取私利,行贿、挪用公司资金、职务侵占等违法犯罪案件会时有发生,轻则企业被有关部门行政处罚,重则企业被判单位犯罪。最近几年,政府加大了对企业违法行为的处罚力度,因此,很多企业开始重视合规管理。其实,合规管理的基础是制度管理。

法律顾问首先要查看企业有没有上述基本的规章制度。如果有就进行审查,如果没有就应该提出增订制度的建议,并指导或组织企业制定该制度。

不过,企业只有基本的规章制度是远远不够的,它还要根据企业自身和所处行业的特点,制定必要的规章制度。比如,科技类企业应该有《知识产权管理办法》《商业秘密管理办法》等。

三、如何制定企业规章制度

规章制度就是企业的法律，制定规章制度就是企业立法的过程。这不仅关系到企业的正常运营，还关系到企业的长远发展，因此，制定制度是企业的"一把手工程"。作为企业法律顾问，应该把这种理念灌输给企业老板。

那么，企业的规章制度是如何制定的呢？

我为某市软件园开发企业制定过一套完整的规章制度，下面一起复盘具体的工作过程。

第一步：建立组织机构

我曾讲过，在企业做事一定要依靠组织的力量。我成立了"软件园开发公司制度管理工作小组"，并请公司总经理担任组长，我担任副组长负责具体工作，企业各部门负责人是组员。国企和政府机关喜欢用这种"工作小组"的方式推进某个专项工作，实践证明这种方式本身是有效的。

我之所以这么做是想告诉公司中层以上干部，制度管理是涉及公司长远发展的重要工作，是企业的"一把手工程"，需要所有部门都要积极参与。有些律师在顾问单位工作开展的不大顺利，主要原因之一是，他没有让公司各级干部认识到法律事务涉及每个部门，需要各个部门鼎力配合。

我在工作小组里还设了一个职务——秘书长，由行政管理部经理来担任，主要是帮我收集各种材料，并协调各部门的工作。

第二步：收集企业现有的规章制度，审查具体内容，找出问题

当时，该企业的规章制度都分散在各个部门，没有统一的管理，而且有些制度不知道在谁手里，甚至个别制度在员工离职时带走了，没留底稿。所以，行政部收集制度用了半个多月时间。我看着他们交给我的一大包制度感慨万千。这哪是制度，这简直就是文物！有的纸张已经变黄了，有的还残缺不全，有一张竟然还被烟蒂烫了个窟窿。我做梦都没想到，外表上看那么现代化的企业，竟然对制度如此不重视。

> 我问行政部经理："你们平时靠什么管理企业？"
>
> 经理："靠老板，靠部门经理。"
>
> 我："那老板和部门经理靠什么管理啊？"
>
> 经理："他们都知道自己应该干什么、怎么干。我们是有计划的，年度计划、月计划都有，甚至还有周计划。"
>
> 我晃着手里的制度说："那这些制度用不上了？"
>
> 经理嫣然一笑，说："不是用不上，而是大家都知道。"
>
> 我用难以置信的语气问："员工们都知道这制度里的内容？"
>
> 经理犹豫着说："那——倒是不一定，但是他们都知道怎么干活儿。"
>
> 我正色道："你是说，这制度可有可无？"
>
> "不！"经理断然回答，"制度应该有，特别是我们行政和人力资源方面的。"

> 我点了点头，因为我早已发现行政部的制度是新的。

这位经理的话让我陷入深深的思考。看来这家企业不是没有制度，而是没有制度的观念，就像一个人根本没有法律观念一样。他们从部门经理到员工，都是凭着自己的经验干活儿。规矩几乎是自然形成的，犹如习惯法。

我在想，这样的企业里制度管理应该怎么搞？强行灌输新的制度很可能适得其反，打乱各部门的工作秩序。最好的办法应该是，把他们的工作过程用制度固定下来，并加入一些新的内容。

确立这个原则之后，我开始研究他们的制度文本。制度文本的审查主要看两方面。一是合法性。律师对此比较擅长，我就不展开了。二是合理性。这一点对于不少律师来说是个难点。要准确判断合理性，律师就要了解企业的运营过程以及行业特点。

第三步：访谈

拿着发现的问题找有关部门的领导和员工，进行面对面深入的交流。这一步十分重要。法律顾问不可能长期在企业"蹲点"，因此，访谈是了解企业深层次问题的最快捷方式。

你不仅要和部门经理谈，还要和普通员工谈。有时候，只有一线员工才能真正发现问题。

第四步：向企业提交书面的《公司制度增订、修订及实施计划》

20××年公司制度增订、修订及实施计划

一、需要增订的制度

序号	制度名称	起草部门	责任人	提交日期
1	规章制度管理规定	法律顾问	吴春风	3月18日
2	员工培训管理规定	人事行政部	曹某某	3月22日
3	办公用品管理办法	人事行政部	曹某某	3月22日
4	项目可行性研究实施办法	开发部	王某某	3月22日
5	项目前期手续办理程序	开发部	王某某	3月22日
6	工程规划设计管理规定	技术设计部	李　某	3月22日
7	施工单位管理办法	招标采购部	梁某某	3月22日
8	材料供应商管理办法	招标采购部	梁某某	3月22日
9	监理单位管理办法	招标采购部	梁某某	3月22日
10	水、电、煤气等配套工程管理流程	工程部	张某某	3月22日
11	工程款支付程序	财务部	许某某	3月22日
12	商品房买卖合同登记、贷款、产权手续办理程序	营销部	任某某	3月22日
13	对物业公司的监督管理办法	客户服务部	任某某	3月22日

二、需要修订的制度

序号	制度名称	修改部门	责任人	提交日期
1	员工考勤管理规定	人事行政部	曹某某	3月18日
2	固定资产管理规定实施细则	人事行政部	曹某某	3月18日
3	档案管理规定	人事行政部	曹某某	3月18日
4	内部沟通管理规定	人事行政部	曹某某	3月18日
5	拆迁管理规定	动迁部	于某	3月18日
6	顾客投诉处理管理规定	客户服务部	任某某	3月18日

三、制度增订、修订的有关要求

1.责任人。总经理是制度增订、修订的总负责人，负责组织制度的讨论、审定工作；法律顾问负责指导、协调各部门起草、修改制度工作，并进行整理和汇总；部门经理负责本部门制度的起草和修改工作。

2.期限。各部门应按规定的时间，将起草或修改后的制度（电子版）报法律顾问，法律顾问于3月24日前将制度整理、汇总后报总经理审查，3月25日~3月28日，总经理组织有关人员讨论制度，确定制度的内容。

3.制度审批程序。讨论通过的制度中，基本制度要召开董事会，董事会批准后由董事长签署公布实施，具体规章由总经理批准后公布实施。所有制度都必须报工会审查，取得工会的书面同意。

4.制度设计要求。各部门起草或修改制度应依据国家相关法律、法规，并立足于企业实际，内容要简洁，操作性强，重点要放在流程和责任上，做到流程清晰、责任明确。涉及其他部门的应进行充分的沟通，不得"闭门造车"。制度可以借鉴其他企业的优秀做法，但不可照搬。

5.制度必须包括以下内容：目的、适用范围、管理机构与职责、工作内容和流程、具体要求、奖惩规定、解释部门、施行日期等。

6.制度书写的统一格式。内容较多的设"章、条"，之下的顺序是"一""1""（1）"。比较简单的，不设"章"。

四、制度培训

制定、修订的制度公布实施后，由人事行政部组织培训，所有员工都必须参加，并签署制度培训单。

培训由制度起草和修改部门的经理主讲，主讲人应充分讲解制度产生的背景，制度本身和制度所依据的法律、法规、政策的基本内容，制度实施中各类人员的职责和需要注意的事项等。基本制度进行全员性培训，具体规章的培训可针对该制度涉及人员进行，但部门经理以上必须参加。

培训时间：20××年4月1日~4月4日。

五、制度的实施与监督

1. 实施负责人。制度起草部门经理负责实施该制度，保证制度切实得到执行，并对实施过程中发现的问题进行记录、总结，在统一修改制度时加以完善。部门制度建设情况列入部门经理年终考核。

2. 相关部门贯彻义务。制度实施中涉及的各有关部门，应严格按照制度规定执行，如果发现该制度存在问题，有权向起草部门和人事行政部提出修改建议，但制度修改前仍需继续执行。

3. 监督主体。人事行政部配合法律顾问对公司所有制度的实施情况进行定期检查监督，每季度抽查一次，每半年全面检查一次，并写出检查报告提交给总经理。

六、制度的评价

人事行政部配合法律顾问于12月对各项制度的可行性、合理性、系统性、科学性统一进行评价，评价结果作为制度进一步修改和完善的依据。

七、制度的奖惩

1. 公司员工对制度的制定或修订提出合理化建议被公司采纳的，公司根据合理化建议的重要性给予奖励。

2. 公司员工故意阻挠制度的实施，或违反制度致使公司遭受损失的，视情节轻重给予责任者罚款、减免奖金、辞退等处罚。

3.奖励或处罚意见由制度起草部门提出，人事行政部签署意见，报总经理批准后执行。

下面是我为该企业起草的《制度管理规定》，供大家参考。

制度管理规定

第一章 总 则

第一条 为了进一步规范公司制定和管理各项规章制度的行为，保证公司各项工作有章可循、高效有序，实现制度化、规范化、标准化管理，结合公司实际，制定本规定。

第二条 本规定适用于某市软件园开发有限公司各部门和各分公司。

第三条 公司规章制度分基本制度和具体规章。基本制度是指涉及行政、人事、工资、福利、财务、资产、计划、合同等方面的制度，其余为具体规章，主要是指为具体专项业务的开展而制定的制度。

第二章　机构与职责

第四条　总经理是公司制度化管理的总负责人，其具体职责是：

（一）制订公司制度化管理方案，并组织实施；

（二）组织拟定公司基本制度；

（三）组织制定公司具体规章。

第五条　公司规章制度由人事行政部统一管理，人事行政部设兼职制度管理员，其制度管理方面的业务受企业法律顾问领导。

具体职责是：

（一）制订年度制度管理计划，并组织实施；

（二）协调各部门规章制度的起草工作，并整理、汇总各部门起草的规章制度；

（三）定期监督检查公司规章制度的执行；

（四）组织公司规章制度的培训；

（五）负责其他日常规章制度管理工作。

第六条　部门经理是本部门规章制度的负责人，其具体职责是：

（一）制订本部门规章制度的年度管理计划；

（二）按照本部门的工作内容和职责，提出规章制度立项

申请,起草相关规章制度,保证主要工作均有规章制度的依据;

(三)执行和监督相关部门和人员执行本部门的规章制度,对执行情况负责;

(四)负责本部门规章制度的培训;

(五)负责补充、修改本部门规章制度。

第三章 规章制度的制定

第七条 规章制度的制定应当经过立项、起草、讨论通过等三个阶段。

第八条 制度设计要遵循切合实际、简便可行、流程清晰、责任明确的原则。制度不得违反国家法律、法规、规章以及集团公司相关制度的规定。

第九条 每年12月为公司制定、修改制度月,各部门应认真检查现行制度,进行必要的修订,并拟定新制度,于12月20日前报人事行政部,由法律顾问进行审核后,提请总经理召开经理办公会议进行讨论。讨论通过的基本管理制度提交董事会批准,并由董事长签字后公布实施,业务管理制度由总经理签字后公布实施。

第十条 公司各部门制定的制度由人事行政部统一报集团公司备案。

第十一条 制度施行过程中,每个公司员工均有权对制度存在的问题提出改进建议,公司采纳该建议的,将根据该建议的重要性给予表扬和奖励。

第十二条 制度实施过程中,有下列情况之一的,应当立即修改或废止该制度:

(一)国家颁布新的法律、法规、规章或国家法律、法规、规章有重大修改,致使该制度与国家法律、法规、规章相抵触的;

(二)由于公司外部和内部环境发生重大变化,致使该制度的实施成为不可能或没有必要时;

(三)该制度的设计严重偏离现实,缺乏可行性,或其实施严重损坏公司或员工利益的。

第十三条 制度需要废止的,该制度的拟定部门应立即填写《废止制度申请单》报人事行政部。其中,基本管理制度由经理办公会研究决定后报董事长批准,业务管理制度由经理办公会研究决定。企业作出制度废止决定后,应向公司全体员工发出废止制度通知。制度废止前实施的行为,按照废止前制度的规定处理。

第十四条 制度需要补充、修改的,由该制度的拟定部门填写《补充、修改制度申请单》报人事行政部,并按本规定第九条的批准程序批准后，暂以《关于补充（修改）××制度的通知》形式向全体员工公布实施，在每年12月统一修改制度时，正式对制度进行补充或修改。制度修改前实施的行为，按照修改前制度的规定处理。

第十五条 制度实施后，所有公司员工必须按照制度规定工作，经理班子成员和部门经理要以身作则，自觉遵守。部门经理有责任对本部门制定的制度的执行情况进行监督，有权对违反该制度的行为予以纠正并按照该制度规定的权限进行处罚，并做好记录。情节严重的，应当立即填写《违反制度处罚单》，提出拟处理意见报人事行政部，再由人事行政部签署处理意见上报总经理批准，对责任者给予相应的处罚。其中，违反基本管理制度情节严重的，由经理办公会研究提出处理意见，上报董事长批准后给予处罚。

第十六条 人事行政部对各部门制度执行情况每季度进行一次抽查，每半年进行一次全面检查，每年12月进行综合考核，考核结果作为部门经理业绩考评的依据之一。

第十七条 本规定由人事行政部负责解释。

本规定自通过之日起施行。

以上就是法律顾问帮助企业实施制度化管理的整个过程。从中我们可以看到，它是系统的管理工作，需要企业各部门都参加，不是法律顾问独自能够完成的。企业规章制度的制定需要自下而上，而实施需要自上而下。

一项制度如果制定得合理，贯彻也到位，那么它会在不知不觉中成为企业文化的组成部分。一家好的企业，它的管理不能只依赖严格的制度，还要依靠大家普遍接受的企业文化。

第六节　合同管理应兼顾防范风险与促进交易

> 合同管理必须兼顾防范风险与促进交易，唯有如此企业才能可持续地发展，而要实现这一点就必须建立有效的组织和制度。

合同管理是企业法律事务管理的核心。因为，对于企业来说最重要的是经营，而经营是须臾离不开合同的。

通过制度管理，我们已经熟悉了管理的思维方式，即系统思维。合同管理也是如此。

我有个顾问单位。这家企业是以房地产开发和建筑施工为主，物业管理、装饰装修等产业为辅的多元化企业集团，集团公司直接控股的有规模的子公司就有十几家。

企业老板（董事长兼总经理）特别重视合同管理，所以，我把主要精力投入到这方面，用三年时间为整个集团建立了比较完善的合同管理体系。老板比较满意，在年末董事会上特别提到了这件事。

那么，什么是合同管理体系？

合同管理体系就是，将合同作为一个项目进行系统的管理，它包括六项主要内容：团队建设、合同管理制度、文本化管理、合同会签、合同履行控制、合同纠纷处理。

下面，我们进行详细的探讨。

一、团队建设——建立合同管理组织

房地产企业有个特点：合同种类和数量都比较多，其中有些合同如建设工程施工合同，不仅标的额大，内容也相当复杂，合同履行更是不好控制。

而建筑企业的特点是，合同履行中的变化比较多，往往不能按照合同规定履行，所以必须保存好各种证据，如开工通知单、工程量变更签证等。

因此，对于房地产企业和建筑企业来说，合同管理就显得格外重要。

我向老板建议，给每个房地产企业和建筑企业配备一名法务人员，负责合同管理等法律事务。

老板认为我的建议很好。于是，我开始招聘律师，在一年多时间内招聘了9名律师，初步建立了集团公司法务部领导下的合同管理组织。我把其中3人留在集团公司法务部，剩下的人都派到各子公司。

合同管理是相当烦琐的工作，没有组织几乎寸步难行。所以，合同管理的第一件事就是团队建设，即建立组织体系。

二、制度先行——制定《合同管理制度》

有了组织就可以开展工作。但是，合同管理需要企业各个部门配合，他们应该如何配合呢？这需要制度。因此，具体工作之前要先制定必要的制度。

而合同管理制度是企业必须有的基本制度。它不仅是法务人员工作的依据，更是企业经营活动必须遵守的规则。制定这项制度是企业法律顾问的职责。

下面是我为这家集团公司制定的《合同管理制度》。

合同管理制度

第一章　总　　则

第一条　为了加强合同管理，规范交易行为，避免合同风险，维护企业权益，根据国家有关法律、法规，结合企业实际，制定本制度。

第二条 本制度适用于集团公司及其所属企业。

第三条 合同分特殊合同和一般合同。特殊合同是指借款合同，担保合同，股份转让合同，涉及公司合并、分立、破产、解散、改制等方面的合同，投资合同，设立公司、分公司的合同，涉及无形资产的合同，咨询合同，涉外经济、技术、工程承包、劳务合作的合同等。

其余为一般合同。

第四条 企业凡是涉及权利义务关系的经济活动必须签订书面合同。

第五条 以下合同应当采用国家行政主管机关监制的示范文本：

（一）商品房买卖合同；

（二）建设工程施工合同；

（三）建设工程勘察合同；

（四）建设工程设计合同；

（五）建设工程委托监理合同；

（六）装饰装修（含消防）工程施工合同。

以下合同应当采用集团公司制定的示范文本：

（一）国家示范文本的补充协议；

（二）房屋租赁合同；

（三）以房抵款协议书；

（四）合同终结协议；

（五）机电设备买卖合同；

（六）广告设计、制作合同；

（七）电视广告制作、发布合同；

（八）委托拆迁合同；

（九）房屋拆迁货币补偿协议；

（十）劳务输出合作协议书；

（十一）咨询合同。

需填空的合同必须按照集团公司制定的填写规范填写。

第六条 企业全面实行合同会签制度、终结制度、备案制度、特殊合同两级审核制度。所有合同均需按照合同会签程序批准后方可订立；履行完毕的合同必须签订终结协议。

企业签订的一般合同需报集团公司法律事务部备案，特殊合同报法律事务部审核。

第七条 企业签订和履行合同实行总经理负责制。总经理对企业签订和履行合同中产生的后果承担责任。

第八条 合同由法定代表人签订后生效，特殊情况法定代表人可委托他人签订，委托代理人必须在授权范围内签订合同。无法定代表人的授权委托书，任何人不得签订合同。

第九条 签订合同须由经办人、总经理、法定代表人签字后加盖合同专用章。我方为付款人的合同须对方当事人先签字盖章。合同为两页以上时，须加盖骑缝印。

第二章 机构与职责

第十条 集团公司法律事务部是集团合同管理的职能部门，其职责是：

（一）组织贯彻《合同管理制度》，对企业合同管理工作进行专业指导、协调和服务；

（二）审查特殊合同及标的额在500万元以上的合同；

（三）检查企业合同签订、履行的情况，提出整改意见；

（四）参与重大合同的可行性研究、商谈、招投标等工作，提出法律意见；

（五）制定国家合同示范文本的补充协议和集团公司的合同示范文本；

（六）组织各企业的合同管理制度和法律培训；

（七）负责合同纠纷的调解、仲裁或诉讼；

（八）组织各企业对主要供货商、开发商和建设工程设计、施工、监理单位进行履约评价，将评价结果通报各企业作为选择合作伙伴的主要依据。

第十一条 各企业是合同订立、履行的主体，年营业收入在5000万元以上的企业应设立合同管理职能部门或专职合同管理员，其余企业应设立兼职合同管理员。企业合同管理员职责是：

（一）参与合同的商谈、起草、签订，组织合同会签；

（二）审查对方当事人的主体资格、营业执照、资质证书、授权委托书等，保证其具备签约的法律资格；

（三）保证合同条款合法、完备，填写符合规范，程序符合规定；

（四）跟踪合同履行情况，及时补充、变更合同，会同合同经办人员处理合同履行中的问题；

（五）根据集团公司《合同管理制度》，制定具体的实施细则；

（六）负责合同鉴证、公证或登记备案；

（七）负责合同归档工作；

（八）负责对本企业主要供货商、开发商和建设工程设计、施工、监理单位进行履约评价。

第十二条 负责合同项目的部门负责人为合同经办人，其职责是：

（一）审查对方当事人的主体资格、调查资信和履约能力，保证其符合签约条件。

（二）参加合同项目商谈，对合同条款提出意见，起草合同。

（三）负责履行合同，及时处理履行中发生的问题；对需要变更合同内容的，及时提出变更意见，并拟订变更协议。

（四）妥善保管合同书、签证单、往来传真等有关合同签订与履行的书面资料、凭证，并按时归档。

第十三条 预算部门负责人的职责是：

（一）确定合同项目的价格和取费标准，计算工程造价；

（二）保证合同价款的合理性。

第十四条 财务部门负责人的职责是：

（一）调查对方当事人的银行信誉；

（二）审核项目的付款方式，保证合同付款方式的合理性、可行性。

第十五条 审计部门负责人的职责是：

及时审查预算部门确认的合同价格、取费标准、工程造价，保证其合理、合法。

第十六条 合同章管理员的职责是：

（一）审查对方是否签字盖章（二页以上加盖骑缝章）；

（二）审核合同会签程序，审查我方经办人、总经理、董事长等有关人员是否签字，负责最后盖印；

（三）审查合同的完整性、一致性。

第十七条 企业总经理对合同签订和履行的全过程负责，其具体职责是：

（一）组织建立企业内部合同管理体系；

（二）保证合同标的和条款的合理性，维护企业权益；

（三）保证合同内容及签订、履行过程符合法律法规和集团公司《合同管理制度》；

（四）及时处理合同签订和履行中发生的问题，重大问题及时向董事长汇报。

第三章 合同的签订

第十八条 签订合同之前，企业应验证对方当事人的营业执照、资质证书等证明文件，确定主体是否合格；审查对方经办人的授权委托书，掌握其代理权限；调查资信情况、履约记录，预测其履约能力。

企业名称变更时，应以合格的主体签订合同。

第十九条 企业在签约过程中应遵循诚实信用原则，任何人不得向对方当事人作虚假的宣传和承诺，不得故意隐瞒与订立合同有关的重要事实。

第二十条 合同必须以合同书形式签订，不得以传真或电子邮件等方式签订合同，以传真或电子邮件等方式就合同内容达成一致的，必须补签合同书加以确认。

第二十一条 无论是否订立合同，参与商谈的人员不得泄露或未经对方当事人同意擅自使用在订立合同过程中知悉的商业秘密。

第二十二条 合同内容需以招标方式确定的，应按集团公司《招标规定》的规定进行招标后签订合同。通过招标方式签订的合同，其合同应由我方起草，并经合同管理员审查。

第二十三条 企业不得以同一标的物为合同内容与两个以上的相对方分别签订合同，企业若需要就同一标的物与两个以上的相对方签订合同的，应签订一份合同，明确各自的权利义务。

第二十四条 合同的内容应当包括当事人名称、住所、标的、数量、质量标准、验收标准、价款、履行期限、履行地点和方式、违约责任、争议解决的方式等条款，并对各条款内容作详细的约定。

我方为付款人的合同，违约金比率应低于通行的惯例，合同标的额较大时违约金应限定最高额度，不得只约定百分比。

第二十五条 采用示范文本的合同,经办人应认真填写,做到字迹清楚、笔体一致,不得由二人以上填写合同,不得随意修改,若确需修改则对修改部分双方应盖章(捺印)确认。

第二十六条 合同必须经法定代表人或委托代理人签字并加盖合同专用章后方始生效,以法定代表人印章代替其签字无效。

第二十七条 合同会签应当采用集团公司制定的《一般合同会签单》和《特殊合同会签单》,其会签程序是:

(一)经办人填写合同经对方签字盖章后报送合同管理员审查;

(二)合同管理员按会签单上的顺序,报各部门负责人和主管副总经理、总经理签署意见,最后报董事长批准;

(三)董事长提出修改意见的,合同管理员会同经办人与对方协商修改后重新报批;

(四)董事长批准后加盖合同专用章;

(五)合同由企业财务部门、签约部门、合同管理部门各保存一份,会签单和合同原件(一份)存档。

第二十八条 法律、法规规定应当鉴证、登记、备案的合同必须鉴证、登记、备案。

第二十九条 特殊合同及标的额超过500万元的合同的签订

应当报集团公司法律事务部审查、会签。

第四章 合同的履行

第三十条 合同一经签订即具法律效力。企业有关部门应互相协作，认真履行合同义务，确保公司信誉。

第三十一条 合同进入履行阶段后，合同经办人应在每月月初填写月度资金需求表报财务管理部门，保证按合同规定付款。

第三十二条 双方应当同时履行合同义务或由对方先履行义务的，如果对方不履行义务，企业应中止履行义务，并与对方交涉。

第三十三条 经办人应随时掌握对方经营状况，若发现停产、停业、准备解散或破产、转移资产、抽逃资金、有重大诉讼案件等严重影响履行能力的情况发生时，应及时向企业总经理汇报，有确切证据证明以上事实时，企业应要求对方提供有效的担保，不提供担保的，应中止履行合同。

中止履行合同的，应及时书面通知对方。

第三十四条 企业应慎重对待合同履行中的往来传真、书信、签证等书面文件，并妥善保存。经办人应建立合同签订与履行情况个人台账。

第三十五条 合同管理员应随时跟踪合同履行过程，发现问题协同各部门及时解决，发生诉讼或其他重大问题应及时上报集团公司法律事务部。

第三十六条　合同管理员应在每年年初对企业上一年的主要供货商、开发商、建设工程设计、施工、监理单位的合同履行情况进行评价，并将评价结果上报企业经营机构作为今后选择合作伙伴的参考依据。评价结果同时上报集团公司，作为集团公司编制《合格供货商名录》的依据之一。

第三十七条　企业签订终结协议应当采用集团公司制定的示范文本。合同任何一方的义务尚未履行完毕时，不得签订终结协议。

第五章　合同的变更、中止与解除

第三十八条　合同一经签订即受法律约束，企业不得擅自变更、中止或解除。若确需变更、中止或解除的，由经办人提出书面报告，按合同会签程序会签并经董事长批准后实施。特殊合同需要中止或解除的，应当上报集团公司法律事务部审核。

第三十九条　变更合同内容的，双方应当签订补充协议，对变更的内容作详细的约定。

第四十条　企业单方面中止合同履行的，应当符合本办法第三十二条和第三十三条的条件；双方协议中止合同履行的，应当签订中止合同协议书，明确中止的原因和恢复履行的条件。恢复履行的条件成就，应当立即恢复履行。

第四十一条 企业单方面解除合同的，应当符合合同约定。双方协议解除的，应当签订解除合同协议书，明确解除的原因和解除后双方应尽的义务。

第四十二条 变更或解除合同需要办理变更登记等相关手续的，应及时办理；财务部门应及时作相应的账务处理。

第六章 合同纠纷的处理

第四十三条 合同履行中双方发生争议应积极协商，对对方合理的要求应妥善解决，以防止出现法律纠纷。

第四十四条 集团公司法律事务部负责集团各企业的诉讼业务。

企业需要起诉对方的，应填写《起诉申请书》报集团公司法律事务部，集团公司法律事务部审查是否具备起诉条件，符合条件的立案、办理。

企业被诉案件应立即将《起诉状》等诉讼材料报送集团公司法律事务部，以备应诉。

第四十五条 企业经办人和有关人员应积极配合集团公司指定的诉讼代理人，进行准备材料、调查取证、参加庭审、协助执行等诉讼活动。

第七章 合同档案管理

第四十六条 经办人和有关人员应妥善保存合同、补充协议、签证单、收料单、往来传真等关于合同签订和履行的书面材料，调转工作时必须全面移交该材料，不得擅自销毁、复印或持有。

第四十七条 以下关于合同签订和履行的原始材料，应由企业资料管理员统一归档：

（一）合同及其补充协议；

（二）合同变更、中止或解除协议、终结协议；

（三）招标文件；

（四）图纸及其变更单；

（五）合同会签单；

（六）其他重要材料。

第四十八条 合同管理员应建立企业合同签订与履行情况综合台账，并每月进行一次分析，提出分析报告。

第八章 罚　　则

第四十九条 有下列情况之一的，视情节轻重给予罚款500～5000元、赔偿经济损失、解除劳动合同等处罚，情节特别严重涉嫌犯罪的，提交司法机关追究刑事责任：

（一）经办人

1. 不签书面合同，给企业造成损失的；

2. 未经授权或超越代理权限签订合同，给企业造成损失的；

3. 填写合同内容错误，给企业造成损失的；

4. 因严重不负责任被骗，给企业造成损失的；

5. 与对方串通，损害企业利益的；

6. 利用职务之便，收受对方贿赂或以其他方式谋取私利的；

7. 其他因未尽职责，给企业造成损失的。

（二）合同管理员

1. 未认真审查合同，致使签订的合同无效或存在严重瑕疵，给企业造成损失的；

2. 未及时办理登记、备案等相关手续，给企业造成损失的；

3. 合同管理档案丢失，给企业造成损失的。

（三）预算部门负责人未尽职责，致使合同价格、取费标准、工程造价明显高于或低于正常水平，给企业造成损失的。

（四）审计部门负责人未尽审查职责，致使合同结算价格明显高于或低于正常水平，给企业造成损失的。

（五）财务部门负责人未尽审查职责，致使合同付款或收款不能的。

（六）合同章管理员未按规定擅自加盖印章给企业造成损失的。

（七）企业资料管理员丢失关于合同签订和履行情况的原始

资料，给企业造成损失的。

（八）总经理

1. 企业合同管理混乱、不成体系、责任不明，漏洞百出，给企业造成损失的；

2. 超越权限擅自签订合同或处理合同签订和履行中的重大问题，给企业造成损失的；

3. 利用职务之便，收受对方贿赂或以其他方式谋取私利的；

4. 其他违反法律、法规和本办法规定，给企业造成损失的。

第九章　附　　则

第五十条　企业可参照本制度制定具体的实施细则，报集团公司批准后实施。

第五十一条　本制度由集团公司法律事务部负责解释。

第五十二条　本制度自董事会通过之日起施行。

这份《合同管理制度》内容比较全面，对合同签订和履行的整个过程中，企业有关部门和人员应尽的职责和工作内容、工作程序等都做了比较详细的规定，是企业有关部门和人员的工作指南。而且，其中每一条款都是经过集团公司和下属企业之间自下而上、自上而下反复讨论后确定的，因此，比较符合企业的实际情况，企业各类人员也发自内心地愿意执行。

三、合同文本化管理

《合同管理制度》第五条规定了合同文本化管理原则，这在实践中是非常重要的原则。法律顾问必须根据企业的特点，起草若干合同文本，这样不仅节省自己的工作时间，还可以规范企业的签约行为，保证合同文本的质量，避免法律风险。

企业之所以发生法律纠纷，大部分是因为合同文本有问题，让人感觉有机可乘。我担任某市软件园法律顾问的时候，曾经和世界五百强之一的日本某企业讨论《写字间定制合同书》。合同文本是他们准备的，做得很精致而且很厚，有300多个条款。他们的理念是"先小人后君子"，必须把现在能够想到的所有问题都写进合同里。我问他们，这是不是你们的全球通用文本。他们回答说："对，只是根据中国的情况做了些微的补充和调整。"

中国有句老话："苍蝇不叮无缝的蛋。"如果合同约定清清楚楚，当事人就能通过合同准确预测违约给自己可能带来的损失，所以会积极地履行合同，轻易不会违约。

而合同文本化，可以有效地解决企业签订合同粗糙、简单、随意、约定不明等一系列问题。我这些年给各个顾问单位至少做了几十份合同文本，每家企业都如获至宝。他们说，我们需要的正是这种东西。

下面我附上一份合同文本,大家参考一下。

机电设备买卖合同

买方:　　　　　　　法定代表人:

住所地:

经办人:　　　　　　职务:

电话:　　　　　　　传真:

卖方:　　　　　　　法定代表人:

住所地:

经办人:　　　　　　职务:

电话:　　　　　　　传真:

买卖双方经过充分协商,就买方向卖方购买一事达成共识,现缔约如下,以资遵守:

1. 合同设备

1.1　名称:_____。

1.2　产地:_____。

1.3　型号:_____。

1.4 质量标准：_____。

1.5 技术标准：_____。

1.6 验收标准：_____。

1.7 数量：_____。

1.8 范围：包括设备、技术资料、专用工具、备品备件及维修和技术服务等（附件一：交货明细表）。

2. 价格

2.1 合同设备单价为_____元人民币，合同总价为_____元人民币，单价之和与总价不符的以单价为准推算总价。

2.2 本合同价格为固定价格，它包括（但不限于）交货明细表中所列的所有产品和服务的费用，如合同设备的设计费、材料费、制造费、包装费、技术资料费、安装调试费、备品备件费、运输费、装卸费等。

3. 货款支付

3.1 付款方式：_____。

3.2 本合同签订后10个工作日内，买方向卖方支付合同总价_____%的预付款。

3.3 合同设备全部到达本合同规定的交货地点，并经买卖双方按本合同规定的验收方法进行初步验收合格后 10 个工作日内，买方向卖方支付合同总价的_____%。

3.4 按本合同规定的验收方法进行最终验收合格后 10 个工作日内，买方向卖方支付合同总价的_____%。

3.5 合同总价的_____%作为质量保证金，待保修期届满后无质量问题则在 10 个工作日内支付。

4. 交货与风险

4.1 交货地点：_____。

4.2 交货日期：_____年_____月_____日。

4.3 发货通知：卖方将合同设备发运后，应立即通知买方运输方式、发货数量、起运时间、预计到达时间等情况，以便买方做好收货准备。

4.4 技术资料可与设备一并包装发运，也可单独邮寄，但必须保证与设备同时到达交货地点。

4.5 卖方承担合同设备实际交付给买方前的一切风险。

5. 包装与标记

5.1 合同设备的包装应当符合设备本身的特性，并且应当坚固，能够经受长途运输中粗暴搬运，要特别注意防潮、防雨、防晒、防锈、防腐蚀、防震动，以确保合同设备安全运到交货地点。

5.2 设备零部件需在买方现场装配的，应按其特性进行特殊包装，以确保其应有的精度。

5.3 卖方应在每件合同设备的包装箱上用油漆印刷或粘贴以下标记。

（1）合同号；

（2）运输标记；

（3）目的地；

（4）发货人、收货人；

（5）合同设备名称；

（6）箱号、件号；

（7）毛重、净重；

（8）尺寸。

5.4 根据合同设备的特性和装卸、运输上的不同要求，应在包装箱的显著位置印刷"轻放""勿倒置""防雨"等运输中通用的标记。

5.5 在合同设备的每件包装中都应附有以下单据和资料：

（1）填写完整的装箱单一式两份；

（2）质量合格证一式两份；

(3)与合同设备有关的技术资料一份(单独邮寄的除外);

(4)设备装配图及零部件图纸一式两份;

(5)中文说明书一份(外文必须翻译成中文)。

5.6 买方使用正常的搬运方法所发生的损失以及由于包装不当(含标记印刷错误导致误运)导致合同设备受到损失的,由卖方承担全部责任,承担责任的方式有修理、更换、退货、赔偿买方损失等,买方可根据合同设备受到损失的情况作出选择。

6. 验收

6.1 初步验收:合同设备到达交货地点后3日内,买卖双方代表对合同设备的包装、外观、数量、规格等非功能性交付条件进行初步验收,并签署交货记录单。初步验收时如发现合同设备缺损或规格不符等情况,应由卖方立即补充、更换或修理,由此产生的一切费用由卖方承担,给买方造成损失(如耽误工期等)的应予赔偿。

6.2 最终验收:卖方应派工程师参加合同设备的安装调试,并提供必要的技术服务。试运行_____小时后,若合同设备能够安全稳定地运行,则在3个月内买卖双方共同对合同设备进行性能验收试验,试验合格签署最终验收证书。

需要通过政府有关部门验收合格的，取得该验收合格证方视为最终验收。

6.3 买方的验收不能免除卖方按照本合同规定和有关法律法规的规定应当承担的质量保证责任。

7. 卖方的承诺

7.1 合同设备的保修期为最终验收合格后_____个月。

7.2 卖方保证：合同设备采用优质的材料、一流的工艺制造，技术先进，是全新未曾使用过的，并满足本合同规定的各种技术和质量要求；合同设备的技术资料清晰、完整、内容正确，能够满足合同设备的安装、调试、正常运行和维修的要求；及时派遣合格的工程师对合同设备的安装、调试、性能验收、操作和维修提供必要、正确和充分的技术服务和技术培训。

7.3 合同设备在安装调试阶段和保证期内出现质量问题，造成故障或损坏的，卖方应立即免费给予维修或更换，由此产生的损失和责任由卖方承担。

7.4 在保证期内出现质量问题，卖方对设备整体或关键部件进行了维修或更换，经买方验收合格重新投入正常运行的，合同设备的保修期从再次投入正常运行时起重新计算。

7.5 卖方保证合同设备及其技术资料没有侵犯第三人的商

标、专利或其他知识产权，在任何情况下都不会使买方卷入与此有关的侵权纠纷，不会使买方因此而受到经济上和商誉上的损失，否则由卖方负责赔偿买方的全部损失，包括直接损失和间接损失。

8.违约责任

8.1 除不可抗力之外，卖方未能按时交货，每逾期一周（不满一周按一周计算），须向买方支付合同总价0.5%的违约金。逾期超过一个月，买方有权解除本合同，卖方应按合同总价的15%~30%支付违约金。逾期超过一个月，买方仍然要求继续履行本合同的，卖方应当继续履行，且须按上述规定支付违约金。

8.2 产品质量不符合本合同规定但买方同意继续使用的，卖方应按合同总价的15%~30%支付违约金。

8.3 卖方不按时提供资料影响买方使用该设备的，卖方应按合同总价的5%~10%支付违约金。

8.4 卖方未按本合同规定履行保修义务的，卖方应按合同总价的5%~10%支付违约金。

8.5 按本合同第10条第3款第3项规定买方提前终止本合同退货的，卖方应按合同总价的15%~30%支付违约金。

9. 不可抗力

9.1 本合同所称不可抗力是指，洪水、台风、火灾、地震、战争和其他任何一方不能预见、不能避免且不能克服的客观事件。提出不可抗力免责的一方必须在不可抗力发生后立即告知对方，并在不可抗力发生后 15 日内将政府有关部门的证明文件用特快专递寄给对方，否则不能主张免责。

9.2 因不可抗力无法履行本合同全部或部分义务的，有关一方不承担赔偿责任，但不可抗力影响消除后，本合同应继续履行，合同有效期相应顺延。不可抗力持续 60 日以上，任何一方均有权解除本合同，而不承担违约责任。

9.3 不可抗力发生后，受其影响的一方应采取所有必要措施防止损失的扩大，否则，应对扩大的损失部分承担责任。

10. 合同的变更与终止

10.1 本合同需要变更时，双方应当签订补充协议，任何口头约定均无效。

10.2 在本合同有效期内，双方协商一致可以提前终止本合同。

10.3 有下列情况之一的，买方有权提前终止本合同：

（1）不可抗力；

（2）情势变更使合同目的无法实现；

（3）卖方逾期交付合同设备超过一个月以上；

（4）合同设备存在重大质量问题，经修理和更换一次仍无法达到本合同规定的技术标准，无法正常使用的；

（5）因卖方提供的资料问题，买方无法正常使用设备的。

11. 合同保密

无论是否签订和履行本合同，任何一方均不得向第三人透露本合同的内容以及在签订和履行本合同过程中知悉的对方的商业秘密。

12. 通知的方式

任何一方在履行本合同的通知义务时，必须采用书面形式，任何口头通知均无效。

13. 争议解决的方式

在签订和履行本合同过程中发生争议，双方应协商解决，若协商不成可向买方住所地法院起诉。

14. 其他

14.1 本合同附件为本合同的有效组成部分；

14.2 本合同生效前所有与本合同有关的约定或协议，与本合同生效之时同时失效；

14.3 本合同自双方签字并盖章之日起生效；

14.4 本合同一式肆份，买卖双方各执贰份。

附件一：交货明细表

买方（盖章）：	卖方（盖章）：
法定代表人或	法定代表人或
委托代理人（签字）：	委托代理人（签字）：
签署日期：	签署日期：
签署地点：	签署地点：

需要注意的是，法律顾问起草合同文本绝不能"闭门造车"。我们知道，合同条款主要由法律条款、商务条款、技术条款三个部分组成。其中，最重要的是商务条款中的交易方式，即付款方式和交货方式。当然，不同的合同有不同的要点，比如上述机电设备买卖合同里验收条款也是要点之一。

总体来说，合同文本中最重要条款往往是商务条款和技术条款，而不是法律条款。所以，法律顾问不能因为自己是律师，只关注法律条款而忽视其他条款。商务条款和技术条款，必须由经营部、技术部、工程部、财务部等负责合同履行的部门来起草，或者法律顾问与合同履行部门充分沟通后起草。

因此，一份合同文本是企业许多部门合作的产物，不是法律顾问从某个范本里套出来的东西。特别是，网上下载的有些不伦不类的东西最好不要拿给企业，否则他们会立刻质疑你的专业水平。

合同文本一旦确定，没有特殊情况企业签约部门不能随意修改。需要修改的，要签补充协议，补充协议仍由法律顾问来起草。

凡是我方使用自己的合同文本签约的，意味着我方在交易中占有优势地位，因此要注意两点：第一，要在争议解决方式上规定，有争议协商不成的要向我方所在地法院起诉，即争取管辖法院；第二，条款要大体公平。显失公平的条款，对方有可能向法院起诉要求撤销，即便不申请撤销也会埋下纠纷的种子，对方可能会通过偷工减料来寻求平衡。

四、合同会签制度

合同会签的目的是落实责任。会签单里，从合同经办人到董事长，每个人都要对合同承担自己的责任。根据我的管理经验，责任不落实到个人头上，合同管理制度就容易流于形式，不能发挥实际效用。

下面是我为企业设计的两种《合同会签单》的形式。

一般合同签订会签单

NO. 编号：

合同名称		合同标的额	
合同内容			
合同当事人	甲方： 丙方：	乙方： 丁方：	
经办人意见			年　月　日
相关部门意见			年　月　日
			年　月　日
			年　月　日
			年　月　日
			年　月　日
分管经理意见			年　月　日
合同管理部门意见			年　月　日
总经理意见			年　月　日
董事长意见			年　月　日

特殊合同签订会签单

NO. 编号：

合同名称		合同标的额		
合同内容				
合同当事人	甲方： 丙方：		乙方： 丁方：	
经办人意见		年	月	日
企业会签部门	财务部门	年	月	日
	预算部门	年	月	日
	合同管理员	年	月	日
	分管经理	年	月	日
	总经理	年	月	日
	董事长	年	月	日
集团会签部门	法律事务部	年	月	日
	分管副总裁	年	月	日
	总裁	年	月	日

因为这家企业有一定规模，所以我把合同分为特殊合同和一般合同。有些大型企业把合同分成许多类型，我觉得那种方式不利于执行。

企业需要制度，无章可循管理会陷入混乱，但制度不能过于复杂，否则就会失去管理的效率。这个度如何把握？通过制定制度时自下而上和自上而下的反复研究。上下没有达成一致的制度，要么形同虚设，要么阻碍管理。

下属企业签订一般合同填写《一般合同会签单》，在企业内完成会签程序，然后报集团公司法务部备案；但签订特殊合同必须填写《特殊合同会签单》，报集团公司审批。这不仅是防范法律风险的手段，也是控制下属企业的一种方式。

大型企业直接或间接控股的公司比较多，老板不可能亲自管理，只能授权给各公司总经理。总经理每年可以支配的预算少则几亿元多则十几亿元，所以必须进行有效的控制，而控制住合同的签订和履行，就等于在一定程度上控制了公司的经营活动。因此，法律顾问的作用是多方面的。

五、合同审查

法律顾问的大量工作是为企业审查各类合同，这些合同由企业起草或者由对方当事人起草。

审查合同的时候你可以列一个清单，比如合同主体是否适格、付款方式是否合理、合同语言是否准确等，然后按照清单一一审查。这是细活儿，只要认真就能做好。水平的高低在于发现哪些问题。有经验的律师能够结合行业特点看到深层次的风险，而新手则可能局限在合法性风险方面。

然而，无论你的审查深度如何，都要写书面的《合同审查意见书》给企业，特别是比较重要的合同，这是工作方法问题。企业是一个组织，因此，法律顾问与企业进行业务沟通一定要注意方式。我认为，除了当即能够解决的问题之外都应该采用书面方式。这样既可以让企业感觉到你工作比较认真，而且还能留下工作的"证据"，因为法律顾问年末一般都要给企业提交一份年度工作报告。

下面是我给企业审查一份合同后提交的《合同审查意见书》，供大家参考。

合同审查意见书

孙总：

按照您的要求，我对贵公司与某建设集团有限公司签订的《建设工程施工合同》进行了审查，现提出如下意见。

一、关于合同内容

1. 建议将《协议书》第2条"……电照工程及招标文件……"

之"及"字改为"等",因为招标文件中已包含电照等所列工程。

2.《专用条款》第3.3款第3项"国内没有相应标准、规范时的约定"双方约定了"不采用",容易在合同履行中出现争议,建议如下约定:"发包人向承包人提出施工技术要求,承包人按要求提出施工工艺,经发包人确认后执行。"

3.《专用条款》第4.1款第2项"发包人对图纸的保密要求"建议如下约定,以保护设计单位和我方的知识产权:"未经发包人同意,不得将图纸向第三人出示或给第三人使用,不得将图纸用在本合同工程之外的任何工程。工程质量保修期满后,除承包人存档需要的图纸外,其他图纸应全部退还给发包人。"

4.《专用条款》第5.3款"发包人派驻的工程师"的职权应具体、明确,不宜用"管理协调"等含混词语,因为工程师的职权直接关系到所签署文件的效力。

5.建议将《专用条款》第6.1款"……负责监理的工程师还应将委派和撤回通知发包人……"改为"负责监理的工程师委派代表应经发包人同意",以防止监理随意委派代表。

6.建议将《专用条款》第7.5款"发包人可以与承包人协商,建议更换其认为不称职的项目经理"改为"发包人有权要求更换其认为不称职的项目经理,承包人应当更换"。

7. 建议《专用条款》第16.2款"……直到符合约定标准"后增加"工程师未发现质量问题或发现后未进行有效的制止,均不影响承包人根据本合同应当承担的违约责任……",以防止承包人规避自己应承担的责任。

8. 建议《专用条款》第33.3款取消最后的"并承担违约责任"。

9. 建议取消《专用条款》第33.4款。

10. 建议《专用条款》第44.4款中第2项"因一方违约(包括因承包人原因造成停建或缓建)致使合同无法履行"中明确约定"缓建超过多少天承包人方能解除合同"。

11. 建议《专用条款》第44.6款"……已经订货的材料、机电设备由订货方负责退货或解除订货合同,不能退还的货款和因退货、解除订货合同发生的费用,由发包人承担……"中的"由发包人承担"改为"由责任方承担",因为解除合同不一定都是发包人原因。

12. 建议《专用条款》第45.2款最后增加"但工程质量保修书中承包人应履行的义务除外",因为工程各部分的质量保修期不同,有的为二年、五年甚至更长,与工程竣工、付款等合同义务的履行期限不一致,承包人的质量保证责任应按《工程质量保修书》的规定履行。

13.《工程质量保修书》第 5 条"质量保修金的返还"条款中"发包人在质量保修期满后 14 天内，将剩余保修金和利息返还承包人"，建议"无息返还"，若给付利息则要注明"按人民银行同期活期存款利率返还"。

二、关于合同附加条款

合同附加条款也是合同的组成部分，因此也必须由双方签字、盖章方有效力，仅一方签字无效。

以上意见，仅供参考。

北京某某律师事务所律师　吴春风

20××年××月××日

六、合同履行控制

保证合同顺利履行是合同管理的难点。像建设工程施工合同这样复杂的合同，如果没有有效的管理手段，即使完成竣工验收也会留下许多隐患，很容易发生纠纷。而一旦某一方起诉或申请仲裁，证据就会成为焦点问题。有些建筑企业（承包方）管理比较混乱，在施工合同的履行过程中没有留下相应的证据，比如确定具体开工时间的证据（具体开工时间往往与合同约定的开工时间不一致），导致诉讼中处于非常被动的境地。大家都知道,建设工程施工合同纠纷涉及司法鉴定的比较多,这主要因为施工过程中原告、被告双方都没有保存相关的证据。如果合同管理比较完善,根本不需要鉴定。

那么,应该如何控制合同的履行呢?

要控制关键点。合同中哪些是关键点?这需要合同交底,即对合同进行分析,找出关键点。比如,建设工程施工合同中,开工时间、竣工时间、正负零时间、隐蔽工程验收时间、预付款和各个阶段的付款时间、施工图变更时间、结算报告提交时间等,这些点必须留下书面证据。所以,正常情况下一份建设工程施工合同履行完毕之后,施工企业手里应该有开工通知单、工程量变更签证单、隐蔽工程验收单等许多证据。这些证据形成于工程部,但工程部进出的人比较多,容易丢失文件,所以应该由企业的合同管理员或档案管理员及时收集妥善保管。房地产开发企业与施工企业是相对应的,因此也应保存相应的证据材料。

那么,怎样控制这些关键点呢?靠管理制度。这些工作太繁杂了,仅仅靠口头的要求或指令是做不到位的。因此,法律顾问要先制定有关的制度,然后进行培训,再进行监督和考核。

我曾给一家房地产开发企业制定《合同履行管理规定》,其中详细地规定了各部门的工作职责、工作要求以及相应责任。

合同履行管理规定

第一条 为了保证企业建设工程项目按期、按质、高效运作,正确、完整地执行各个合同,加强履行阶段的合同管理,特制定本规定。

第二条 合同登记

1. 合同经办部门从公司运营部领取已生效的合同后,应建立本项目部的合同登记台账。

2. 经办部门应在合同登记后,由项目经理指定该合同的责任人。

3. 合同经办部门是合同跟踪、履行的责任部门。

第三条 合同交底

1. 交底日期及参加部门

在合同生效后一周内,由合同经办部门组织运营部、预算部、计财部等合同相关部门和人员以及监理公司,进行合同风险分析和交底工作,同时公布该合同的第一责任人即具体执行人(以下简称合同责任人)。

2. 合同交底内容

合同经办部门主要针对合同执行中可能出现的问题进行分析和说明,将合同中的规定落实到该项目的具体工程上,做到对合同条款与项目结构分解同步进行，内容如下：

（1）对承、发包范围（内容）进行分析；

（2）分析合同规定的双方权利、义务；

（3）合同价格、计价办法、付款方式及工期、质量要求；

（4）工程中可能出现的问题的处理方法和过程（如变更工程量、付款程序、工程验收、工期跟踪、履行控制办法等）；

（5）合同履行时应注意的问题和风险预测、违约行为、争议处理；

（6）其他事项。

3. 合同内容分析交底后，合同责任人要进行总结归纳，提出意见，填写"合同交底记录表"并抄报相关部门。

第四条　合同检查及跟踪

1. 合同责任部门应对合同履行情况进行自查。公司运营部配合法律顾问定期对合同履行情况进行检查。

2. 检查的方式分为日查、定期检查、不定期检查。

（1）日查是指合同责任人平时对合同的履行进行自检，解决发现的问题，对涉及相关部门事项时要及时通知该部门，填写"合同履行通知单及每月台账"，作为合同评审依据。

（2）定期检查是指按照合同交底规定的检查日期，由法律顾问、运营部、计财部、预算部、项目部等部门按照各自的分工共同对合同进行检查。

（3）不定期检查是指运营部将视合同履行情况在合同责任人的陪同下进行抽检。

合同检查后除日查均应填写"合同履行检查表"。定期检查由项目部安排人员记录，并形成检查台账，作为合同评审的依据。不定期检查由运营部记录，合同责任人填写整改意见，并在整改后通知运营部；其他部门进行的检查，必须有相应的检查记录抄报运营部等其他相关部门。

3.合同检查的对象包括检查公司未能按照合同履约的行为，以及责任部门和责任人。合同责任人应通知公司有关部门履行合同规定的义务，合同相关部门有义务配合合同经办部门履行合同。公司相关部门未按合同规定履行合同给公司造成损失的，按有关制度予以处罚。

第五条 合同变更必须填写"合同变更申请单"，该申请单由合同责任人根据分承包单位意见，结合施工的实际情况进行填报，该申请单涉及的会签部门应在接单24小时内答复。逾期答复将按照公司制度予以处罚。

第六条 "付款变更通知单"由合同责任人根据公司财务的实际情况填写并发给分承包单位，在收到分承包单位回执后作出是否变更的最后决定，并通知相关部门。

第七条 在合同检查的基础上，对合同的分承包单位进行定期评审和总结。

1. 在工程过半及工程结算手续办完后7个工作日内，由合同责任人对分承包单位进行评审，并由所在部门进行集体评价，按评审意见承担责任，填写"合同定期评审表"。

2. 在工程竣工并办理结算手续后由合同责任人对该承包单位进行总结，填写"合同总结表"并反馈给运营部。

3. 合同评审的依据有"合同履行通知台账""合同检查记录表及合同检查台账""付款变更通知单及回执""合同总结表"及实际的配合、服务情况。

4. 合同评审后，项目部配合质量管理体系的运作人员，建立合格分承包单位名录。

第八条 合同评审办法和罚则

1. 分承包单位的等级分为合格、不合格，合格的可以作为今后项目招投标的参加单位，不合格的将作为公司近3年的拒绝合作单位。

2. 评定的范围：

（1）工期；（2）质量；（3）安全；（4）文明施工；（5）配

合其他分承包方的情况；（6）接收付款条件的压力；（7）施工过程质量整改的次数及情况；（8）交房过程中维修服务情况；（9）图纸会审的能力；（10）竣工资料整理配合情况；（11）合同检查中的评价；（12）技术方案的建议能力；（13）现场管理能力。

合同责任人及相关部门对承包单位的评审范围参考上述要点，整体评分100分，综合评分超过85分的视为合格，否则不合格。

3. 评审人员：合同责任人、合同经办部门全体、运营部门、招投标委员会成员、经理班子。

4. 罚则

凡参与评审合同的人员均不得弄虚作假，否则视情节由经理办公会议决定进行处罚。

弄虚作假是指，明知承包单位在某些地方不合格或存在贿赂等违法行为，在日查、定期检查、不定期检查中进行隐瞒的行为。

项目经理对整个项目负全责，不能以评审依据的不正确而推卸评审错误的责任。

第九条 合同责任人的责任

1. 根据合同条款及履行情况，寻找发现履行中或即将实施计划中的漏洞，以防止造成工程干扰，对工程实施起到预警作用。

2. 及时发现问题，采取解决办法，以保证我方不违约，或及时提示对方的违约行为，或下达合同执行指令及索赔要求等。

3.在交房过程中如有因工程质量问题不能交房的，合同责任人应提出书面的《责任确认意见书》，以便公司确认后追究责任。

4.合同责任人负有监督我公司相关部门履约的义务。

5.合同责任人若未能履行其职责，按照公司《合同管理制度》有关规定进行处罚。

第十条　其他

1.合同责任人如因辞职、辞退或其他原因更换的，合同经办部门负责人必须在该责任人离职前，督促其做好交接工作，并指派新的责任人，划定承担责任的界限。部门负责人未进行该项工作，使得公司的合同评审无法进行或给公司造成损失的，视情节由经理办公会决定处罚。

2.项目部资料员要根据合同交底、合同检查情况做好相应台账，在每月26日前报项目经理审阅，项目经理应在48小时内作出批示后抄送各部门，并反馈合同履行意见。对合同履行情况进行自我评价，以作为合同评审依据。

3.合同实施阶段主要采用的表格。

合同登记表、合同交底记录表、合同检查表及每月台账、合同履行通知单及每月台账、合同定期评审表、合同变更申请表、合同总结表及其他工作表格。

第十一条 本规定自经理办公会议通过之日起实施。

由上可见，关于合同履行的制度规定是非常具体的，因为这是对有关人员的工作进行指导和监督的依据。任何制度一旦笼统或抽象就立刻失去意义，因为它无法得到有效的执行。

七、如何处理合同纠纷和案件

纠纷和案件是两个不同的概念。纠纷是合同双方的争执，而案件是进入诉讼或仲裁阶段的纠纷。可见，案件是纠纷没有解决的结果。法律顾问通常对企业案件比较感兴趣，一来这是自己擅长的工作，二来案件可以另收律师费。

但企业老板却希望纠纷及时得到解决，因为他们都清楚打官司没有赢家，除非万不得已他们是不想走法律程序的。其实，老板更关心的是为什么发生纠纷。

因此，法律顾问应该把工作重点放在以下两个方面。

第一，查找发生纠纷的原因。企业发生纠纷，是某一方面的管理出现问题的结果，所以要从管理环节上查找原因。

第二，及时解决纠纷，不要让它演变成案件。比较简单的纠纷，可以指导合同经办人自己处理，但复杂的纠纷法律顾问应亲自出马，与对方谈判解决。

有一次，顾问单位拆迁部门的经理找我，说有个动迁户特别难缠，这几天经常到拆迁办闹事。

公司近几年拿了好几块地，都涉及动迁问题。所以我问道："哪个项目？"

经理回答："××村。给的回迁房。"

"那，少给面积了？"我笑着问。

经理猛地抽一口烟，愤愤然说："这家得寸进尺，他们家是一个大院，我们叫它王家大院。院子里共有三套房子，但公司给了四套回迁房，每套房子面积都足够。为什么多出来一套呢？因为他们天天到市里闹，说家里有个孩子没地方住。你也知道，咱们老总是人大常委啊，他考虑影响，让我们多给一套，我们就把他们家的厕所也算作房子给补偿了。"

"那他们凭什么再要一套呢？总得有个理由吧？"

"我们是按照1997年区规划土地局颁发的《集体土地建设用地使用证》给的，签协议、收回迁房的时候他们没提任何意见。现在，不知道从哪找出来一个好像是五几年的房证，说这个房证里的房子没给补偿。"经理说。

我大体明白了怎么回事，所以对经理说："后天上午九点，你把他们约到公司小会议室。我过去跟他们谈。"

其实,我完全可以让经理把他们领到律师事务所来,但是顾问单位的纠纷最好是去顾问单位或冲突现场解决。这些年,我不管多忙都一直遵守着这个原则。因为一旦发生纠纷,法律顾问就是企业的主心骨,是企业利益的守护者,企业很希望你能够挺身而出冲在最前面,而不是坐在办公室里指手画脚。

因此,有时候我感觉自己像个"打手"。实际上,律师解决纠纷时,工作性质似乎跟打手差不多,都需要把对方吓跑或制服,只不过打手是用拳脚而律师是用脑子。律师虽然能言善辩,但他们不是耍嘴皮子,律师的工具是逻辑思维能力,即脑子。

经理找我的次日,我到区规划土地局查阅了王家大院的档案,发现了以下事实。

> 该房屋系 1954 年建造发证,后经王家几十年来多次翻建、扩建,在 1997 年区规划土地局对其重新规划时,该房屋原貌已不存在。当时,王家提出儿女较多并已长大故要分户,区规划土地局同意了该请求,分别给于某英、王某盛、王某武颁发了 ××07××81、××07××82、××07××83 号集体土地建设用地使用证。之所以把证发给于某英是因为,当时该房屋的所有权人王某广已去世,由其妻子于某英继承了该房屋的权利。因此,区规划土地局向王家大院于某英及王某盛、王某武颁发土地使用

> 证的同时，1954年房证即已失去效力。开发商按该土地使用证所示面积给予了补偿安置（有投资代建议定书）。

看来，王家是用新证得到一次补偿安置，再试图用老证得到第二次补偿安置。因此，我请区规划土地局开了一份《证明》。《证明》清楚地说明了1954年房证所指的房屋坐落在××07××81、××07××82、××07××83号的土地使用证范围内。

现在就要看这三个土地使用证范围内有多少套房子。

首先，分析于某英的××07××81号土地使用证。其中详细地记载了四至范围的内容：东，围墙内；西，水沟；南，空地；北，空地。而且，规划图中已标明建筑面积为83.6平方米。上述记载证明，于某英的××07××81号土地使用证范围内没有也不可能有其他房屋。同理，可证明在××07××82、××07××83号的土地使用范围内没有也不可能有其他房屋。因此，只能得出一个结论，即在××07××81、××07××82、××07××83号的土地使用范围内只有三套房屋，其面积分别为83.6平方米、70.4平方米、71.5平方米，而开发商对这三套房子都依法进行了补偿安置。

经过这样的调查、取证、分析，我基本掌握了这起纠纷的事实和性质。我认为公司毫无过错，是王家在得寸进尺、无理取闹，所以我决定采取强硬的策略，迫使他们立即止步。

第二天九点，王家三兄弟跟着拆迁办经理走进小会议室。

我隔着会议桌端详着他们冷冷地说："我是吴律师，今天代表企业和你们谈话。我一会儿去开庭，只有10分钟。"

"我们有房产证……"老大模样的人开口道。

"你们的房子都是平房吧？"我不客气地打断了他的话。

他们不明所以点了点头。

"有地下室吗？"我问。

老大模样的人回答："没有。"

"好，你们先看看这个，"我把三张纸摆在他们面前，"这是我昨天从区规划土地局调取的档案，这三张是1997年土地使用证里你们王家大院三套房子的四至图。"

他们低下头作出看图的样子，其实他们手里也有这个东西。

"看清楚了吧？"过了片刻我问道。

他们默不作声。

"你们再看看这个。"我把区规划土地局的《证明》递给了那个年龄最大的人。

他们三个人的脑袋凑在一起看了足有两分钟，然后不约而同地抬起头望着我，眼神里带着狐疑和茫然。

"1997年土地证的四至图和这份《证明》都清楚地说明，你们王家大院里只有三套房子。"我逼视着他们的眼睛厉声问，"我问你们，你们1954年房证上的那套房子在哪儿？你给我在四至图上指出来。它是在空中还是在地下？"

他们仨面面相觑，不知所措。

"公司考虑到你们家孩子多，把厕所都当作被拆迁房屋计算面积，多给了你们一套房子，对你们已经够照顾的了。人不能过于贪心，否则会出事的。"我训斥道，"你们可能没想到自己行为的性质。你们用1997年的土地证拿到了回迁房，现在还想用作废的1954年房证再要一套房子，你们知道这是什么行为吗？如果你们的目的得逞，很可能会构成犯罪啊。你们想过吗？这可不是闹着玩儿的"。

我发现他们在极力抑制自己的紧张情绪。

"我奉劝你们适可而止。如果你们继续这样，我们只能向公安机关报案。"我换成温和的语气说，"你们也许在想，会哭的孩子多吃奶。没错，你们用这种方式多要了一套房子。不过，凡事都有界限，越过界限性质就会发生变化。你们也不用跟我解释什么，我知道你们的诉求。"

我走过去拍了一下老大模样的人的肩膀，几乎是亲切地说："领他们回去吧，这事儿绝对不可能。"

老大模样的人苦笑了一下，无可奈何地说："道理我们也不是不懂，可你们企业这么大，不差一套房子。我弟弟确实没有地方住……"

"你们再想别的办法吧，这条路走不通。"我说完看表，经理马上心领神会，领着他们走了出去。

这次谈话刚好用了10分钟。他们之后再也没有找企业麻烦，此事就这样得到解决。

几个月后，拆迁部经理有别的事找我。他顺便提到这件事，有些不解地问："吴律师，我们也不是没吓唬过他们，可以说是软硬兼施，但就是不好使。怎么你说那么几句他们就老实了呢？"

我半开玩笑地说："因为我是律师啊。"

"不！"他摇摇头，"这帮人整天上访，连政府官员都不怕还怕律师吗？"

"那就说明我点到了他们的要害。他们是无理取闹，但他们手里毕竟有个房产证，你必须得用充分的理由驳倒这个房产证。你光说那个证已经作废了不行，因为你没有文件证明它作废了。你必须得证明，王家大院里只有三套房子，它原来房产证上的房子包括在这三套房子里。所以，我到区规划土地局调取了档案，还让他们开具了《证明》。我把这些证据摆在他们面前，他们就没法狡辩了。加上我警告他们，他们的行为可能会构成犯罪。当然，律师在他们眼里是法律权威，所以说话的力度肯定比一般人大一些。"

经理恍然大悟地点点头。

从法律顾问的角度看这件事，我们可以总结出一条经验：律师出面处理纠纷之前一定要做好调查研究，掌握真实的情况和数据，这样你才能挺起腰板说话，而且有说服力。"没有调查就没有发言权"，这句话的确是真理。

有些纠纷无法和解就会变成案件。关于如何办案在前面章节中已经详细探讨过，在此不再赘述。我只想强调一点，对企业来说，发生案件意味着管理的某些方面出了问题，因此，法律顾问不仅要及时办理案件，还要每年对办案情况做一次分析和总结，然后用书面的形式报告给企业。

下面是我给某顾问单位写的《20××年诉讼案件分析报告》，供大家参考。

20××年诉讼案件分析报告

董事长：

现将集团公司20××年诉讼案件处理情况汇报如下。

一、案件受理情况

20××年集团公司受理的全集团诉讼案件共51件，标的额2496万元，其中，起诉案件27件，标的额1609万元，被诉案件24件，标的额887万元（详见20××年受理案件明细表）。

全年新增案件共13件，标的额914万元，其中，起诉案件3件，标的额369万元，被诉案件10件，标的额545万元（详见20××年新增案件明细表）。20××年新增案件比上年减少11件，主要是因为：（1）企业加强了合同管理；（2）企业领导和经办人的法律意识明显增强；（3）加大了调解力度。

全年共结案 25 件，其中，起诉案件 11 件，被诉案件 14 件，结案率 49%（详见 20×× 年结案案件明细表）。20×× 年结案率明显提高，主要原因是：（1）加快了建筑四、五、六公司的清欠速度；（2）制定了行之有效的诉讼策略。

二、案件种类及其启示

20×× 年受理案件种类较为繁杂，但主要集中在以下几个方面。

（一）起诉案件：20×× 年集团公司加快了建筑四、五、六公司，机电设备公司遗留债权的清理，重点清理了集团公司租赁房屋和建筑企业大额应收款，因此案件主要是房屋腾退、房屋租赁、施工合同（拖欠工程款）纠纷。这三类案件给我们的启示或教训主要是：（1）要做好事前调查，慎重选择合作伙伴，如福海楼酒店的租赁；（2）企业要特别重视原始资料的管理；（3）已经离职的法定代表人应及时办理变更手续；（4）合同签订和履行的主体要一致。如某一案件，企业就同一工程项目与两个发包方签订施工合同，履行过程中收这个发包方给付的工程款，但让另一发包方确认决算书，主体混乱致使经办人自己最终也搞不清应当向谁索要工程款。

（二）被诉案件：主要是劳动争议，房屋拆迁，房屋买卖，质量索赔，拖欠工程款、材料款五种纠纷，说明这些方面我们的管理存在不少问题，具体体现在以下几个方面。

1. 劳动争议方面：一些企业辞退员工比较随意，不及时办理相关手续；一些企业用人合同不分劳务关系和劳动关系，企业与凡不享有正式员工待遇的人都应签订劳务合同而不是劳动合同。

2. 房屋拆迁方面：（1）不严格按照法律规定给予安置补偿，比如，有的企业没有按法律规定以有效房产证为依据给予安置补偿，而是以土地证给予安置补偿，结果房子没少给反而被人起诉，给企业带来不应有的损失；（2）与拆迁公司的委托责任没有约定清楚，一旦发生纠纷，特别是出现群访事件或极端事件，企业要承担拆迁公司的行为所导致的责任。

3. 房屋买卖方面：（1）虚假承诺问题，房地产企业应立足长远，树立诚信理念，严格管理每一份广告、宣传单，加强培训提高售楼人员的素质，通过制度落实各级人员的责任；（2）"阴阳合同"问题，房地产企业有时考虑各种因素，就同一商品房签订两份合同，一份是签正式的《商品房买卖合同》，另外再签一份补充协议，只收到部分房款时就给办理产权证，这很容易导致余款收不到的结果；（3）退房问题，一些企业对退房的处理比较随意，不按制度规定签订终结协议进行会签，引起纠纷造成不必要的损失；(4)开发企业与物业公司之间衔接不畅，发生纠纷。

4. 质量索赔方面：(1)工程质量不合格引发业主索赔案件，如整面墙墙皮脱落等，20××年，因房屋及其附属物质量问题引发不少纠纷，虽然大多在萌芽状态和解解决，没有发生大的案件，但是也应当引起我们对产品质量问题的实质性重视（不能只在形式上重视ISO 9000认证）；(2)设备质量不合格引发用户索赔案件，如舒心科技公司诉机床公司质量索赔案。我们的一些专用生产线调试期太长，应加强对交货期和外购产品（如系统）的管理。

5. 拖欠工程款、材料款方面：(1)开发企业没有选好施工企业，受其拖累作为第三人被执行；(2)工程审计制度实施后由于各方协调不够引发的纠纷，如××混凝土公司诉房地产公司混凝土买卖合同纠纷案。应进一步理顺工程审计监督与各企业的关系，房地产企业要建立明确的结算（决算）确认程序。

综上所述，诉讼案件是矛盾激化的产物，是企业管理的一面镜子，从各个方面深刻地反映企业管理中存在的问题，各企业应认真分析诉讼案件产生的原因，吸取教训，改进管理，给企业造成损失的应当追究有关人员的责任，以避免类似案件再次发生。同时，各企业应进一步强化法律意识，防患于未然，善于用法律手段维护企业权益，不断提高企业的法治化水平。

北京　吴春风　律师

20××年××月××日

综上所述，及时有效地解决纠纷和案件，是企业法律顾问的职责。不过，法律顾问真正的价值体现在使企业不发生或少发生纠纷和案件，这也是企业最希望的。这就必须依靠管理。管理的方式主要是行之有效的制度，而制度的核心是责任制。所以，我给这家企业制定了《关于实施法律纠纷责任制的规定》。

关于实施法律纠纷责任制的规定

第一条 为了明确企业各类人员在合同签订和履行中的责任，防止法律纠纷的发生，根据有关法律法规，特制定本规定。

第二条 企业总经理全面负责法律纠纷的处理，对纠纷产生的后果承担领导责任；有过错的责任人员负直接责任。

第三条 发生法律纠纷时，企业总经理应立即组织相关人员成立纠纷处理小组，具体分析纠纷产生的原因，制定处理方案，明确责任人，并向集团公司法律事务部报告。

第四条 集团公司法律事务部协助各企业处理法律纠纷，代理诉讼，因诉讼工作不当而导致经济损失的，法律事务部应承担相应责任。

第五条 企业总经理对下列重大法律纠纷造成的经济损失承担直接责任：

1. 擅自提供担保，发生法律纠纷的；

2. 企业经营有违法行为，发生法律纠纷的；

3. 超越权限签订合同或合同签订有重大失误，发生法律纠纷的；

4. 超越权限作出重大决策或因决策失误，发生法律纠纷的；

5. 发生法律纠纷后隐瞒不报的。

第六条 企业招标小组成员对下列原因引发的法律纠纷承担直接责任，主任负主要责任，其他成员负次要责任，在评标时提出不同意见并记录在案的不承担责任：

1. 招标程序违法；

2. 中标人没有相应资质或没有履行能力，致使合同无法履行的；

3. 招标文件有明显缺陷的；

4. 招标小组成员收受贿赂或有其他违法行为的。

第七条 经办人对下列原因引发的法律纠纷承担直接责任：

1. 对方没有相应资质或没有履行能力，致使合同无效或无法履行的；

2. 合同内容不全面、表述不清、合同示范文本填写错误的；

3. 擅自变更合同的；

4. 丢失合同相关材料，导致败诉的；

5. 不签订书面协议的。

第八条 本规定中的领导责任或直接责任的承担方式有：

1. 经济责任：包括扣发工资、奖金或支付赔偿金；

2. 行政责任：包括降职、免职、解除劳动合同；

3. 刑事责任：构成犯罪的，报告司法机关追究刑事责任。

第九条 企业法律纠纷在诉讼过程中，经法律事务人员（含外聘法律顾问）积极努力，为企业追回疑难债权或挽回经济损失的，可按其价值的3%~5%提取奖金，用于褒奖有功人员。奖励方案在诉讼终结后由法律事务部提出，报集团公司董事长审批。

第十条 企业法律纠纷在诉讼中败诉或造成经济损失的，由集团公司法律事务部拟订书面诉讼报告，依据本规定和经济纠纷的性质、情节和经济损失的大小，提出对相关人员具体处理意见，报集团公司董事长审批。

第十一条 本规定适用于集团成员企业，自公布之日起施行。

八、合同管理工作报告

企业管理有个特点，那就是年初有计划、年终有总结。从上面的介绍中可以看到，企业合同管理工作从组建团队开始，制定制度、推行文本化管理、实施合同会签制度、合同审查、合同履行控制，最后到合同纠纷的解决，是相当繁杂的系统工作。因此，法律顾问应该在年终做详细的书面总结，向企业提交《年度工作报告》，这是法律顾问的职责。而对于企业来说这份报告也不可缺少，因为法务管理是企业经营管理的重要组成部分。

下面是我在某集团公司年终董事会上所做的报告，供大家参考。

> ### 合同管理工作报告
> ——20××年工作总结与20××年工作安排

董事长、各位董事：

我代表集团全体法务系统工作人员，对20××年合同管理工作进行总结，并对20××年工作做简要安排，请予审核。

一、20××年合同管理工作总结

20××年在大家的辛勤努力下各企业合同管理工作取得了一定的进步，主要体现在：

1. 各企业领导重视程度有所提高，经办人法律意识有所增强，合同管理工作的宗旨是"防患于未然"，因此，领导给予重视、经办人增强法律意识是做好合同管理工作的前提；

2. 合同档案和合同台账的建立和管理基本规范，各企业都指定专、兼职人员建立了合同台账，并按档案管理制度进行合同档案的管理，这是做好合同管理工作的基础；

3. 各企业积极履行合同，维护了集团的良好形象，诚实信用是企业的立身之本，各企业在资金紧张的情况下采用以房抵款等多种方式保证合同的履行，一方面有效地避免了合同纠纷，另一方面也提高了企业的声誉；

4. 各企业合同管理员在合同签订和履行过程中，为防止和避免合同风险做了大量工作，发挥了积极的作用。

当然，20××年各企业合同管理工作也存在一些问题，主要表现在以下方面。

1. 合同管理体系初步建立但运行效果不佳

主要原因是：各企业合同管理员的素质参差不齐。有执业律师担任合同管理员的企业，从合同台账的设置到合同审查及合同管理员在合同签订和履行中所起的作用等都比较规范和有效，而其他企业则问题比较多，而且有时候反复出现同一类问题。

有的企业合同管理制度的执行流于形式。比如合同会签制度，企业领导和相关部门负责人的签字很不认真，没有认识到那是一种责任。

2. 合同签订中的问题

（1）对主体审查不严格，主体不合格现象时常发生。比如，以正在成立中尚未取得资格的公司名义签订合同、施工企业不具备资质（尤其是锅炉安装等特殊工程）等，这类合同或者无效或者给合同履行埋下很大隐患。

（2）合同内容不全面。有些合同只有价格、数量、付款方式等内容，没有约定质量标准、验收标准、违约责任等内容，加大了出现纠纷时的解决难度。

（3）格式文本填写不规范。如《商品房买卖合同》，有时一份合同中出现三种笔体，而且随意修改，这是不允许的，很可能导致合同部分内容无效。

（4）合同约定没有考虑我方的风险。如在标的额几百万元的采购合同中约定"延期付款应承担合同额日千分之三的违约金"。据了解，我方延期付款是经常的现象，按上述约定我方有可能要支付相当数量的违约金，因此这类合同应约定违约金的最高额度，以减轻我方的负担。

（5）法律法规规定应当鉴证的合同没有鉴证，应当登记备案的没有登记备案。如《建设工程施工合同》《建设工程设计合同》等应当鉴证；《商品房买卖合同》《房屋租赁合同》等应当登记备案。

（6）工程合同取费标准不仅要与资质等级相符，而且要与工程质量相挂钩，这应在合同中约定清楚。

（7）以房抵款协议签订中的问题。

A. 未取得房屋处分权的情况下以该房屋抵工程款，导致合同无效。集团各企业都是独立法人实体，但长期有习惯思想，认为都是集团的资产，互相随意处分，这在法律上很容易被认定为人格混同，必须禁止。

B. 房屋权利互相转让有时不衔接。以房抵款中常出现三方、四方甚至五方协议。房屋受让人将权利转让给另一方，必须有明确的转让协议或转让证明，并互相"说话"，否则有可能出现房子抵"丢"的现象。

（8）终结协议签订中的问题。

主要问题是，合同没有终结就签订终结协议，说明各企业没有把握终结协议的本质含义。所谓终结协议，就是在双方所有的权利义务即将或已经履行完毕时签订的协议，因此如果我方的付款义务等在签订终结协议时不能履行完毕，则不能签订终结协议，否则，除了给对方延长时效之外，对我方没有任何益处。

3.合同履行中存在的问题

（1）频繁变更合同主体。主要出现在商品房买卖合同和以房抵款协议的履行中。我们原则上不赞同变更主体，但是确实根据经营需要进行变更时，应当签订相关的三方、四方协议，有相应的转让证明，保证变更合法有效。

（2）随意变更合同内容。书面形式签订的合同应当以书面形式进行变更，口头形式变更的应当补签书面协议加以确认。

（3）单方面解除合同造成违约。在不符合法律规定和合同约定的条件时，单方面解除合同应十分谨慎，要认真与对方协商，以最大限度地减少我方违约带来的损失。

（4）双方协议解除合同时不签订终结协议，对解除合同后双方的责任没有明确约定，引起纠纷。

综上所述，过去的一年，各成员企业在合同管理中做了大量工作，积累了一些经验，但仍然存在不少问题。各企业应加强管理力度，严格按照有关制度规范企业的签约和履约行为，最大限度地避免和防止经营风险。

二、20××年合同管理工作安排

20××年合同管理工作按照"预防为主、促进交易"的理念，重点推行合同文本化管理，全面实现合同（书面）化，建立与企业发展相适应的合同管理模式。

1. 制定合同示范文本。集团公司在去年制定了《建设工程施工合同补充条款》等示范文本的基础上,今年再制定《机电设备采购合同》《广告合同》等合同的示范文本,供各企业签订合同时参照使用。

2. 推行合同书面化。目前,建筑企业仍然存在大量的口头合同,存在许多隐患,应当引起足够的重视。有的开始时签了合同,但履行过程中用口头形式对合同作了重大变更,没有任何书面的东西,一旦发生纠纷,很容易丢失债权或者承担不必要的债务。因此,今年建筑企业应当把合同书面化作为合同管理工作的重点来抓,做到经济往来有根有据,这也是企业基础管理的重要方面。

3. 强化合同会签制度,落实会签部门和人员的责任制。会签不是形式,是一种责任,出现问题是要负责的。企业要提高责任意识,严格按照集团公司合同管理制度进行会签,对未经会签的合同财务部门不许付款,哪一方面出现问题就要严肃处理有关责任人。

4. 合同管理员要重视对合同履行的跟踪调查,及时协调处理发现的问题。合同管理员要建立"重要合同履行台账",对标的额比较大的或可能影响公司形象的或履行中已经出现问题的合同要重点跟踪,做好履行情况记录,并及时向有关领导提出处理意见。大家一定要重视实际调查，通过调查发现问题、总结问题、解决问题。

5.合同管理知识培训。培训分内部培训和外部培训。

内部培训采用两种方式：一是全集团范围内统一培训，主要内容是集团公司制定的合同管理方面的制度及其相关的法律、法规，今年计划统一培训1~2次；二是专项培训，根据企业的需要针对性地进行不定期培训，如签订商品房买卖合同方面的培训等。

企业还要积极参加外部培训。最近几年房地产、建筑方面的法律、法规修改的或新颁布的比较多，政府或各行业协会经常组织培训，企业领导应充分重视，积极派员参加，以便及时掌握，应保证合同管理员每年至少参加一次外部培训。

以上就是20××年在合同管理方面集团公司和各企业共同要完成的几项主要工作。我们按照"统一领导、分级管理"的原则，从业务上由集团公司法律事务部统一规划，统一制定规章制度和合同示范文本，统一培训，统一检查，统一处理合同纠纷，由各企业合同管理员按照集团公司的规章制度开展设置台账、组织会签、审查合同、跟踪履行、资料保管、制度细化等具体的合同管理工作。

合同管理是经营管理的重要组成部分，如果不能正确地签订和履行合同，那么搞好经营是空谈。在企业里，合同管理是促进和规范经营工作的重要手段，大家一定要以这样的高度去理解和重视合同管理工作。合同管理不是简单的设个台账，再审一审合同。合同管理是一项系统工程，而且是非常注重实践的工作。合同管理员不仅要掌握专业知识，还要深入实际了解各类合同在签订和履行过程中出现的问题，要善于归纳和总结，大胆提出解决问题的方案，把理论和实践有机地结合起来。我相信，只要大家齐心协力，充分发挥自己的潜力和智慧，我们一定会圆满完成今年的任务，把合同管理工作推向一个更高的台阶。

谢谢大家！

总结报告的写作难免有些套话，但法律方面的报告必须指出具体的问题和解决方法，而且要围绕规章制度展开，因为规章制度是我们管理的法律依据。

这一节我附了两份总结报告，一份是诉讼案件的分析报告，另一份是合同管理的总结报告。之所以这么做，是因为我平时观察发现很多律师不知道如何写总结报告。另外，我也想向大家强调，做企业法律顾问时，与企业和企业老板沟通一定要讲究方式，而这方式一定要符合管理的习惯和原则。

以上就是企业合同管理工作的主要内容。大家一定会感觉到，这些工作与律师平时办案截然不同。其实，这就是我常说的"把管理和法律相结合为企业提供全面系统的服务"。以这种方式做企业的法律顾问，我相信企业一定会比较满意，一定会与你续签合同，因为这才是企业真正的需要。

第七节　公司治理的关键在于权力平衡

> 公司治理困局几乎是不可避免的，因为它源于所有权和经营权的分离。所以，公司治理关键在于权力平衡。这个"度"很难把握，需要决策者把管理和法律结合起来，用法律的手段实现管理的理念。

公司治理属于企业的顶层设计，它主要解决两个问题：一是运营效率；二是控制权。运营效率是管理学研究的范畴，而控制权是法学探讨的领域，因此，公司治理既是管理问题也是法律问题，而且是企业最深层次的问题。

有些专家认为，所有者（股东）、董事会、经理层之间的权力制衡是公司治理的关键。只有公司内部之间明确了责权利关系，公司治理结构才能建立起来。这个观点非常正确。不过，我从实际工作中感觉到，相互制衡只是保证正确决策的方式和途径。公司治理的目标应该是使公司有效地运行，最大限度地维护和保障公司各方参与人的利益，因为这是成立公司并运营下去的唯一目的。

当然，解决控制权问题是前提，否则，"三会一层"（股东会、董事会、监事会、经理层）之间的冲突会不断发生，必然严重影响企业的经营特别是长远发展。最近几年，围绕控制权发生的纠纷和案件层出不穷，有些案件很有典型性，比如大家较为熟悉的万科与宝能的控制权争夺战。

股份公司由于股权比较分散，所以股东之间的控制权争夺往往更加激烈，而一旦控股股东易人，经理层也必然随之变更，企业就可能经历一场或大或小的风暴。

相比之下，有限责任公司由于股东较少且较为固定，控制权之争通常是董事会（包括董事长）和总经理（代表经理层）之间围绕经营决策和管理权展开，而且相对温和一些。

下面，我们着重探讨有限责任公司的控制权问题，看看法律顾问在其中如何发挥作用。

大型民营企业的老板经常被一个问题困扰，那就是如何与总经理（职业经理人）之间分配企业的决策和管理权。随着企业规模的不断扩大，老板们越来越感觉到自身能力和精力明显不足，急需年富力强的职业经理人来负责企业的日常经营。尤其是集团公司有许多子公司时，再了不起的老板也无法亲自管理。因此，找一个总经理并给予适当的授权，让他组建团队管理企业，是老板们必须作出的重大选择。

然而，人心隔肚皮，这么大的企业、这么多的资产交给他人，如何能放心？所以，有些老板就想方设法插手总经理的工作，于是总经理成为拿着高薪的"秘书"，老板依旧未能摆脱每日的繁忙和劳累，而企业则日益走向衰落。

真正的职业经理人遇到这样的老板起初会极力抗争，抗争的结果是要么走人，要么屈服，能够实现平衡的寥寥无几。

我曾亲眼目睹一个集团内老板和子公司总经理们之间的"龙争虎斗"。其中，一个总经理算是"战胜"了老板，因为老板离不开他。那是一家软件开发企业，企业的所有员工包括中层以上干部，都是软件专业的高级知识分子，而老板连初中都没毕业，他实在不知道如何管理他们，而这位总经理却很会激发这些"书呆子"的工作积极性。

还有一个房地产开发企业的总经理，他与老板斗了两年，终因"价值观不合"（他离职前说的话）黯然离开。另一个房地产开发企业的总经理，则选择了隐忍和屈服，把企业的经营权完全交还给老板，老板让他做什么就做什么，所以一直干到现在。

可见，如何平衡老板和总经理之间的权力，在实践中是相当不好把握的问题。因此，管理学说这需要管理艺术。我学管理的时候也曾相信这一点。

但后来我做了律师，开始以法律顾问的身份和企业一起研究公司治理方案时发现，权力平衡的度虽然难以精确地把握，但还是可以解决的。怎么解决？把管理和法律结合起来，用法律的手段实现管理的理念。

这个管理理念不是管理学里讲的理念，而是老板的理念。有些老板虽然知识不多但颇有思想，而且这些思想是自己几十年经验教训的总结，其中不乏真知灼见。我和他们接触深有体会，那是书本里找不到的。

刚才那位与总经理们"斗智斗勇"的企业老板张总，经过几年的痛苦摸索终于领悟到，对于老板来说集权容易分权难，但不分权公司就不可能持续发展。他决定适当分权给各个子公司的总经理，尽管这些总经理都不是他特别满意的。

张总当过兵，比较有制度意识（或者说纪律意识），喜欢用制度管束集团公司和下属企业的各级员工，觉得这样有章可循。

有一天，他郑重其事地问我："吴律师，我们能不能制定一套制度，把董事会、董事长、总经理的职责和权力明确下来？"

我说："当然可以，我们可以从修改章程开始。"

"为什么要修改章程呢？"他满脸困惑。

"因为，如果不算职工持股会所持股份，您个人的股份还不足20%，要是严格按《公司法》的规定表决，您有失去控制权的可能。"

他大吃一惊。显然，他从未想过自己从股份的角度失去控制权，那等于是从根儿上失去对企业的掌控，那是相当危险的。

"而且，公司的股份以后还有可能进一步稀释，因为随着企业的发展，需要引进新的投资者。"我补充道。

他若有所思地望着我说："你说的没错。成都的项目马上要启动，需要不少资金，公司准备引进一家民营银行。但是，这个问题章程能解决吗？"

我反问道："您知道为什么有些企业不愿意上市吗？比如华为。"

谈到企业他立刻摆出行家的派头，"那是因为他不缺钱啊。一旦上市，公司所有方面都有人监控。不缺钱，谁愿意自找麻烦"。

我笑道："张总，您说得没错，不过，这里还有一个更重要的原因，那就是老板怕失去控制权。比如华为，任正非所持股份还不到1%。一旦变成股份公司，他就可能立刻失去控制权，因为公司各项决议包括选择 CEO，表决权是严格按照所持股份数量来行使的。"

张总恍然大悟地"啊"了一声，然后问："那和章程有什么关系？"

"为什么任正非能以不到 1% 的股份牢牢地控制华为呢？因为华为是有限责任公司，所以华为的章程里可以规定，任正非拥有一票否决权。根据我国《公司法》的规定，有限责任公司开股东会时股东们按照出资比例行使表决权，但是公司章程另有规定的除外。也就是说，法律给公司章程赋予了特殊的权力，可以规定'同股不同权'，而这在股份有限公司里是不允许的。"

"有点意思，那咱也弄个一票否决权？估计用不上，不过万一呢。"张总晃着肥大的脑袋大笑了两声兴致勃勃地问道："修改章程之后做什么？"

"我想应该制定两项制度，一个是《董事会工作条例》，另一个是《总经理工作条例》。董事会的职权《公司法》里有规定，但是，《公司法》对董事长的职权规定的很少，而且按照《公司法》董事长没什么实权，这一点不符合咱们公司的实际情况。所以，《董事会工作条例》里要着重规定，董事会闭会期间董事长行使董事会授予的职权。"

张总频频点头，听得十分认真。

我继续说道："总经理的职权《公司法》里倒是规定了不少，但还是不够详细。既然您要适当分权，我们就得把这个分出去的权力规定清楚……"

"这个很有必要。"张总打断道，"我建议你再弄一张表格，把董事会、董事长、总经理的职权详细标出来，让人一目了然。"

"您的这个建议非常好，"我由衷地表示赞同，"给每个子公司都做一个，我们可以叫它公司治理结构权限图。"

张总把手一挥神色凝重地说："叫什么都无所谓，反正这事你就赶紧做吧。做出来之后，你先争取各企业总经理的意见，然后我们一起再研究一下。这可是关系集团长远发展的大事。"

两个月后，我起草的《董事会工作条例》《总经理工作条例》《各子公司治理结构权限》，经集团公司董事会讨论通过，在该集团正式施行。

董事会工作条例

第一章 总 则

第一条 为了规范集团公司（以下简称公司）法人治理结构和董事会决策行为，根据《中华人民共和国公司法》《集团公司章程》，制定本条例。

第二条 本条例适用于公司董事会。

第二章 董事会的组成与产生

第三条 董事会是公司最高经营决策机构。

第四条 董事会成员由股东会选举产生，并由股东会决定其报酬事项。

第五条 董事会由十一名董事组成。设董事长一人，董事长由董事会选举产生。

第六条 董事长为公司法定代表人。

第七条 董事长、董事未经股东会同意，不得兼任本公司以外的其他有限责任公司、股份有限公司或者其他经营组织的负责人。

第八条 董事会成员可以兼任总经理、副总经理。经董事会批准可以兼任所属企业的董事或经理。

第三章 董事会的职权

第九条 公司董事会对股东会负责，行使下列职权：

1. 负责召集股东会，并向股东会报告工作；

2. 执行股东会的决议；

3. 制订公司的发展战略、中长期规划；

4. 制订公司的重大投资方案和重大资产处置方案；

5. 决定公司的生产经营方针、经营计划和资产经营计划；

6. 制订公司的增减资本、重大产权转让、发行公司债券的方案；

7. 制订公司改制、合并、分立、变更公司形式、解散的方案；

8. 决定公司内部管理机构的设置，制定公司的基本管理制度；

9. 审定公司及控股子公司的年度财务预、决算方案；

10. 制订公司的利润分配方案或弥补亏损方案；

11. 聘任或者解聘公司总经理。依据总经理提名聘任或者解聘公司副总经理、财务负责人并决定其报酬事项；

12. 决定本公司向控股子公司和参股企业派出董事和监事人选；

13. 审议批准总经理的工作报告；

14. 拟订公司章程或修改章程的方案；

15. 审议各部门按总经理要求提交的议案；

16. 行使股东会授予的其他权力。

第四章　董事会的议事规则

第十条　董事会会议每半年召开一次，由董事长负责召集。

第十一条　在召开会议的十日前，应将会议召开的时间、地点、会议审议的内容通知全体董事。

第十二条　董事会会议由董事长主持，董事长因特殊原因不能履行职务时，由董事长指定的董事主持。

第十三条　董事会会议至少有三分之二董事出席方为有效。董事长认为有必要或者三分之一以上董事可以召集董事会特别会议。

第十四条　董事因特殊情况不能亲自参加董事会会议的，可以委托代表参加；董事委托代表的，应当提供该董事签署的委托书，并应在委托书中写明是否有权表决以及表决的权限。

第十五条　董事会决议实行一人一票表决制。

一般性决议必需经出席会议董事过半数票通过，但下列事项需由不少于三分之二董事表决同意，方为有效：

1. 制订公司的发展战略、中长期规划；

2. 制订公司的重大投资方案和重大资产处置方案；

3. 制订公司增减资本、重大产权转让、发行公司债券的方案；

4. 制订公司改制、合并、分立、变更公司形式、解散的方案；

5. 拟定公司章程或修改章程的方案。

当赞成票和反对票数量相等时，董事长有权多投一票。

第十六条 公司部门负责人可以列席董事会会议，并发表意见，但无表决权。

第十七条 董事会通过的决议要形成书面材料，并由董事长签署。

第十八条 董事会会议记录由每位出席董事和记录员签名，未参加会议董事的委托书应与会议记录一并存档。

第十九条 董事会会议通过的决议由董事长签署实施。

第五章 董事长的职责

第二十条 召集主持董事会会议，在董事会闭会期间，行使董事会授予的职权。

第二十一条 检查董事会决议实施情况，并向董事会提出报告。

第二十二条 签署董事会通过的文件和决议。

第二十三条 提名公司总经理人选，供董事会决议。

第二十四条 在董事会闭会期间，决定公司的重要事项。

第二十五条 签发和审议其他应由董事长决定的事项。

第二十六条 执行董事会的决议，处理董事会权限内的事务，董事长因故不能履行职责时，可授权其他董事负责。

第二十七条 在发生战争或特大自然灾害等涉及公司财产安全的紧急情况下，对公司事务行使特别裁决权和处置权，但必须符合公司的利益，并在事后及时向董事会报告。

第六章 董事的任职资格、任期、权力及义务

第二十八条 公司董事应具备以下基本条件：

1. 具有与董事职责相关的经验和知识；

2. 有实施董事职权的能力并愿意承担义务和责任；

3. 具有较强的分析和决策能力；

4. 能够对公司重大事项研究并提出意见；

5. 热心参与公司活动。

第二十九条 有下列情形之一者，不得担任公司的董事：

1. 无民事行为能力或限制民事行为能力；

2. 被判处有期徒刑以上刑罚的；

3. 担任因经营不善被破产清算的公司、企业的董事或厂长、经理，并对公司、企业的破产负有个人责任的；

4.担任因违法被吊销营业执照的公司、企业的法定代表人，并负有个人责任的；

5.个人所负数额较大的债务到期未清偿的；

6.被列入司法机关"黑名单"的。

第三十条 董事任期三年，董事任期届满后经股东会选举，连选可连任。董事在任职期限届满前，股东会不得无故解除董事职务。

第三十一条 董事的职权：

1.执行股东会的决定和董事会的决议；

2.参与批准公司经营计划和投资方案；

3.参与制订公司的年度财务预、决算方案；

4.参与制订公司的利润分配方案和弥补亏损方案；

5.参与制订公司增减资本，重大产权转让，发行公司债券的方案；

6.参与制订公司改制、合并、分立、变更公司形式、解散方案；

7.参与决定公司内部管理机构设置；

8.参与聘任或解聘公司总经理、副总经理、财务负责人的决策；

9.参与决定公司高级管理人员报酬事项；

10. 参与制定公司的基本管理制度。

第三十二条 公司董事的义务：

1. 董事应遵守法律、法规和公司章程，忠实履行职务；

2. 董事不得自营或为他人经营与其所任职公司同类的营业活动，董事不得以公司资产为他人的债务提供担保；

3. 除股东会决议同意外，董事不得将公司财产借贷给本公司的董事或经理从事营利性活动；

4. 董事不得以各种方式泄露公司秘密，包括卸任后；

5. 董事执行职务时，违反法律、法规或本公司章程的规定，给公司造成经济损失的，应按照公司有关规定承担相应的责任，情节严重的，公司依法追究其法律责任；

6. 董事对董事会的决议承担责任，董事会决议违反法律、法规或本公司章程，致使公司造成严重经济损失的，参与决议的董事对公司负有法律责任，但经证明在表决时提出异议并记载于会议记录的，可免除该董事的责任。

第七章　附　　则

第三十三条 本工作条例自颁布之日起施行。

总经理工作条例

第一条 为了规范集团公司及其控股公司（以下简称公司）法人治理结构，规范公司总经理工作行为，根据《中华人民共和国公司法》特制定本条例。

第二条 本条例适用于公司总经理。

第三条 总经理由董事长提名，董事会聘任。董事长兼总经理的，由董事会直接聘任。

第四条 总经理的职责：

1. 主持公司经营管理工作，执行董事会决议；

2. 向董事长汇报工作，执行董事长指令；

3. 组织拟订公司生产经营计划，经董事会批准后实施；

4. 组织重大经营投资项目的可行性研究，拟订投资方案，经董事会批准后实施；

5. 组织制定公司的各项生产经营管理制度，经董事会批准后实施；

6. 拟订预算方案，经董事会批准后组织实施；

7. 拟订公司内部管理机构设置方案和员工薪酬方案，经董事会批准后组织实施；

8. 审定公司各部门职责和工作计划，并监督其实现；

9. 全面负责公司质量工作，组织建立公司质量管理体系，确保产品质量符合用户要求；

10. 按全面预算目标，组织开展成本控制，确保成本降低；

11. 全面负责安全生产和防火工作，组织贯彻集团安全委员会决议，消灭各类事故隐患；

12. 主持重大项目的谈判、招投标、签约等工作；

13. 在法定代表人的授权的范围内，处理各种法律纠纷；

14. 拟订合同履行中发生异常情况下的处理方案，报董事长批准后实施；

15. 及时向董事长汇报影响公司整体形象和利益的重大事件，并按董事长指示执行；

16. 指定专人保管法定代表人专用章、合同专用章、财务专用章等公司印章，确保印章使用的安全；

17. 与公司业务相关的政府部门、客户等保持良好的关系；

18. 代表公司参加各种公共活动，准确表达公司的政策和企业文化。

第五条 总经理行使下列职权：

1. 向董事会提请聘任或者解聘公司副总经理、总经理助理；

2. 聘任或解聘部门负责人以下公司员工，并决定其报酬事项；

3. 有权聘请外部咨询机构、法律顾问；

4. 决定部门负责人以下公司员工的奖惩事项；

5. 审批日常生产经营及业务活动资金的使用；

6. 审批副总经理、总经理助理及各部门各项管理费用支出；

7. 审批预算内的固定资产购置；

8. 在法定代表人授权的范围内，代表公司签订各种对外合同或者签署对外文件、对外报表；

9. 公司章程和董事会、董事长授予的其他职权。

第六条 总经理应当认真履行下列义务：

1. 遵守法律、法规和公司章程，勤勉尽责，全力维护公司利益，不得利用在公司的地位和职权谋取私利；

2. 不得自营或者为他人经营与公司同类的营业或者从事损害本公司利益的活动；

3. 不得以公司财产为本公司的股东或者为他人提供担保；

4. 不得挪用公司资金或者将公司资金借贷给他人，不得将公司资产以其个人名义或者以其他个人名义开立账户存储；

5. 除股东会同意外，不得同本公司订立合同或者进行交易；

6. 不得泄露公司及其所属企业的商业秘密。

第七条 总经理应当对以下事项负主要责任：

1. 未完成董事会批准下达的年度经营计划；

2. 重大投资失误及生产经营中的决策失误；

3. 重大安全事故；

4. 重大质量事故和设备事故；

5. 重大债权的丢失事件；

6. 重大商业秘密泄露事件；

7. 严重损害公司形象的媒体曝光等事件；

8. 因公司印章丢失或者使用不当造成重大损失事件；

9. 单位犯罪行为；

10. 因为违法违规被行政处罚事件；

11. 其他严重损害公司利益的事件。

第八条 总经理在执行职务时违反法律、法规或者公司章程的规定，给企业造成损失的，应当承担赔偿责任。

第九条 有下列情况之一的，董事会可以解聘总经理：

1. 任期届满不再续聘的；

2. 董事会评议不称职的；

3. 严重失职，给企业造成重大损失的；

> 4. 违反法律、法规或者公司章程的规定，给企业造成重大损失的。
>
> **第十条** 本条例自颁布之日起施行。
>
> **第十一条** 本条例由集团公司董事会秘书处负责解释。

这两个工作条例有以下特点：

第一，董事长保留了在董事会闭会期间，对公司重大事项的决定权（见《董事会工作条例》第二十四条）。这是他让权的底线。他必须在需要的时候随时掌控企业。他最担心的是，自己制定的制度成为困住他的牢笼。

第二，总经理的责任非常大。公司一旦出事，几乎所有的责任都要由总经理承担。特别是安全事故责任，那弄不好要承担刑事责任，而房地产建筑行业，安全事故很难避免。

总经理们认为这个责任与职权明显不对等，很不公平。但为什么都接受了呢？因为老板给了他们两项非常实在的权力：审批日常生产经营资金的使用以及预算内固定资产购置。要知道，在大企业里这两项费用每年都相当可观。

可见，公司治理结构中老板和职业经理人权力的平衡，归根结底还是利益分配问题。高薪已经无法养廉，老板必须对有些事情装聋作哑，否则找不到合适的总经理。

在下面的子公司《公司治理结构权限》中，我进一步细化了各种权力，尽可能取消模糊地带。我将公司的权利分为五类：重大事项决定权、经营决策权、经营管理权、公司代表权、召开会议权。重大事项决定权一般在股东会；经营决策权通常在董事会和董事长；经营管理权主要在总经理，董事长保留了部分批准权；公司代表权在董事长，董事长授权下总经理可以行使；召开会议权由董事长、监事长、总经理在自己的职权范围内行使。

这里的核心在经营管理权上。老板把预算内的生产经营资金和管理费用审批权以及材料、设备供应商、施工监理、设计单位选择权给了总经理，这与《总经理工作条例》基本一致。如前文所述，在资金密集型的房地产企业这是相当大的权力，会给总经理带来巨大的利益。

软件园开发公司治理结构权限

	事项	股东会	股东	董事会	董事长	董事	总经理	监事会	监事
1	公司章程	修改	2/3以上表决权通过	拟订方案	报告				
2	增、减注册资本	决议	2/3以上表决权通过	制订方案	报告		提议		
3	公司合并、分立、变更公司形式、解散、清算	决议	2/3以上表决权通过	拟订方案	报告				
4	股东向股东以外的人转让出资	决议	过半数同意						
5	发行公司债券	决议	2/3以上表决权通过	拟订方案	报告		提议		
6	公司经营方针	决定	2/3以上表决权通过	拟订/执行	报告		提议		

重大事项决定权

续表

	事项	股东会	股东	董事会	董事长	董事	总经理	监事会	监事
重大事项决定权	7	投资计划	决定	2/3以上表决权通过	拟订/执行	报告		提议		
	8	选举和更换董事，决定董事报酬	决定	2/3以上表决权通过						
	9	选举和更换由股东代表出任的监事，决定监事报酬	决定	2/3以上表决权通过						
	10	董事会的报告	审议批准	1/2以上表决权通过	拟订/执行	报告				
	11	监事会或监事的报告	审议批准	1/2以上表决权通过					报告	报告

续表

	事项		股东会	股东	董事会	董事长	董事	总经理	监事会	监事
经营决策权	1	年度财务预算、决算方案	审议批准	2/3以上表决权通过	制订/执行	报告		拟订/实施	监督	监督
	2	利润分配方案、弥补亏损方案	审议批准	2/3以上表决权通过	制订/执行	报告		拟订/实施	监督	监督
	3	经营计划、资金计划	年度、半年度、季度		批准	审议	审议	拟订/实施	监督	监督
			月度			批准		制订/实施	监督	监督
	4	投资方案	成立新公司、收购公司		批准	审议	审议	拟订/实施	监督	监督

续表

事项		股东会	股东	董事会	董事长	董事	总经理	监事会	监事
经营决策权	4 投资方案	项目投资2000万元以上		批准	审议	审议	拟订/实施	监督	监督
		项目投资500万~2000万元			批准		拟订/实施	监督	监督
		项目投资500万元以下					决定	监督	监督

续表

	事项		股东会	股东	董事会	董事长	董事	总经理	监事会	监事
经营决策权	5	固定资产购置、处置	100万元以上		批准	审议	1/2以上通过	报告	监督	监督
			价值2000~100万元			批准		报告	监督	监督
			价值2000万元以下					批准	监督	监督
	6	贷款、担保（抵押、质押、保证）	占公司净资产的50%以上	2/3以上表决权通过	决议	拟订	报告		提议	监督	监督
			占公司净资产的50%以下		一致通过	批准	审议	拟订	监督	监督

续表

事项		股东会	股东	董事会	董事长	董事	总经理	监事会	监事
经营决策权	7	内部管理机构设置			决定	审议	审议	拟订/执行	监督	监督
	8	聘任和解聘总经理,决定其报酬			决定	提名	审议		监督	监督
	9	聘任和解聘副总经理、财务负责人,决定其报酬			决定	审议	审议	提名	监督	监督
	10	工资标准、薪酬方案、奖励方案			决定	审议	审议	拟订/实施	监督	监督

续表

	事项		股东会	股东	董事会	董事长	董事	总经理	监事会	监事
	1	基本管理制度			制订	审议	审议	拟订/实施	监督	监督
	2	具体规章				批准		制订/实施	监督	监督
经营管理权	3	生产经营资金、管理费用	月度计划外			批准		报告	监督	监督
			月度计划内					审批	监督	监督
	4	低值易耗品采购						批准	监督	监督
	5	商品房销售价格、交房时间和标准				批准		拟订/执行	监督	监督
	6	商品房销售策略、方案						批准	监督	监督

续表

	事项		股东会	股东	董事会	董事长	董事	总经理	监事会	监事
7	材料、设备供应商、施工、监理、设计单位选择							决定	监督	监督
8	楼盘的功能定位、规划设计					批准		拟订/执行		
9	征地、拆迁补偿方案	补偿额1000万元以上				批准		拟订/执行	监督	监督
		补偿额1000万元以下							监督	监督
10	中级管理人员的聘任与解聘					批准		批准	监督	监督
11	普通员工的聘任与解聘							提议	监督	监督
12	临时员工工资							批准	监督	监督

经营管理权

续表

	事项		股东会	股东	董事会	董事长	董事	总经理	监事会	监事
公司代表权	1	签订合同	特殊合同和标的额在500万元以上的一般合同			签署		拟订	监督	监督
			标的额在500万元以下的一般合同					签署	监督	监督
	2	招标文件						签署		
	3	上报政府文件				签署		拟订		
	4	对外报送文件				签署		拟订		

续表

事项		股东会	股东	董事会	董事长	董事	总经理	监事会	监事
公司代表权	5	代表公司参加外部会议				参加		根据董事长授权参加		
	6	诉讼案件处理				自行处理/授权处理				
	7	董事长授权事项						行使董事长职权		

续表

事项		股东会	股东	董事会	董事长	董事	总经理	监事会	监事
召开会议权	1 股东会会议	记录	1/4以上表决权股东提议	召集	主持/授权董事	1/3以上董事提议			1/3以上监事提议
	2 董事会会议	记录			召集、主持/授权董事	1/3以上董事提议	列席		列席
	3 监事会会议								
	4 经理办公会议				可以列席	可以列席	召集、主持	记录	可以列席
	5 经济分析会议				召集、主持	列席	报告		可以列席

这些制度颁布之后，张总虽然执行得比较自觉，对经营的直接干预明显减少，然而，他相应地增加了召开下属企业董事会的次数。

我曾负责过企业的董事会部分事务，比如写总经理报告等。召开一次董事会，对下属企业的压力是很大的。总经理们大多认为，频繁召开董事会几乎是一种折磨，但又无可奈何。这是老板新的管控方法，如果表示反对，老板也许会回到老路，把总经理的权力全部收回。

这就是当前民营企业公司治理的现状。有的企业做得好一些，所以企业发展得顺风顺水；而有的企业做得比较差，管理机制极不稳定，纠纷此起彼伏，所以企业的发展忽上忽下。

总之，公司治理确实是企业亟须解决的难题。作为企业法律顾问，我们要尽可能帮助老板和经理层转变观念，帮助企业建立并实施必要的规章制度，促使企业的决策和经营基本处于正常的状态。因为，只要企业的决策和经营不偏离正常的轨道，企业就会随着市场的需求不断往前发展，企业有关方的利益就能得到持续的保障。公司治理的使命之一就是防止大起大落，而法律顾问的任务就是帮助企业消除引发波动的制度隐患。

第八章

法律文书写作能力

律师的许多工作是通过各种法律文书进行的,所以,法律文书写作能力是律师必须掌握的基本功。

法律文书又是律师的名片,它从语言表达能力、逻辑思维能力、办案能力等各个角度展现一个律师的综合素质。实践证明,一份高水平的法律文书,往往会在无形中增加法官对律师的信任,提高案件的胜诉率。

法律文书的种类很多,因篇幅所限本书只选择了律师最常用的诉状(起诉状、上诉状、反诉状)、代理词、合同、律师函、法律意见书、维权材料六种法律文书。这六种法律文书,由于目的和功能不同,写作方法和格式以及文本要点都存在或大或小的差别,但有一点基本相同,那就是写作之前必须吃透案件。

写法律文书不是玩漂亮的文字游戏,它是用来解决问题的,所以,法律文书中的每一句话都要紧扣案件,都要有其意义,不能废话连篇或不痛不痒。

第一节　写诉状要准确确定四项内容

> 写诉状看似简单，其实很不容易。选择诉讼当事人，确定案件性质，确定诉讼请求，选择相关证据，这些都需要反复斟酌深入研究，稍有不慎就可能全盘皆输。

诉状是关系案件胜败的最重要的法律文书，它有两项功能：一是向法院或仲裁机构提出居间裁决的请求；二是指出自己的哪些利益受到谁的多大侵害。

这两项功能决定，诉状必须具备以下四项要素：（1）适格的主体，即谁侵害了谁；（2）明确具体的请求；（3）事实依据；（4）法律依据。

本节分析的诉状包括起诉状、上诉状、反诉状。这三种诉状的写法在格式上基本相同，但内容和目的则有很大区别，因此需要分别探讨。

一、起诉状

写起诉状首先要确定以下四项内容：（1）诉讼当事人，包括原告、被告、第三人；（2）案由，即案件的法律性质，当事人之间的法律关系；（3）具体诉讼请求；（4）支持诉讼请求的证据。

起诉状的问题大都集中在这四个方面。

（一）确定诉讼当事人

确定诉讼当事人有时候并非易事，要考虑案件性质、相关性、证据、诉讼策略等各种因素。

1. 案件性质

分析案件的第一步就是给案件定性。比如，明确它是侵权纠纷还是合同纠纷，或者是否存在竞合。案件性质往往决定起诉时选择哪些诉讼当事人。

举个简单的例子：一对夫妻打车去办事的路上发生交通事故，夫妻二人均受重伤。交警大队事故责任认定结果是，对方车辆负全部责任。此案涉及两个法律关系的竞合：一个是这对夫妻与出租车司机之间的客运合同法律关系；另一个是这对夫妻与肇事者之间的侵权法律关系。

现在，这对夫妻起诉谁取决于对案件性质的认识。如果他们认为，自己只是出租车乘客，与肇事者没有直接关系，那么，案件性质就是客运合同法律关系，他们只能起诉出租车公司或司机。然而，如果他们认为，自己受伤是由于肇事者的侵权行为所致，那么，案件性质就变成侵权法律关系，他们就应该起诉肇事司机或其公司。

当然，存在这种竞合时，在实践中往往是谁的可执行财产多就选择谁为被告，被告选定则法律关系也随之被确定。这似乎是先确定被告再确定法律关系，其实不然。选定被告的前提是，把两种法律关系分析清楚。因此，先确定案件性质之后才能选择被告。

2. 与案件的相关性

诉讼当事人必然是与案件有关的人，不过，与案件有关的人不一定都能成为诉讼当事人。例如，一家企业的仓库管理员签署了收货单，但该企业不承认收到了货物，于是供货方向法院起诉。这时，供货方应该起诉企业而不是仓库管理员，因为仓库管理员的行为是职务行为。所以，此案中仓库管理员虽然与案件有关但不是诉讼当事人。当然，为了查明事实可以将仓库管理员列为第三人，这时他就可以成为诉讼当事人了。

3. 根据现有的证据确定诉讼当事人

由谁来起诉、起诉谁，都要根据手里的证据。

原告不适格被驳回起诉的案件并不少见。举个例子：在民间借贷纠纷案件中，名义出借人拿着借条起诉，如果法院查明他并非实际出借人，就会驳回他的起诉。但如果反过来，以实际出借人的名义起诉，如果不能证明自己和借款人之间存在真实的借贷法律关系，那么，法院也会驳回他的起诉。所以，在这样的案件中，律师写起诉状之前必须对借贷的整个过程进行详细的了解，特别是对有关的证据进行认真的审查。如果因为选择当事人错误导致被法院驳回起诉，代理律师应该说是有责任的。

同理，如果起诉了不适格的被告，法院也会驳回起诉。这方面我就不再举例说明了。关键是要搞清楚现有的证据能够证明什么事实，而不是想当然地认为谁应该承担责任或者想让谁承担责任。

4. 诉讼策略

选择诉讼当事人，有时候是一种策略。比如，在二手房买卖合同中，你不一定非要把房地产中介公司列为被告或第三人。如果你认为自己的证据比较充分，而且中介公司明显倾向于被告，那你不应该把它拉进来。至于被告是否申请追加或者法院是否依职权追加，则是另一回事。

其实，不少案件中都存在谁来诉或诉谁的问题。谁来诉主要是主体适格问题，而诉谁除了主体适格问题还有可执行问题。我在前面章节里提到过的郭某抽逃出资案，原告之所以宁可搞错案由也要把郭某列为被告，也许是为了让郭某承担连带责任，这样胜诉后执行的可能性就会大大增加。那起案件应该是两家公司之间的债权债务纠纷，根本不可能是抽逃出资纠纷，但如果定性为债权债务纠纷，就无法起诉郭某。所以，这是一种策略上的安排。不过，如果案件的定性错了，就很难达到目的。

（二）确定案由

案由，就是案件的性质，原告、被告之间的法律关系。在北京法院立案，案由是起诉状里必须注明的事项。

不过，即使起诉时法院不要求明确案由，在审理中法庭也会关注案由问题，因为案由涉及诉讼请求是否正确。《最高人民法院关于民事诉讼证据的若干规定》第53条规定："诉讼过程中，当事人主张的法律关系性质或者民事行为效力与人民法院根据案件事实作出的认定不一致的，人民法院应当将法律关系性质或者民事行为效力作为焦点问题进行审理。但法律关系性质对裁判理由及结果没有影响，或者有关问题已经当事人充分辩论的除外。存在前款情形，当事人根据法庭审理情况变更诉讼请求的，人民法院应当准许并可以根据案件的具体情况重新指定举证期限。"

遇到案由不准确的问题，在司法实践中法官的做法往往是这样的：先向原告释明，如果释明之后原告仍然不变更诉讼请求，法院就会驳回原告的诉讼请求。这说明，案由问题不是程序问题而是实体问题。

因此，无论法院如何要求，律师都应该在起诉前搞清楚案由是什么。如果连法律关系都没搞清楚，那就不应该起诉。我发现有些律师对诉讼缺乏"敬畏之心"，启动诉讼程序相当轻率，甚至有的律师走一步看一步，"摸着石头过河"。我认为这是比较危险的，很容易引火烧身。

（三）确定诉讼请求

诉讼请求是起诉状的核心内容。我们在"原告律师如何先声夺人主导诉讼"一节中，详细探讨过如何确定具体的诉讼（仲裁）请求问题，在此不再赘述。

我只强调以下四点。

第一，确定诉讼请求前，要与当事人进行充分沟通，搞清楚当事人真正的诉求是什么。有的当事人自己都不大明白，这时候就需要律师来帮他梳理和分析。不要简单地当事人说什么就写什么。

第二，要先明确案件的性质，根据案件性质准备证据，并根据证据（现有的和可以调取的）确定诉讼请求。诉讼请求和证据必须彼此呼应。

第三，诉讼请求必须明确具体。需要计算的应附计算公式。

第四，诉讼请求要考虑可执行性。比如，提出"判令被告交付某房屋"，这个诉讼请求即使得到法院判决的支持，也不能直接导致不动产物权变更的法律效果，因为这份判决书属于给付性法律文书。所以，此类案件必须同时提出确权和过户的诉讼请求。

（四）制作证据目录

关于证据目录，我们在前面章节中多次讲过。要点是，先根据证据梳理出案件的基本逻辑，按照这个逻辑安排证据的顺序，做到法官看完之后对案件的事实和发展过程有个比较清晰的认识。

下面是我为李某写的起诉状。我选了一份比较简单的起诉状，因为法律文书写作能力的提升必须先易后难，循序渐进。

起 诉 状

原告：李某，女，汉族，19××年××月××日出生

住址：北京市东城区东黄城北街××号

电话：135××××××××

被告一：北京某房地产开发有限公司

住所：北京市房山区××工业区

法定代表人：赵某某　　电话：010-8130××××

被告二：北京某集团有限公司

住所：北京市房山区良乡月华大街××号

法定代表人：许某某　　电话：136×××××××××（副总）

诉讼请求

1. 判令二被告履行A项目房号预约书，按该房号预约书约定与原告签订北京市商品房预售合同，并按龙建卡购买协议给予优惠。

2. 判令二被告承担本案诉讼费用。

事实与理由

2005年6月，原告李某与被告一北京某房地产开发有限公

司签订A项目房号预约书（以下简称房号预约书）。双方约定：预约房屋为1区20楼3单元101号房屋，建筑面积为93.3平方米，签订北京市商品房预售合同时每平方米售价为2754.41元，总房款为256,986元，付款方式为按揭贷款，并送27平方米花园；被告一承诺在2005年10月1日前取得商品房预售许可证，在取证后7日内通知原告到约定地点签订北京市商品房预售合同（详见证据一：A项目房号预约书）。另外，在签订房号预约书时，被告一还要求原告必须购买其上级单位被告二出售的龙建卡，并支付卡金50,000元人民币，否则不能签订房号预约书，原告只好按其要求与被告二签订了龙建卡购买协议（详见证据二：龙建卡购买协议），并支付了卡金[详见证据三：收据（0039289号）]。被告二在龙建卡购买协议中也承诺预留房号一套，并在收取卡金的收据中指定了预留的房号为1区20楼3单元101号房屋，且承诺给予特定的优惠。

签订房号预约书后，原告一直等待被告一关于签订北京市商品房预售合同的通知，但至今没有得到通知。据了解，目前被告一已取得A项目的商品房预售许可证。原告多次向二被告有关人员询问情况，但均未得到明确的答复。

原告认为，房号预约书及龙建卡购买协议对双方均有法律约束力，二被告不履行房号预约书及龙建卡购买协议，恶意拖延签订北京市商品房预售合同显属违约行为，侵害了原告的合法权益，应承担违约责任。故，特向贵院起诉，请人民法院依法判允原告的诉讼请求。

证据和证据来源

1. A项目房号预约书；

2. 龙建卡购买协议；

3. 收据（0039289号）。

　　此致
北京市××区人民法院

　　附：本诉状副本一份

起诉人：李　某

20××年××月××日

二、上诉状

律师大多有个"职业病"：喜欢吹毛求疵，喜欢指出别人话语和文章中的错误。

上诉就是指出一审审理过程和判决书的错误，尽可能把一审判决书驳得体无完肤。具体讲，上诉状有三个任务。

1. 指出一审审理过程的错误。例如，该回避的人没回避；该追加的当事人没有追加；该调取的证据没有调取；该组织鉴定的没有组织鉴定；没有允许证人出庭；没有给合理的举证期限；该释明的没有释明，径直判决等。

2. 指出判决书的错误。例如，在"认定事实"部分，该采信的证据没有采信，甚至对我方提交许多证据要证明的已成为争议焦点的重要内容视而不见；在"本院认为"部分，违反法律或常识，随意解释案件的性质和事实，随意分配原告、被告的举证责任，随意认定原告、被告诉讼中的义务以规避法院的审判责任（如合伙合同纠纷案件中，法院以原告、被告没有对账为由对分配经营收益的诉讼请求不予审理）；在"判决"部分，要么没有证据支持，要么缺乏法律依据；对不可分割的诉求，只解决一部分，剩余部分只字不提；超出诉讼请求的范围进行判决等。

3. 批驳一审的判决。只把问题摆出来不行，还要从法律和事实、从情理和常识的角度进行批驳，讲出我方的观点和逻辑。

总之，上诉状要围绕"认定事实不清"、"适用法律错误"以及"法院未尽义务"来展开。很多律师往往忽略第三个方面。其实，法院经常是该做的事没做，不该做的事做不少。上诉状一定要把它指出来，因为这是判决不公的主要原因之一。

另外，写"上诉请求"时要注意，《民事诉讼法》中规定，哪些情形是发回重审，哪些情形是依法改判。如果一审程序违法，上诉请求应该是发回重审，而不是依法改判。

办案一定要注重细节，"专业"是从细节中体现出来的。

还有一点需要注意：上诉状要无情地剖析一审的各种错误，但语言不能过于激烈，更不能出言不逊。有些律师兴致一来就忘记那是给司法机关的法律文书，态度和语言都极为傲慢，那不仅是无理之举，更是危险行为。一审即使把黑的说成白的，也要用冷静的语气指出它的错误，而不是对其进行讽刺和羞辱，这是律师应有的修为。

下面是前面章节中提到过的范某二手房买卖合同纠纷案的上诉状。这份上诉状稍微复杂一点，因为上诉状的作用与起诉状不同。案件经过一审的审理，双方的证据和观点已经全部展现出来，所以，上诉状没有必要像起诉状那样策略上有所保留。上诉状应该像代理词，写得尽可能详细，让二审法院先入为主地形成对我方有利的印象。另外，二审法院比起基层法院更注重法律文书，因此写得不要过于简单。

民事上诉状

上诉人（原审被告）：范某，男，汉族，19××年××月××日出生

现住：北京市丰台区马家堡西里××号楼××单元××号

电话：135××××××××

被上诉人（原审原告）：孙某，男，汉族

现住：北京市海淀区小南庄××室

电话：139××××××××

被上诉人（原审原告）：付某，女，汉族

现住：北京市海淀区小南庄××室

被上诉人（原审第三人）：某房地产经纪（北京）有限公司

住所地：北京市丰台区枫竹苑二区未来假日花园二期××号楼××层　电话：010-87××××××

法定代表人：王某

被上诉人（原审第三人）：某银行股份有限公司北京分行

住所地：西城区复兴门内大街内××号　　行长：张某某

上诉人不服北京市××区人民法院（20××）×民初字第××××号民事判决书，现提起上诉。

上诉请求

1. 依法撤销（20××）×民初字第××××号民事判决书，并发回重审。

2. 本案诉讼费由被上诉人孙某、付某承担。

事实与理由

一、一审法院认定事实不清，无视已有的书面证据，以推定方式认定未证事实。

本案最关键的证据是《补充协议》，它不仅是书面证据，具有最强的证明力，而且是当事人最后形成的证据，反映了当事人最终的决定。上诉人在一审中反复强调，《补充协议》第三条、第七条证明了如下本案最重要的事实：如果张某军没有取得上诉人范某公证的委托书，则第三人经纪公司退还佣金，张某军承担定金责任。退还佣金、承担定金责任，这很明显是三方在约定某种情况出现时解除合同、不再履行合同。这才是被上诉人孙某、付某、第三人经纪公司以及张某军三方的真实的意思表示。后来，张某军确实没有得到上诉人的公证委托书，三方预料的情况果然出现，此时三方就应该按照诚实信用原则履行当时的约定，而不是看到房子涨价就不顾一切去追求不合法的利益。

本案中，所谓录音并非关键证据，一审法院如此纠缠于该证据完全是别有用心的。假设那个录音存在，那也只是个过程证据，一切的结论要看最后书面形成的《补充协议》，这是常识。十分明确的书面证据摆在眼前，一审法院却视若无睹，刻意去寻找那合意形成中的某个证据，并且在没有经过质证的情况下推定其事实存在，这种做法显然是错误的。

另外，本案追加了不少当事人，但却没有追加最必要的当事人——张某军。一个代理合同纠纷案件,连代理人都不是当事人,这个案件能查明事实吗?显然不能。一审判决书说,这些当事人都找不到张某军,那是不可能的。张某军作为国有企业的高管,一切信息都是公开的,司法机关岂能找不到?这两年来,一审法院在本案上一直就是避重就轻。

再则,找不到必要当事人和是否追加必要当事人是两个概念,法律规定了有关的处理方法。既然一审法院要极力查清合同签订过程,无视最后形成的《补充协议》,那么张某军是不可缺少的当事人。没有代理人张某军的加入,法庭不可能查清录音等一些事实。因此,一审法院的结论完全是带着偏见的推断。

二、一审法院适用法律错误。

一审法院关于举证责任规则的解释和运用是完全错误的。上诉人拒绝对录音进行质证符合法律规定,也是上诉人具有的正当权利。录音证据的提交,必须首先证明这是由谁打给谁的,打了多长时间,有没有剪辑,这是录音证据提交者(在本案中是被上诉人孙某、付某)起码的举证责任。而不是随便拿一个录音就说这是原告、被告的通话,认为只要提交了录音,初步的举证责任就尽完了,那显然是错误的理解。再则,录音是否经过剪辑,这个鉴定责任在于证据提交者而不是质证者。证据提交者有责任证明自己的证据是完整的，没有删改过的。而本案中我们的要求仅仅是把移动公司的通话单拿来，我们对照着听，看看时间上是否有差。我们这种要求不仅是合适的，而且在其他各个法院都是如此操作的，只有在本案中，一审法院歪曲解释和使用了这一规则。

三、一审法院审理程序极其混乱，严重违反有关法律规定。

首先是审限。一审法院审理本案已超过两年〔我们不清楚为什么判决书是2012年12月20日下的，却写成（2011）×民初字第××××号民事判决书，我们认为这本身就存在问题，是想证明没超过审限吗？〕，而延长审限没有任何法律依据。×××法庭说鉴定，结果过了很久连摇号都没做，其实是根本没有进入鉴定程序，只是作为延长审限的借口而已。后来上诉人投诉，×××法庭又把案件莫名其妙地转到另一个审判区，在新的法庭又重复质证、辩论等程序，又是半年多，如果各个法院都以这种变换法庭的方式延长审限，那如何能保障当事人的程序利益？我们认为这是一个极其严重的问题，本案中，上诉人深受其害。

其次，举证期限。本案在一审法院中根本没有举证期限的概念。案件审理一年了，被上诉人孙某、付某更换代理律师，于是法庭又重新组织证据质证，以便新律师把原先律师提交的证据替换掉；审理一年半了，可以再变更诉讼请求，增加当事人。法庭辩论何时结束？上诉人以为在×××法庭已经结束了，结果案件转到另一个审判区，又重新开始。这是不是为了方便被上诉人孙某、付某变更诉讼请求、增加证据、追加当事人呢？本案中的各项判决都是基于这种情形下变更后的请求作出的，这样的请求如果被法院认定为合法，法律规定举证期限、规定增加、变更诉讼请求的时限有何意义？一审法院的这种做法明显违反法律规定，也严重违反最高人民法院的精神。所谓的违约金请求，也是按理早已超过审限和举证期限的时候提出来的。这些请求连基本的提出时间上都不符合法律规定，判决怎么能正确呢？恳请二审法院纠正一审法院的违法行为，让审判过程回到正常、合法的轨道上。

四、一审以判决的方式变更当事人的合同内容，剥夺了当事人的合同权利，必须撤销。

判决书第一项强行改变了上诉人和第三人某银行的约定。判决书第四项也属于强行认定，因为张某军与被上诉人孙某、付某根本没有约定何时付款。假设合同有效，没有约定的按法律规定需要协商，这是当事人的权利，是受法律保护的，即使是法院也不能随意剥夺这种权利，不能以一方的请求随意变更当事人的合同内容。法院的权力应该局限于对当事人已经约定部分的裁决，对当事人未约定部分不能擅自决定。我们请求法院的是裁决，而不是补充合同内容。

综上所述，一审法院在本案的审判上无论从事实认定还是法律适用，无论是实体方面还是程序方面，都存在明显的错误，有些常识性的错误显然不是技术方面的。上诉人认为，两年多来一审法院的很多做法（不仅是判决结果，也包括审理过程中的大量细节）完全背离了人民法院应持的公正立场，做了许多不该做的工作，其结果必然是对上诉人合法权益的严重损害。

恳请二审法院仔细查明本案事实，调查一审整个审判过程，依法撤销一审法院的错误判决，将其发回重审。

此致
北京市 ×× 中级人民法院

附：本上诉状副本四份

上诉人：范　某

××××年 ×× 月 ×× 日

三、反诉状

反诉，是被告在同一诉讼中起诉原告。反诉是由本诉引发的，没有本诉就没有反诉，但反诉一旦启动就具有独立性，即使本诉撤诉，反诉也可以继续审理，因为它是具有实质内容的诉讼请求。

在司法实践中，反诉往往是作为一种诉讼策略来使用的。反诉在有些类型的纠纷案件中经常出现，比如建设工程施工合同纠纷案件。承包方起诉发包方索要工程款，发包方反诉，以工程质量不合格或延期交付等理由主张违约金。

律师准备反诉时要着重考虑以下两点。

第一，在诉讼策略上是否必要。当事人对反诉是什么大都不了解，而反诉成功率又比较低，所以，反诉有时可能成为律师的"多此一举"，要慎之又慎，否则容易自寻烦恼。

第二，律师提议反诉前还要考虑诉讼成本。如果标的额大，律师费、诉讼费等加起来不是小数目，一旦得不到支持要由当事人自己承担。费用问题比较敏感，应事先和当事人沟通好。

反诉状的写法与起诉状没有大的差别，两者不同之处在于，确定反诉请求时，不仅要研究案件事实，还要研究原告（被反诉人）的起诉状。我们要时刻牢记，在大部分情况下，反诉的主要目的不是通过反诉获得实际利益，而是让本诉不能成立。所以，假如本诉的请求是继续履行合同，那么反诉就要研究能否解除或撤销该合同。

下面的反诉状中提出的请求就是撤销原告、被告之间签订的《借款合同》《还款计划》《担保书》，这是一起民间借贷纠纷案件。

反 诉 状

反诉人一（本诉被告一）：王某，男，19××年××月××日出生

身份证号码：××××××××××××××××××

联系电话：1×××××××××××

住址：北京市通州区九棵树西路××号

反诉人二（本诉被告二）：王某生，男，19××年××月××日出生

身份证号码：××××××××××××××××××

联系电话：1×××××××××××

住址：北京市通州区九棵树西路××号

被反诉人（本诉原告）：吕某，男，19××年××月××日出生

住址：北京市朝阳区白家庄东里××号

身份证号码：××××××××××××××××××

联系电话：1×××××××××××

二反诉人现因民间借贷纠纷一案，对被反诉人提起反诉。

反诉请求

1. 撤销反诉人一与被反诉人于2019年1月28日签订的《借款合同》以及2019年3月1日签订的《还款计划》(还款协议);

2. 撤销反诉人二与被反诉人于2019年3月1日签订的《担保书》(担保协议);

3. 判令被反诉人承担本案诉讼费用。

事实与理由

反诉人一分别于2013年6月21日、2013年8月30日、2014年1月8日从被反诉人处借款50万元、25万元、23.5万元。之后,反诉人一积极偿还借款本息,累计偿还121.3万元,其中本金98.5万元,利息22.8万元,完全履行了借款人的义务。

然而,被反诉人却为了获取巨额的高利贷收益,不断骚扰、威胁、恐吓反诉人一及其家人。2018年10月18日、12月12日,被反诉人在反诉人一的公司大楼出入门上张贴用血红大字写的"王某欠债还钱!"大字报,造成极其恶劣的影响。2019年1月28日,被反诉人与一名有犯罪前科的人,在小区地下车库,以孩子和家人安全相威胁,逼迫反诉人一签署所谓的《借款合同》,并当场抢走其奔驰商务车,这辆车后来出现多次违章记录。2019年3月1日,被反诉人带人强行闯入反诉人一家里,不仅辱骂反诉人一，还辱骂反诉人一年老的父母，逼迫反诉人一签署所谓的《还款计划》，并逼迫反诉人一的父亲反诉人二签署《担保书》。2019年5月3日，被反诉人在反诉人一的家里，对着全家人叫嚣："你们家俩孩子……我活够了，告诉你……"言外之意是，只要不满足他的要求，他可能要随时加害反诉人一的两个孩子。这给二反诉人的家庭带来极大的恐慌，老人和孩子都不敢单独在家，听到敲门声就浑身哆嗦。

被反诉人在已经收到借款本息的情况下，纠集带有犯罪前科的社会闲散人员，通过威胁孩子和老人生命安全、强行闯入家里吵闹辱骂、在单位大门上张贴血红大字报等违法手段，胁迫反诉人一及其父母签署《借款合同》《担保书》，强立债权，虚增债务，肆意制造违约，然后起诉到人民法院，试图利用民事判决堂而皇之地侵占被害人（二反诉人）的巨额财产，试图将非法行为合法化。被反诉人的上述行为，显然已经不是正常的索债，而是带着明显的"套路贷"性质，完全符合最高人民法院关于"套路贷"的定性，应依法受到严惩。

可见，所谓的《借款合同》《还款计划》《担保书》等，是在被反诉人的胁迫和恐吓下产生的，并不是二反诉人的真实意思表示，因此，依照有关法律规定应该撤销。

> 故，现特此反诉，请人民法院依法判允前列反诉请求。
>
> 　　此致
>
> 北京市××区人民法院
>
> 　　　　　　　　　　　　　　　具状人：王某、王某生
>
> 　　　　　　　　　　　　　　　20××年××月××日

第二节　代理词必须形成完整的逻辑

　　代理词是律师对案件事实与法律的系统性认识，是对案件形成过程的合理性分析，是对案件解决方案的可行性建议。这三者融为一体才能形成案件的完整逻辑，而完整的逻辑就是代理词的价值所在。

　　读者对代理词应该已经不陌生了，因为我在前面的章节中附上张某股权转让纠纷案、钱某涉家暴的离婚案、彭某房屋买卖合同纠纷案三宗案件的代理词，并对其进行必要的解释。

　　代理词的写作与起诉状的写作，无论从内容还是形式上都有很大差异。其中最根本的不同点是，两者的目的不一样。起诉状类似于战书，主要目的是表明我方的态度并提出具体的要求，"事实与理由"部分并不是主要的。而代理词则不同，它的重点就在"事实与理由"上。

代理词要通过分析原告、被告的证据以及在法庭上的陈述，提出我方的观点和逻辑，让我方的观点显得有理有据，让我方的逻辑显得合情合理。

那么，如何才能写好一份代理词呢？我认为，应该把握好以下三点。

一、结构完整

代理词是律师对案件事实与法律的系统性认识，因此，你必须用完整的结构将其表现出来。有些代理词，证据和观点都挺好，但给人感觉非常乱，无法形成整体性印象，这往往是因为文章缺乏必要的结构。代理词是比较复杂的法律文书，既要通过分析证据得出案件的事实，又要通过研究法律指出案件的依据，既要攻破对方的观点，又要建立自己的逻辑，这些离不开精心安排的结构。

代理词绝不是几个证据的展示和若干观点的罗列，证据之间、观点之间以及证据和观点之间要形成有机的联系，形成一个"系统"。这就是代理词和代理要点的区别。代理要点虽然也可能有它的逻辑，但是没有结构，因此不够系统、全面、深入。

若是代理原告，则代理词的结构还要注意一点，那就是代理词必须与起诉状、证据目录相互呼应。对于原告来说，起诉状、证据目录、代理词是胜诉的三个保障，缺一不可。起诉状保证诉求无误，证据目录保证每个诉求都有证据支持,而代理词则保证让法官感觉到原告的主张有充分的法律和事实依据。

二、逻辑清晰

代理词又是律师对案件形成过程的逻辑性分析。案件是怎么形成的、为什么变成这样、这是谁的原因导致的,这些内容必须要用逻辑清晰地分析出来,像讲推理故事一样把法官带入那个情境中去。有的人写的代理词,想看懂不大容易,主要是因为逻辑混乱。

逻辑性分析包含详细的论证。代理词里的论证与其他论证有所不同。代理词里每一个观点都要根据对证据的解释得出,或者根据证据推理得出。

三、观点明确

代理词本质上是向法庭表达我方对案件的处理意见,比如应该继续履行合同或解除合同,因此,提出的主张和观点一定要十分明确,而且要重点突出,不要长篇大论。

有的辩护词长达几十页,那是缺乏综合能力的表现。再大的案件,十页纸都应该能说清楚,否则问题不是出在案件的复杂上而在你的能力不足上。实际上,你即使有二十个观点,只需要把三四个重要的观点说透即可。如果这三四个重要观点没能打动法官,那后面的十几个观点法官连看都不会看。反过来,如果这三四个重要观点打动了法官,那么后面的那些观点他看不看也无关紧要。

另外，要把重要的内容和观点写在前面。有些律师的习惯很有意思，他的代理词"循序渐进"，从不重要的观点开始写，最后写最重要的观点。这有违科学常识。一个人看文章注意力最多集中 25 分钟，其实通常不超过 10 分钟，除非是让他特别感兴趣的内容。

我们曾在"原告律师如何先声夺人主导诉讼"一节中，以于某商品房买卖合同纠纷案为例，详细探讨过申请人申请仲裁前（原告起诉前）应如何开展工作，其中包括仲裁申请书和证据目录的主要内容。下面是该案的代理词，读者如果把这两个部分的内容结合起来看，可能更有助于理解这份代理词。

代 理 词

尊敬的仲裁员：

　　北京某某律师事务所接受申请人于某的委托，指派我担任申请人与被申请人北京某置业有限公司商品房买卖合同纠纷案件的一审代理人。接受委托后，我对本案的相关材料和法律规定进行了认真仔细的研究，现根据庭审情况，就争议焦点发表如下代理意见，请予参考。

一、申请人与被申请人签订的商品房预售合同合法有效，申请人全面履行了合同义务。

2017年8月11日，申请人与被申请人签订《北京市商品房预售合同》。该合同没有违反法律、行政法规的强制性规定，故合法有效。签约后，申请人及时支付了全部房款（公积金贷款120万元，余款110万元用现金支付），并按时接收了房屋（不含地下室和小院），全面履行了合同约定的义务。

二、被申请人没有按照合同约定交付地下室和小院，属于严重违约。

1.被申请人关于涉案房屋的广告宣传内容具体、明确、清晰，应视为要约，为本案合同内容。

申请人提交的第二组、第三组、第六组证据显示，被申请人通过户型图、沙盘模型、微信公众号等方式反复宣称，"多一层空间多一层想象！""叠厅花苑双明厅！""私享入户花园""楼上是家庭会客厅，楼下就留给孩子，做他的琴房和舞蹈室""在下叠客厅装一个投影，弄一个家庭影院"。并在现场发放的叠厅花苑户型示意图宣传彩页中展示了"下跃式户型"，这些广告宣传内容具体、明确、清晰，完全符合要约的条件，应视为要约。

因此虽未载入本案合同，亦应视为本案合同内容。

2.在签订本案合同过程中，申请人与被申请人就附赠地下室和小院进行反复沟通，双方达成一致意见，被申请人的售楼代表、销售经理、销售主管代表企业作出书面的确认和承诺，因此，附赠地下室和小院是本案合同内容。

被申请人的宣传材料、户型图、沙盘模型等，使申请人对涉案房屋产生了极大兴趣。申请人开始与被申请人的售楼代表（又称置业顾问）司某某（微信名叫"A小雨1731625××××"）商谈具体合同条款，其中最重要的是落实被申请人在宣传材料中承诺的下跃式地下室和花园小院。司某某明确表示，"75下跃户型，带地下室小院，地下室共50平方米左右（有一部分是产权50年需要买的大概是20平方米，不需要你买的面积在30平方米左右），小院地上、地下加起来差不多20平方米，从阳台可以出去到地上的小院里，在地上小院的旁边有一个下沉式小院"（见证据第144页）。司某某是被申请人的专业售楼人员，以上讲述的内容都是经过企业培训的，是代表企业对购房人承诺的。但是，申请人仍然有些犹豫。于是，司某某给申请人发来"不能外传"的地下室施工设计VI图，进一步解释"13号楼地下一层，区域位置空间,地下室需要交费部分显示戊类库房,小院显示小院窗井"

（见证据第 162 页）。申请人提出，能不能让销售部门的领导对上述内容作出确认和保证。司某某立即请销售经理刘某与她一起了写一份"确认和承诺书"，清楚说明"某城项目 A-13#住宅楼 4 单元 102 是本项目的下跃户型，包括附赠小院、地下室，与楼上部分是一体的。地下戊类库房部分预测面积 19.35 平方米"（见证据 164 页）。司某某还请销售主管朱某某也写了一份几乎完全相同的"确认和承诺书"（见证据第 130 页）。可见，附赠地下室和小院是被申请人反复确认和承诺的，也是申请人和被申请人协商一致的，因此，是本案合同的主要内容。

另外，从司某某、刘某、朱某某等人的表述中可以看到，涉案房屋的地下室由两个部分组成。一部分是不需要购买即附赠的，约 30 平方米，另一部分是需要购买的叫戊类库房，约 20 平方米，这两个都叫地下室。

3. 申请人为地下室和小院支付了相应的对价，地下室和小院名为附赠实为购买。

本案中，无论在广告宣传里还是在售楼负责人的书面确认和承诺里，或者是在预售合同附件里，地下室和小院都是"附赠"的。其实不然，地下室和小院是申请人支付了对价购买的。涉案房屋是一楼，而且是离大门和街道很远的 13 号楼，这样的房屋正常来说比同一单元的二楼便宜，有些楼盘差价在每平方米1000元左右。但是，涉案房屋却比同一单元二楼单价高出5040元（见证据第86-1页）。为什么呢？因为"附赠"下跃式地下室和花园小院是开发商变相抬高房价多收房款常用的手段。一旦因"附赠"的东西不存在或者不符合承诺而发生纠纷，开发商就会抗辩说那是附赠的，与房屋总价没有关系。

4.本案合同附件十四补充协议（专有使用空间）中，双方明确约定了附赠地下室和小院。

这份补充协议是合同双方专门就附赠地下室和小院进行的约定。由于被申请人的广告宣传内容明确、具体已成为合同内容，被申请人的售楼代表、销售经理、销售主管等人又作出书面的确认和承诺，并且申请人为地下室和小院又支付了相应的对价，因此，签订这份补充协议的时候，双方对"附赠"的内容即"附赠地下室和小院"是非常清楚的，完全没有必要在协议条款上勾选（见证据第80页）。

另外，我到现场查看过，这个地下室和戊类库房都已经建成。地下室是两个15平方米左右的房间，每个房间都有很大、很正规的与住宅一样的窗户，窗户外面是阳台，阳台顶上是天井，所以，整个地下室相当亮堂，这明显是按照住宅来建的。它的旁边就是戊类库房，现在已经安装了铁门，那是需要购买的，每平方米 8500 元（见证据第 81 页）。

总之，下跃式地下室和花园小院，是申请人支付对价购买的，是本案合同内容，被申请人没有交付给申请人属于严重违约，应承担相应的法律责任。

三、被申请人签订合同时隐瞒了规划里没有地下室和小院的事实，被申请人的行为属于恶意欺诈。

第三组证据之三《北京市工商行政管理局某分局行政处罚决定书》证明，涉案房屋所在楼盘项目的建设工程规划里不存在配套小院和跃层设计（见证据第 62 页）。我国对商品房建设工程项目的管理相当严格，必须先有规划才能施工和预售，政府批准的规划里有哪些可建设项目，开发商是十分清楚的。

在本案中，被申请人实施了一整套有计划、有预谋的欺诈：首先，故意隐瞒规划里没有下跃式地下室和小院的事实；其次，通过大张旗鼓地进行宣传抬高房价，并以"附赠"的形式将多收的房款隐藏在总房款里，让房款与附赠的地下室和小院分离；最后，利用制定格式条款的优势地位巧妙设计合同条款（如补充协议）以规避法律风险。这种行为的性质极其恶劣，应受到法律的严惩，否则购房人会不断地被他们欺骗和损害。

四、被申请人应该为自己的严重违约和恶意欺诈行为承担相应的法律责任，赔偿申请人因此造成的全部损失。

由于被申请人存在恶意欺诈，因此其违约行为应受到不同于一般违约的惩罚。

本案中，被申请人的违约行为应承担的法律责任有以下内容。

1. 返还房屋差价款 343,886 元。

这是被申请人通过虚假宣传和承诺，比正常价格多收的房款。如前所述，涉案房屋应该比同一单元二楼便宜，但却高出 5040 元（房屋单价）。北京市住房城乡建设委员会出具的《房屋拟售建面单价汇总》显示，涉案房屋所在单元的价格是，三楼比二楼每平方米高出 242 元，四楼比三楼每平方米高出 244 元，五楼比四楼每平方米高出 244 元。因此，如果一楼没有下跃式地下室和花园小院即正常情况下，一楼应该比二楼单价至少低 240 元。按每平方米低 240 元计算，申请人因为有下跃式地下室和花园小院，购房时多支付每平方米 5280 元，购房总额多支付 343,886 元（详见损失计算方式）。

2. 被申请人多收 343,886 元没有法律依据，因此应按不低于中国人民银行的同期贷款基准利率支付资金占用费。

2017 年中国人民银行公布的 1~5 年期贷款基准利率是 4.75%。被申请人多收的房款是申请人于 2017 年 8 月 8 日支付的（见证据第 58 页）。因此，被申请人应向申请人支付自 2017 年 8 月 9 日起至实际支付之日止的利息（资金占用费），暂计算至 2021 年 11 月 8 日，为 69,421 元（详见损失计算方式）。

3.被申请人应按本案合同附件十四补充协议（专有使用空间）的规定支付违约金。

该补充协议第八条规定，本协议约定的专有空间因法规、政策变化或出卖人的原因等均未能交付的，不影响本合同项下房屋的交付，买受人不得以此拒绝接受该房屋或退房，出卖人向买受人支付总房款 3% 的违约金。该补充协议按照《合同法》第 54 条规定应视为可撤销的合同，因为它是被申请人以欺骗的手段使申请人在违背真实意思的情况下订立的合同。但是，申请人没有选择撤销，因此该补充协议应认定有效，被申请人应按照该补充协议规定支付违约金（70,090 元）。

4.被申请人应赔偿申请人的可得利益损失 233,633 元。

被申请人支付的 7 万元违约金根本无法弥补申请人遭受的损失。申请人之所以比正常价格多支付 34 万元购买涉案房屋，是因为被申请人有关下跃式地下室和花园小院的描述和承诺，正如被申请人所希望的那样，对申请人产生了相当美好的期待和想象。如果涉案房屋有下跃式地下室和花园小院，那么，房屋的结构就会如被申请人所说变成"西洋别墅",房屋的功能也会大大改善,因为多了两个15平方米的冬暖夏凉的地下室。这样的房屋整个小区里只有40套,而该小区是由全国知名房地产企业开发的,所以,涉案房屋的价值就会立刻大幅提升。

"多一层空间,多一层想象。""叠厅花苑双明厅!""楼上是家庭会客厅,楼下就留给孩子,做他的琴房和舞蹈室。"如果被申请人的这些承诺成为现实,那么,毫无疑问涉案房屋整体价值会增加15%以上。这一点是完全可以确定的。所以,申请人认为,即使扣除了7万元违约金之后,申请人的损失也在总房款的10%以上。

而申请人的这个损失,在签订本案合同的时候,被申请人是完全可以预见的。这一点有两个事实可以证明。

第一,被申请人在明知地下室和小院没有规划所以极有可能无法交付的前提下,在合同附件十四补充协议中规定了违约金为总房款的3%。该补充协议是被申请人制作的格式合同,申请人没有任何讨论余地必须接受,因此,这3%只是象征性的赔偿,真正的损失一定会高得多。这是人之常情。我们自己做主的合同,如果明知某一条款极有可能无法履行,则一定会把违反该条款的违约金定得很低。

第二,被申请人对下跃式地下室和花园小院做具体、明确的承诺时，必然清楚申请人如果得不到这样的地下室和小院将会受到很大损失。申请人购买的是一楼房屋，如果没有下跃式地下室和花园小院，那么，该房屋就会变成只有缺点没有优点的房屋，其价值马上会大幅下降。签订合同时，被申请人特意让申请人签署了附件十一"出卖人关于遮挡或妨碍房屋正常适用情况的说明"，其中特别提示，一楼可能存在噪声、挡光、辐射、气味、油烟等不利因素（见证据第 25~32 页）。

五、因为被申请人的行为属于恶意欺诈，对其应适用惩罚性赔偿制度。

被申请人的行为不是一般性违约，它是明知因为没有规划很可能无法履约的情况下精心策划的恶意欺诈，所以，法律应该对其进行严厉制裁。制裁的方法之一就是提高赔偿金，即进行惩罚性赔偿。我认为，应该适用《消费者权益保护法》，按照多收房款的三倍计算赔偿金。但是，即便不适用《消费者权益保护法》，也应该参照《消费者权益保护法》的理念，在确定具体赔偿额方面显出法律的惩罚性功能。

综上所述，被申请人作为全国知名的房地产开发企业，不仅违规建设，而且还故意隐瞒违规建设的事实，用欺骗的方式与申请人签订合同，致使申请人多支付几十万元购房款。而被申请人的恶意违约，又给满怀期待的申请人带来巨大的经济损失。被申请人必须为自己的违法行为付出应有的代价。

恩请仲裁委员会查明事实，依法作出公正的裁决。

此致

某某市仲裁委员会

北京某某律师事务所律师　吴春风

20××年××月××日

第三节　如何写好一份合同

合同是交易的载体，所以交易方式是合同的核心内容。一份好的合同，可以通过交易方式的创新帮助当事人实现其经营目的。

合同是律师最经常接触的法律文书之一。在"合同管理"一节里，我们主要从企业管理的角度探讨了有关合同的问题，其中涉及合同的审查，但未涉及合同的起草，而起草合同是律师必须掌握的基本功。

一、合同必须有助于实现交易

合同是什么？合同是交易的载体。所以，律师起草合同必须要考虑交易的顺利实现，而不能只考虑法律风险。律师起草合同之前，首先要有正确的理念。

现在写一份合同并不难，网上有许多版本，然而把它写好却不大容易。

我经常看到一些合同，写得似乎很全面但关键的内容没说清楚，废话连篇，明显是糊弄外行的。为什么出现这种情况？我分析有几个原因：一是不认真，比如表述不准确；二是不研究，比如，甲方合同和乙方合同，连基本的管辖都没有区分；三是工作方法不对，比如，只重视法律条款，忽视商务条款和技术条款；四是社会经验不足，无法联想合同履行中可能出现的情况。

那么，写合同的程序应该是什么样的呢？

首先，确定合同性质，即属于什么类型的合同，比如是借款合同还是投资合同。

其次，研究这种交易方式的特点是什么，它的关键条款应该是什么。以委托代理合同为例，它的特点是代理人以委托人的名义实施民事法律行为，它的关键条款是代理权的范围和代理期限。

最后，要想象这个交易如何进行，合同履行的过程中可能会出现什么情况，它的风险在哪儿，一旦出现问题怎么解决、在哪儿解决等。

可见，起草复杂的合同需要考虑许多内容，律师应该具有丰富的知识。

那么，什么样的合同是"好合同"呢？

这个问题好像没有标准答案，仁者见仁，智者见智。我认为，能够满足客户需要的就是好合同。

一家集团公司的老板曾经跟我抱怨他的律师，说他起草的合同"太专业"，根本不知道企业需要什么。他说的"太专业"是指，这个律师只知道提出法律风险，不明白企业找他来到底想解决什么问题。

客户的需求是我们工作的出发点。如果你不能准确把握客户真正的需求，即使作出天下最完美、最漂亮的合同也无济于事，因为合同是用来解决问题的。解决什么问题呢？解决交易方面的问题。因此，企业真正需要的是，律师帮助企业完成交易。我称之为"促进交易理念"。

有些律师对此比较困惑，律师怎么能促进交易呢？这似乎不是律师的职责。然而，只要你设身处地地思考问题，只要你想提供深入的服务，你就会明白企业的这个需求十分合理。我们必须时刻记住，律师不是玩儿花架子的，律师必须能够解决问题。律师最重要的能力是什么？是创造性地解决问题，而不是把法条拿来或者把类似的案例拿来套在自己的案子上。

律师不是法律和案例的搬运工。

举个例子。房地产建筑行业里经常有"阴阳合同"（又称"黑白合同"），招标文件中用于备案的施工合同和另行签订的实际履行的施工合同或者补充协议。按照司法解释的规定，一旦出现纠纷，法院采纳招标文件中的施工合同。

如果房地产企业请你起草这份准备实际履行的合同怎么办？

我在企业负责经营时遇到过这类事情。有个律师提出相当专业的法律意见，提醒企业必须把所有重要的内容都写进招标合同里，否则企业的法律风险非常大。说得没错，就像"一加一等于二"一样，但老板却没有聘请他。

难道老板不知道这种常识性的问题吗？他在建筑房地产行业混了一辈子。那么，他为什么还花那么多钱请你这个律师来呢？不就是让你想办法，在做成这笔买卖的同时最大限度地规避法律风险吗？他问的是你有什么办法解决这些问题，而不是告诉他这个不对、那个不行。

你要做解决问题的律师，而不是指出问题的律师。

那么，这是不是让你起草"违法合同"呢？当然不是，这考验你是否真正专业。房地产建筑行业"阴阳合同"的规则是，法院采纳"阳合同"的价格条款，但两份合同都会认定有效，而且"阴合同"的价格如果没有超出"阳合同"的20%，一般会认定"阴合同"的价格条款也有效。其实，"阴阳合同"的规则适用起来相当复杂。

我们许多所谓高端业务都是这种情形。不是"一加一等于二"那么明显的东西，不是让我们把法条搬过来告诉他们如何如何。

我反复强调，律师不是法律的搬运工，律师的工作必须是创新性的，目的只有一个——满足客户的需求，解决客户的问题。当然，这是在法律的规则范围内。

不过，有些合同我们绝对不能做，那就是可能涉及刑事问题的合同，比如为了虚假诉讼编造的借款合同，它没有基础关系。律师如果参与其中，你只要明知就可能涉嫌犯罪，而明知是很容易证明的。安徽某一律师的案件就是个例子，他是因为参与当事人的民间借贷纠纷，作为当事人的共犯被定罪的。

二、好合同的标准

根据上面的分析，我们可以说好合同的标准是：在防范法律风险的前提下帮助当事人实现交易目的。这就是客户的真正需要。

显然，规避掉所有法律风险的合同不一定是好合同，因为那样的合同可能无法签订。合同是什么？合同是双方的合意。你要这一方规避掉所有法律风险，那对方就可能有法律风险了，所以谈判也许就会破裂。你要为企业服务，就必须研究企业人的思维方式。企业人的思维方式和法律人的思维方式截然不同。

合同是谈判的结果，如果无利可图任何人都不会签合同，即使是处于弱势地位的人也有自己的算盘。施工合同中的乙方（施工企业），合同许多条款看起来都对他不利，但为什么还高高兴兴地签呢？因为他想的是合同外增加的工程量。一项大的工程，无论发包方多么仔细，都不可能把所有的工程写进合同里，总有一些工程是没有想到的。就像我们装修房子，实际装修下来肯定比最初的预算多出不少。当然，他可能还有别的考虑，交易背后的原因有时非常复杂。

从合同设计的角度讲，如果商务条款和法律条款对自己不利，可以在技术条款中想办法找回来，这是相当隐蔽的手法。

三、合同的关键条款

怎么才能作出一份好的合同呢？我认为，应该在合同关键条款上下功夫。合同的条款通常都比较多，我们一定要抓住关键点。

那么，一份合同最关键的是哪几个条款呢？

第一个关键条款——合同主体

主体不适格合同就无效，所以要严格把关。然而在现实中，房地产项目部、政府工程的招标办、工程处等一些不适格主体经常出现在合同里。如果有人咨询这类问题你怎么回答？说主体不适格不能签？无论你怎么讲当事人都会签的，因为不签买不着低价房子或者拿不到工程。

当然，此类合同通常是对方起草的，但你也能够帮助当事人在补充协议中提出自己的要求。那么，你应该如何建议？如何写补充协议条款？你能不能想办法，万一以后出现纠纷，让那个真正适格的主体作为被告参加诉讼？这些都是完全有可能的。

因此，合同主体问题往往不那么简单。有时你需要做一些调查，掌握当地和行业的交易习惯,指导当事人形成和保存一些证据。

另外,由于这类事情将来引发纠纷的可能性比较大,所以律师为了保护自己,有必要给当事人做相应的笔录。

第二个关键条款——交易方式

合同中最关键的条款是交易方式。合同是交易的载体,而交易的核心是交易方式。交易方式包括三项内容:一是交易的性质或种类;二是结算和付款方式;三是交付方式。这是指一般动产。如果是房地产和特殊动产,过户也是主要内容。

(一)交易的性质或类型

起草合同时首先要搞清楚双方做的是什么买卖。《民法典》里列了19种有名合同,每种有名合同里都包含自己特有的交易方式。融资租赁合同和买卖合同或租赁合同,其交易方式就截然不同。所以,我们必须研究明白每一种有名合同里包含的交易方式,把它熟练地应用在起草合同上。我们应该做到,当事人一说出交易的目的,马上就能想到相应的合同类型。比如,他想买台设备,但没有钱也没有地方借款,你应该想到什么呢?融资租赁。

(二)结算和付款方式

在工程合同里结算是极其重要的内容,其他的合同里需要特别进行结算的情况并不多。因此,这里着重讲付款方式(广义的,与价款有关的所有方式):(1)一次性付款,及时结清;(2)分期付款,包括按揭贷款；（3）各种保证金（履约保证金、质量保证金等）；（4）定金或订金；（5）优惠或奖金；（6）违约金、滞纳金。

合同中"付款方式"这一条款的作用非常大。它既能鼓励对方，又能约束对方，还能控制合同履行的节奏。稍微复杂的合同，一般都不是一次性付款的，并且每一笔付款都附有条件，因此如何设置该条件便成为律师需要研究的内容。它不只是商务问题，它往往涉及重要的法律问题。律师在起草合同时，应该和当事人研究，甚至与对方谈判，慎重决定该内容。

以建设工程施工合同为例，它的付款设计就比较复杂。有些施工企业因为陷入付款方式陷阱，最终没有赚到钱。而房地产企业经常通过巧妙地设计付款方式，获得更大的利益。

大连有一家房地产企业，它的每一份工程合同都规定，必须经公司审计部审核确认之后才能支付工程款。而审计部部长是个特别认真、六亲不认的老头儿。施工企业买的所有材料，哪怕是一颗景观树，他都亲自去检查。就因为设置了这一程序，施工企业不仅无法按期拿到工程款，还经常被扣款罚款。

我不太欣赏这种方式，总觉得合同顺利履行的前提是给付合理的对价，做到大体的公平。我举这个例子只是想说明，付款方式的设计有许多学问，是律师可以发挥作用的地方。不过，想做到专业的程度，需要深入了解那个行业。

因此，成为行业律师，是青年律师必须考虑的重要问题。我建议大家长期关注自己喜欢的某个行业。行业律师不仅要掌握那个行业的法律，还要深入了解那个行业的运作方式。

（三）交付方式

法律规定的动产交付方式有两种：现实交付和观念交付。观念交付里又有三种交付方式：简易交付、指示交付、占有改定。

这些交付方式，为我们制作合同提供了各种选择。现实交付和简易交付比较简单，但指示交付和占有改定可能就相对复杂了。比如占有改定，它往往涉及一物二卖，涉及善意取得，所以买方有可能得不到标的物，而且占有改定里通常包含混合交易。因此，设计这种合同要格外仔细认真。

而指示交付，虽然它本身的道理并不复杂，但由于涉及第三人且不是现实交付，所以显得抽象（返还请求权的让与），必须要约定清楚彼此之间的关系。

（四）利用法律的特殊规定，进行交易方式的创新

《民法典》规定了几种比较特别的合同，如保理合同、融资租赁合同等。这种交易方式，很多当事人都不了解。如果你发现他的目的与这种合同相符，你就可以指导他签订此类合同，这对于他来说就是创新。

还有，买卖合同（《民法典》第641条）里关于所有权保留的规定，

如果将该条款用在设备买卖合同等合同里，可能会更好地保护当事人的利益。

第三个主要条款——单方解除合同条款

起草合同时要特别重视我方提前终止合同的条件，即单方解除合同条款。我们不仅要考虑合同的顺利履行，还要考虑万一的情形下如何迅速摆脱合同约束。

要想合同顺利履行，就要约定好交易方式。而要想遇到特殊情况及时撤出，就要约定好解除合同条款。能进能出的合同才是好合同。

以设备买卖合同为例，我们可以作出如下规定：

"有下列情形之一的，买方有权单方面终止合同：卖方逾期交付合同设备超过一个月以上；合同设备存在重大质量问题，经修理和更换一次仍无法达到本合同规定的技术标准，无法正常使用的；因卖方提供的资料问题，买方无法正常使用设备的。"

起草合同的一方往往是甲方，也就是具有优势地位的一方。在签订合同时优势地位如何体现？其中之一就是，他可以制定单方解除合同条款。

不过，如果我们为乙方审查合同，遇到甲方设置了单方解除合同条款时，也要据理力争提出乙方相应的单方解除合同条款。基于公平原则，甲方通常也不得不同意部分条款。

单方解除合同条款是十分重要的，关键时刻往往能够用得到，它可以让我方遇到特殊情况时掌握主动权，及时采取措施。

顺便探讨一下违约责任条款。这个条款不能说不重要，但我不认为它是关键条款。因为法律对违约问题规定得比较详细，可以直接拿来使用。当然，约定清楚违约责任还是有一些作用的：第一，起到震慑作用，可以让对方预先知道违约的严重后果，更积极地履行合同；第二，便于索赔，约定好了违约金和计算违约金的方式，出现违约情形时容易计算出来；第三，惩罚对方的失信行为。

违约责任条款中关于违约金的约定不可或缺。问题是违约金定的越高越好还是适当一些好？我主张不要定太高，因为它是对等的。假如我们是卖方，我们把逾期付款违约金定得很高，对方也一定会要求把逾期交货违约金定得同样高。

如果你审查对方起草的合同，对方把违约金定得特别高，你要争取把它降下来。因为，万一以后变成诉讼案件，那特别高的违约金很可能会得到法院的支持。这一点要引起足够的重视。

我们知道，法律规定违约金过高的时候，违约方可以要求适当降低。然而有时候，当事人否认自己违约，所以他认为根本不存在违约金问题。这时法官有可能对他进行释明：如果万一你构成违约，你是否提出违约金过高的抗辩，是否要求降低违约金。有的当事人相当倔强，他坚持说自己没有违约，根本不存在违约金问题，结果法院判决支持了约定的违约金。我遇到过这种情况。可见，约定过高的违约金是非常危险的。律师在起草合同时必须考虑到这种风险,要事先防范。

综上所述,合同的关键点有三个:合同主体、交易方式(交易类型、付款方式、交付方式)和单方解除合同条款。

我强调这三个条款并不说明其他条款就不重要。合同是一个体系,一个整体,上下都是连贯的,所以法律解释里有一种解释叫"体系解释"。有时候,判断合同中某一句关键的表述体现的真实意思表示究竟是什么,往往要进行体系解释。

不少律师把一份合同分成商务条款和法律条款两个部分,或者再加一个技术条款,然后只审查所谓的法律条款,对商务条款和技术条款不予重视。我认为这是错误的工作方法,也是不负责任的。你必须把一份合同当作一个整体、一个系统,进行全面的研究。

四、甲方合同和乙方合同

有些律师起草合同不分甲方、乙方,这样看起来似乎公平,其实不然,这对你的当事人是不公平的。当事人花钱请你做合同,就是为了在法律规定的范围内最大限度地保障他的利益,你如果做不到就是失职。

那么,你为甲方起草合同应该考虑哪些因素呢?

1.管辖。甲方合同一般都要选择"由甲方所在地人民法院管辖",这是常识。办过案件的律师都知道,管辖具有重要的战略意义,与制订诉讼策略和方案有着直接的关系,所以要千方百计做

"地头蛇"。

甲方除了选择自己所在地法院之外，还可以根据自己的策略选择其他有管辖权的法院。

而作为乙方，则可以争取写上"由合同履行地法院管辖"。因为合同履行地的认定比较复杂，在诉讼中往往产生不同的观点，乙方也许能够有机可乘。

不少合同选择仲裁，我不建议这么做。仲裁有两个致命的弊端：首先，一裁终局，没有翻盘的余地；其次，法院对仲裁裁决可以撤销或不予执行。撤销可以重新再来，尽管比较麻烦，但一旦裁定不予执行就难办了，所以说这个规则很要命。

《民事诉讼法》第244条规定了对仲裁裁决不予执行的几种情况，其中有两条经常被法院采用：一条是仲裁的程序违反了法定程序，违反程序的情况时而发生，找这个借口并不难；另一条是法院认定执行该裁决违背公共利益。什么是公共利益？这是可以扩大解释的模糊概念。

可见，约定仲裁有时候不仅不能尽快结案，反而会让当事人陷入更漫长的诉讼泥潭中。

2. 交易方式要对甲方有利。要选择好交易类型，精心设计付款方式。交货方式和风险的转移问题也要仔细考虑。

3. 最大限度地减少乙方的权利，有时候要促使乙方放弃某些权利，比如期限利益。

举个例子。商品房买卖合同范本中有个"解除权条款",即过了一定期限不交房可以解除合同。但该条款下面有空白,当事人可以另行约定。因此,房地产企业的文本往往写的是"继续等待"。《最高人民法院关于审理商品房买卖合同纠纷案件适用法律若干问题的解释》第11条规定了迟延交付房屋时买受人的解除权,它最长是一年,自知道或应当知道解除事由之日起。这是除斥期间,一年内不行使解除权消灭。该规定本身对买受人已经很不利,他们稍微疏忽或犹豫此项权利就丧失了。然而,比这更"危险"的是,司法解释里规定了"当事人另有约定的除外"。因此,房地产企业就利用优势地位促使买房人选择继续等待。

还有一个条款就是"交付期限条款":

> 如遇下列特殊原因,除双方协商同意解除合同或变更合同外,出卖人可据实予以延期:(1)遭遇不可抗力,且出卖人在发生之日起三十日内告知买受人的;(2)因执行国家法律、法规、政策、政府指令导致的延期;(3)因市政配套设施接通延误或市政府规划变更导致的延期;(4)因施工中遇到不可预见的异常困难导致的延期。

这个条款里的第3项、第4项,完全由开发商解释。这就是合同陷阱。

有一点我想强调一下，大家起草合同一定要特别重视法条里经常出现的"当事人另有约定的除外"。那种情形就是律师能够发挥作用的地方。

以计算机软件的买卖合同为例。《民法典》第 600 条规定："出卖具有知识产权的标的物的，除法律另有规定或者当事人另有约定外，该标的物的知识产权不属于买受人。"根据这个条款，没有约定时标的物的知识产权不属于买受人，因此，如果你是买受人的律师，就需要在合同里约定知识产权的归属。

4. 增加对方的义务，减少自己的义务，只要没有达到"显失公平"的程度就可以。律师不能学宋襄公的"仁义"。

5. 要考虑合同履行的控制。把甲方企业的规章制度作为合同的副本，可以作为履行控制的方式。这一点在劳动合同中格外重要，许多企业都采用这种方式。

6. 单方解除合同条款。前面做过详细的分析，不再赘述。

综上所述，写好一份合同首先需要研究当事人的真正需求，然后通过选择或创新合适的交易方式，在规避法律风险的前提下帮助当事人实现其签订合同的目的。因此，写一份合同不是简单地把当事人的想法和有关法律规定凑到一起弄出一个文本即可。一份好的合同是可以指导当事人交易行为的合同，它不仅体现律师的业务素质，还彰显律师独有的智慧。所以，我们在工作中应该认真对待每一份合同，把每一份合同都做成经得起时间考验的精品,因为有问题的合同是纠纷案件产生的根源。

下面是我为某全国连锁企业制作的《区域管理权授权合同》,供大家参考。

区域管理权授权合同

授权方(甲方):×××企业(北京)食品有限公司

地址:

法定代表人:

联系人:					电话:

被授权方(乙方):

地址:

法定代表人:

联系人:					电话:

引 言

鉴于:甲方拥有××产品(以下简称该产品)在中国境内的独占性经营权和许可权,并已注册商标,乙方拟取得在特定区域内该产品经营店面的管理权,成为该区域甲方指定的管理商,甲乙双方本着自愿、公平、诚实信用的原则,订立本合同,并郑重承诺严格执行本合同。

第一条 释义

本合同所涉条款中,下列词语具有如下含义:

1.1 "授权方"是指,享有该产品在中国境内的经营权和许可权的法人,在本合同中指甲方;

1.2 "被授权方"是指,依据本合同经指定方授权,在规定的特定区域内和规定的管理职权内,有权对经营该产品的自然人或法人进行管理的法人或其他组织,亦称区域管理商,在本合同中指乙方;

1.3 "特定区域"是指,本合同规定的乙方有权对经营该产品的店面进行管理的地理区域。

第二条 特定区域

甲方授予乙方管理权的地理区域:本合同生效时的_____行政区域。

第三条 区域管理权期限

3.1 甲方授予乙方区域管理权的有效期限:自本合同生效之日起二年。

3.2 如果乙方充分、完全地执行本合同规定的各项条款和履行其各项义务，则在本合同期满时，在同等条件下，有签订该区域管理商指定合作合同的优先权。乙方须在本合同期满前60日，向甲方提出书面的展期申请，否则视为乙方放弃展期。甲方须在收到该申请后15日内书面答复乙方是否同意展期申请，未作答复视为不同意展期。

3.3 如乙方在本合同规定的期限届满后没有续签合同而又继续行使管理权的，乙方应立即停止上述行为并赔偿因此给甲方造成的一切损失，乙方的履约保证金不予退还。

第四条 履约保证金

4.1 在签订本合同时，乙方应向甲方交纳履约保证金_____元人民币，作为充分、完全地执行本合同规定的各项条款和履行其各项义务的保证。

4.2 本合同终止时乙方没有任何违约行为，则本合同终止后10个工作日内视乙方履行合同终止后义务情况，甲方将履约保证金（不含利息）如数退还给乙方，但本合同另有规定的除外。

4.3 有下列情形之一的，履约保证金不予退还：

4.3.1 乙方滥用管理权的；

4.3.2 乙方管理区域内的经营者没有严格执行甲方规定的各

项政策（如价格、质量、形象等），市场混乱，影响产品销售和品牌形象的；

4.4.3 存在其他严重违反本合同规定情形的。

第五条 区域管理权的基本内容

5.1 负责该区域内经营门店的发展和管理；

5.2 负责该区域内经营门店的产品配送以及为此必要的仓储；

5.3 负责进行该区域内发展经营门店的市场调查以及选址的勘察；

5.4 负责该区域内经营门店的品牌形象管理；

5.5 负责收集并及时反馈该区域内的各种市场信息。

第六条 管理费及返利政策

6.1 甲方每(月)(季)(年)向乙方支付管理费_____元人民币；

6.2 甲方每月按乙方管理区域当月订货总额的_____%向乙方返利。

上述两项费用构成乙方管理该区域经营店面的报酬。

第七条 甲方的义务

7.1 甲方提供的产品符合国家食品安全质量标准。

7.2 甲方不得向该区域内的经营门店直接供货或进行直接管理，但甲方有权监督检查该区域内的经营门店是否按照甲方的规章制度以及甲方与其签订的《区域特许经营合同》的要求进行经营，若发现问题甲方立即通知乙方,乙方应立即派人处理。若问题是必须立刻制止的,甲方有权要求门店经营者立即改正或中止经营,并及时通报乙方,乙方应立即派人处理。

7.3 甲方及时对乙方进行产品知识、品牌推广等方面的培训。

7.4 按本合同规定支付管理费、返利以及退还履约保证金。

7.5 甲方在签订合同后5日内向乙方颁发《授权书》。

第八条　甲方陈述和保证

8.1 甲方系在中国境内根据中国法律设立的法人,具有签署并履行本合同的权利能力和行为能力。

8.2 甲方不存在正在进行解散或清算的程序,甲方董事会或其股东也没有授权进行该程序。

8.3 代表签署本合同的人员为甲方的法定代表人或合法授权代表,其所签署的本合同和所有其他相关文件,对甲方具有约束力。

8.4 甲方就本合同授予乙方特许权,未侵犯任何第三方的合法权益。

8.5 所有甲方提交给乙方的与签订本合同有关的资料,都是真实、有效的。

第九条　乙方的义务

9.1 全面、完整、及时地行使本合同第五条规定的区域管理权。

9.2 上述区域管理权乙方只能在本合同规定的范围内由自己亲自行使,不得以各种形式委托第三人行使该权利;在该区域内,乙方不得再接受与甲方存在或可能存在竞争的企业的授权,销售该企业的产品或管理销售该企业产品的经营店,否则,乙方应向甲方支付不少于伍拾万元的违约金。

9.3 不得使用该产品标志生产和销售任何未经授权的产品或服务。

9.4 第三方侵权:

9.4.1 第三方侵权系指在特许区域内,本合同当事人以外的任何第三方的下列行为:

(1)未经权利人(包括所有权人及被特许人,以下亦同)许可的情况下,在与该产品相同或类似的商品上使用与该产品的名称、标志、商号等相同或近似名称、标志、商号的;

(2)伪造、擅自制造该产品的注册商标标识或销售伪造、擅自制造该产品的注册商标标识的;

(3)侵犯权利人商誉的。

9.4.2 乙方应当就其所知悉的第三方侵权行为或可能构成第三方侵权的行为,毫不迟延地通知甲方,甲方有权对此采取法律手段,乙方应予以全力协助。

9.5 乙方为行使区域管理权而需要配置的车辆、仓库等所有物品，其费用由乙方自行承担。

9.6 乙方必须严格按照甲方的要求储存和配送产品，因储存配送的过程不符合要求而发生质量问题，一切责任由乙方负责。因此给甲方和第三人造成的损失，由乙方负责赔偿。

9.7 乙方应对自己所管理的区域内店面设置管理台账，及时记录每个店面在经营中出现的问题，以及店面在经营中提出的对产品种类、味道、价格、质量等方面的意见和建议，甲方有权随时检查该台账，并作为对乙方进行考核的依据之一。

9.8 乙方应每月向甲方书面汇报自己所管理的区域内店面的经营业绩（需有统计报表）、市场动态、顾客需求等情况。

9.9 乙方的经营行为必须符合《中华人民共和国食品安全法》等法律法规，要严格遵守当地政府有关部门的管理规定，若因违法违规受到行政和刑事处罚，一切责任由乙方承担，因此给甲方造成损失（包括商誉损失）的，乙方应予以赔偿。

第十条　乙方陈述和保证

10.1 乙方具有签署并履行本合同的权利能力和行为能力。

10.2 代表签署本合同的人员为乙方的法定代表人或合法授权代表，其所签署的本合同和所有其他相关文件，对乙方具有约束力。

10.3 不存在任何正在进行的将对乙方的经营、财务或未来发展产生重大不利影响的仲裁、诉讼或行政处罚案件，没有未清洁的债务。

10.4 所有提交的与签订本合同有关的资料，都是真实、有效的。

第十一条 双方关系

11.1 甲乙双方是独立的缔约方，双方是授权管理法律关系，乙方以自己的名义对特定区域内店面进行管理，甲方或乙方（含所有为其工作的人员）皆不得以对方的代理人或代表的身份行事。除非甲方事先书面同意，乙方不得为第三方提供任何形式的担保。

11.2 甲乙双方不是合资企业，也不是合伙关系，任何一方均无义务对另一方的债务、义务或其行为引起的后果承担任何责任。乙方在经营活动中所产生的任何责任以及相关费用与甲方无关。

11.3 凡由乙方雇用或为乙方工作的人员属乙方人员，不得以本合同为由而视为甲方的员工、人员或代理人、代表。

第十二条 发货与结算

12.1 甲方统一将产品发送到乙方店内，由乙方工作人员验收,运费由甲方承担。

12.2 乙方必须事先支付货款,款到甲方应毫不迟延地发货。乙方配送给区域内经营店面的运费必须执行甲方的政策,即达到规定数量免费配送,否则运费由经营店面自负;店面到库房自提,乙方在原配送价格的基础上每箱减3.5元运费。

12.3 按乙方要求货物一旦发出,则在任何情况下不予退货。

第十三条 税务事项

双方经营其业务所发生的一切税费,应当自行缴纳。

第十四条 合同的转让

乙方根据本合同获得的任何权利或承担的任何义务,均不得在未取得甲方事先书面同意的情况下,以任何方式全部或部分转让。

第十五条 甲方保留的权利

15.1 乙方同意,甲方有权随时修改该产品标志的图形、色彩设计及识别系统,任何情况下该产品的知识产权归甲方所有。

15.2 乙方同意,乙方在根据本合同行使管理权过程中积累的关于该区域市场、顾客、经营店面等方面的信息和资料,属于甲方所有的商业秘密,乙方不得侵犯。

甲方有权监督乙方的管理情况,如发现乙方的管理不符合本合同的要求，则甲方通知乙方，乙方应立即予以纠正，否则甲方有权解除本合同，并追究乙方违约责任。

15.3 甲方未对乙方在本合同项下的任何违约行为进行纠正，在任何情况下都不能表明或被理解为甲方对乙方的行为进行了默许或许可。

第十六条 合同的终止

16.1 本合同规定的授权有效期限或其展期届满时，本合同自然终止。

16.2 甲乙双方经协商一致决定终止合同的，自终止协议生效之日起本合同终止。

16.3 任何一方依照本合同规定行使单方解除权的，解除合同的通知（以特快专递）发出之日起5日后，本合同即告解除。

16.4 本合同的终止，不能免除任何当事人产生于合同有效期内的责任，也不影响本合同终止后仍然有效的条款的效力和履行。

第十七条 合同终止后的义务

17.1 本合同终止（包括期满、转让或提前解除）时，乙方不再拥有本合同规定的管理权。乙方应当完成下列行为及事项，此义务不受本合同终止的影响，属于乙方的持续性义务。

17.1.1　本合同终止之日起，乙方必须停止向各店面发出各种指令或进行联系，不得以各种方式表示其以前曾为该产品的区域管理人。

17.1.2　本合同终止之日起10日内，乙方必须将自己管理区域内各经营店面的所有材料（管理台账、财务账目等）以及《授权书》移交给甲方。

第十八条　违约责任

18.1　乙方的任何违约行为，甲方都有权从履约保证金中直接扣除违约金，因此导致履约保证金不足规定数额的，乙方应在15日内补交，否则，甲方有权解除本合同，乙方应承担的违约金不以履约保证金为限。

18.2　按本合同规定，一方违约时另一方可选择解除合同，但守约方要求合同继续履行的，违约方在支付违约金后应当继续履行合同。

18.3　违约造成的损失不仅包括直接损失，还包括商誉的损害等间接损失。

第十九条　商业秘密

19.1　甲方根据本合同透露给乙方的关于该产品的信息和商业模式以及区域内店面资料，除已公知的以外，均应视为甲方的商业秘密，乙方不得泄露。除为了完成本合同义务的目的以外，不得向乙方工作人员和其他人员泄露这些信息。上述保密义务，在本合同终止后，乙方也应当继续履行。

第二十条 争议解决方式

20.1 因本合同发生争议，双方应经友好协商解决，协商不成的，任何一方均有权向甲方住所地法院起诉。

20.2 因诉讼而发生的费用，包括但不限于诉讼费、律师费、差旅费、调查费、鉴定费等均由败诉方承担。

第二十一条 其他事项

21.1 本合同的任何修改，必须采用书面形式。

21.2 本合同项下的通知，应当采用书面形式，通知的地址以本合同所示为准，若变更地址应立即通知对方，否则，应承担无法通知所产生的责任。

21.3 本合同一式肆份，甲乙双方各执贰份。

21.4 本合同自双方法定代表人或授权代表签字之日起生效。

甲方（盖章）： 乙方（盖章）：

代表（签字）： 代表（签字）：

签字日期： 签字日期：

第四节　律师函须在入情入理中体现威慑力

发律师函既不是为了谴责也不是为了恐吓，它的目的只有一个——与对方通过协商解决问题。因此，律师函应在入情入理中体现必要的威慑力。

律师函需要律师签字并加盖事务所公章，因此，是相当严肃的法律文件。虽然许多律师函发出后犹如石沉大海，但这不等于没有产生任何效果。我在企业负责法务部门时收到过不少律师函，其中有些律师函我比较重视，会传给经营部、财务部等有关部门，或者召集有关部门的人员研究对策，甚至会写专门的法律意见书给老总。

那么，什么样的律师函能引起接收者的重视呢？

第一，要有理有据地把事情说清楚。有的律师函从头到尾都是谴责和威胁，没有实质性内容，看完不知道发生了什么事，让人极其反感。这样的律师函我会毫不客气地扔进垃圾桶。坦率地说，"律师函"这个名称似乎挺高大上，但没有多少人把它当回事，至少在企业是如此。

第二，分析可能的法律后果，也可以适当地讲我方可能采取的措施，促使对方认识到事情的严重性。

第三，提出具有可行性的建议。不要谴责，不要威胁，要提解决方案。我们要明白，企业如果重视律师函的话，唯一的原因就是这件事确实需要解决，而律师函指出了一条解决之道。

第四，要给一个合理的回复时间。律师函如果不起作用，就得马上启动司法程序，所以指定回复时间很重要。

具备以上要素的律师函，给人的感觉是你有和解的诚意，你想通过讲道理来解决问题。也就是说，发律师函是为了和解，不是为了恐吓。一些律师根本不清楚发律师函的目的是什么。

有律师曾经问我，发律师函会不会打草惊蛇？当然有这可能。最大的风险是对方会转移资产，特别是银行里的现金。所以，应不应该发律师函，要从策略的角度进行分析和判断，其中最关键的一点是，准确判断对方的经营状况和履行能力。一个对未来抱有希望的人和企业，除非实在没有能力，否则会通过协商来解决问题，比如签订还款计划等。但在任何情况下，都不要对律师函寄予太大的期望。

不过，作为律师掌握如何写律师函还是十分必要的。下面是我代理一位农民的征地补偿案时，给负责征地补偿的开发区管委会写的律师函。建议大家一边阅读一边思考如下问题：一份律师函应该具备什么样的格式，应该使用什么语气，应该如何叙述具体的事实，应该如何分析其中的法律问题，应该提出什么样的律师意见和解决方案，应该如何让接受者感觉到事情的重要性、紧迫性。

律师函

北××（2016）律函第【×××】号

××省××市经济开发区管委会：

北京某某律师事务所吴春风律师接受××村农民金某国的委托，就其征地补偿一事，现根据有关法律法规以及中央的政策精神，郑重致函如下。

一、中央关于征地补偿的基本精神

我相信，作为政府机关你们更熟知中央的政策，本不必在此班门弄斧，但是，征地补偿对于农民金某国而言关系重大，他从此失去了这辈子赖以生存的依靠，而从他向我介绍的情况来看，我认为有必要共同回顾一下中央关于征地补偿的基本精神，以便下一步进行更加有效的沟通。

继《国务院办公厅进一步严格征地拆迁管理工作切实维护群众合法权益的紧急通知》之后，国土资源部又发出《关于严格管理防止违法违规征地的紧急通知》（国土资电发〔2013〕28号）。通知要求，必须严格执行征地有关规定，从维护人民群众切身利益、构建和谐社会的高度，认真领会并坚决贯彻落实好中央精神。

要处理好"保发展、保红线、保权益"的关系，在促进经济发展和保护耕地的同时，将被征地农民的合法权益放在首要位置，切实促进被征地农民生活水平有提高，长远生计有保障，不得强行实施征地。要严格执行农村征地程序，做好征地补偿安置工作，维护社会和谐稳定。

中共中央办公厅、国务院办公厅、中共中央纪委办公厅、监察部办公厅、劳动和社会保障部、国土资源部等中央相关部门，围绕农民土地征收补偿事宜，这些年来相继发出许多通知，无一例外都特别强调两点：（1）严格执行《土地管理法》规定的征地程序；（2）必须做好被征地农民的补偿和安置工作。

因此，下面我想围绕这两方面问题，谈一谈对金某国征地一事的质疑和意见，希望能得到你们的帮助和解释。顺便强调一下，被征地农民具有法律赋予的知情权，这是维护他们合法权益的前提。其中，一些内容也属于政府信息公开的范畴，作为利益相关方的被征地农民完全有理由知晓，而政府也有义务给予充分的说明、指导和解释。

二、关于征地的程序

据我初步了解，金某国的土地属于基本农田。《土地管理法》及其实施条例对基本农田采取了特殊保护制度，这是红线。基本农田的征收必须经国务院批准。退一步讲，即使它不属于基本农田，耕地的征收也有严格的审批程序。

但现在，我看到的只有《××省国土资源厅关于××市应急供水工程净水厂建设用地预审意见的复函》。请注意，这只是对预审意见的复函，而你们仅仅拿到了这一复函，就把金某国的土地给推平，算是征收了。我不得不郑重指出，这复函根本不是审批文件，复函中也明确要求你们"根据土地管理法律法规规定，及时办理建设用地审批手续"，金某国多次提出要看这一审批手续，却至今未能见到。

征地程序的合法性极为重要，中央对此三令五申。而这方面的信息关系到被征地农民的重大切身利益，因此，政府必须履行充分告知和耐心解释的义务。这里涉及许多内容，下面我一一列出，希望贵委能向我们出示，以打消被征地农民（金某国）的疑虑。我认为这也是政府的责任，如果没有做到，亦属于行政不作为，而被征地农民则有理由相信，这里可能存在违法之处。金某国对我反复强调，他的土地是在他没有同意、没有签字的情况下被强行征收的。他之所以后来领取部分补偿款不是因为同意而是被逼无奈，因为土地已经推平了。假如此事属实，那将是严重的问题。我相信，××市政府的征地一定是合法进行的，但我需要看到相关的证据。

根据《土地管理法》等法律法规和中央政策，我认为被征地农民有权了解的信息包括（但不限于）以下内容：

1. 乡（镇）土地利用总体规划。以证明金某国的土地在规划范围内。

2. 土地利用年度计划。以证明金某国的土地在农用地转用指标之内。

3. 农用地转用审批手续。以证明金某国的土地经国务院或有关审批部门批准，可转用为建设用地，现在把他的地推平（见照片）是合法的。

4. 征地审批手续（应该与农用地转用审批手续同时办理）。

5. 征收土地方案，以及该方案公告之情况，包括征地补偿登记情况。公告、公示十分重要，不是可有可无的程序，而且必须由县级以上政府作出。未经公告，征地方案不得实施。

6. 关于土地用途的证明材料。金某国的土地被征收之后一直闲置，不知为何。

7. 征地补偿安置方案，以及该方案听取村委会和农民之意见的情况。补偿安置方案不是单方面决定的事情，必须经过与被征地农民和村委会充分沟通，并取得被征地农民的同意。

8. 其他能够证明征地以及补偿安置合法性的材料。

三、关于被征地农民的补偿安置

补偿与安置是两个问题。补偿标准，各省差异较大，而安置方式也各有特点。然而，无论采用什么样的标准和方式，必须按照中央关于被征地农民补偿安置的基本精神进行，那就是切实促进被征地农民生活水平有提高（原来政策的底线是确保被征地农民生活水平不降低），长远生活有保障。

金某国一家四口人，水、旱田加起来共16.4亩（10,920平方米），得到补偿费总计78.8万元，每亩仅仅4.8万元，每人得到的总的补偿费约19.7万元。有人可能认为，他与附近村庄的补偿费相比还是比较高的。其实，根本的问题不是他的补偿费高，而是那些人的补偿费实在太低。据说，附近几个村三年前征地时，每亩地才给了3万多元，这是不可想象的。有人拿了6万多元土地补偿费很快就花光了，但政府没有任何安置措施。不要说一个人得到6万多元补偿，就是得到20万元，如何能保证他的生活水平有提高（至少不降低)？而他的长远保障在哪里？每人两三亩地，这是他一生的基本生活保障，也是可以世代相传的，这是国家对农民的基本政策。如今，拿走了他的土地，只给区区的十几万元，没有任何安置措施，没有工作，没有社会保障，这点钱够他生活几年？

而法律规定，国务院批准的基本农田的征收，必须按照最高标准补偿，如果这样仍然不能保证他原有的生活水平，那么，还应该给予补贴。××省2016年的补偿标准为耕地每亩9.9万元。这是指耕地，基本农田应该更高一些。然而，金某国土地的补偿费离每亩9.9万元标准还差很多。你们可能认为他是2015年征的地，应该按照那个时期的标准计算。其实不然。真正征地的时间应该是法律规定的程序履行完毕后的那一刻，即办理完农用地转用审批手续和征地审批手续后，公告征地方案和补偿方案并经过协商确定的时间。

因此，在金某国的征地补偿安置问题上，我认为补偿标准显然过低，不仅离国家规定的补偿标准相差甚远，也根本无法保证他的生活水平不降低（更不要说提高了），而对他的安置则更是无从谈起，没有做到使他"长远生活有保障"。所以，这样的补偿安置是不符合法律法规和中央政策精神的。

四、本律师之意见

1.为了使被征地农民（金某国）相信政府征地行为的合法性，相信他的权益未被侵害，请贵委尽快向我或向他本人出示上述材料（将材料复印件寄至我们律师事务所，或者交给金某国本人亦可）。

2.我希望，管委会领导设身处地为农民着想，真正理解农民失去土地后的彷徨无助的心理，充分考虑他长远生活的保障，与金某国通过协商方式解决此事。毕竟他的土地已经被征收，经济补偿无疑是他最为关心的问题。

如果我在合理的时间内（15日左右）得不到贵委积极的答复，或我发现征地过程可能确实存在严重问题，我将依照《国务院信访条例》《国土资源信访规定》等法律法规，向国土资源部等监督机构或××市、××省有关部门反映情况，也可能依法向有关媒体提供必要的材料，请监督机构和上级部门以及媒体进行深入的调查或报道，以纠正征地过程中的违法违规现象。当然，我相信，××市政府一定会依法开展征地工作，也必然会依法维护被征地农民的合法权益。

考虑到金某国的文化水平较低，尤其缺乏法律知识，我对他进行了必要的法制教育。他承诺：（1）无论面对任何部门都如实反映情况，绝不夸大或捏造事实；（2）依法提出诉求，绝不无理取闹；（3）在任何地方（包括在村内），任何时候（包括解决之后），对任何人，不宣传、不张扬此事。

最后，希望能早日得到贵委满意的答复。谢谢合作！

本律师函一式两份，一份用特快专递寄至××省××市经济开发区管委会收,另一份存入本律师事务所档案。

本律师事务所地址：北京市朝阳区×××路××号

联系电话：010-5335××××　　1581038××××（吴律师）

电子邮箱：7409××××@qq.com　　邮编：100022

北京某某律师事务所律师　吴春风

20××年××月××日

第五节　法律意见书必须提出可行性方案

法律意见书主要用于帮助客户进行决策，因此，律师必须从客户要解决的问题出发，结合行业特点进行法律分析，提出自己明确的建议。

法律意见书是律师常写的法律文书。它的结构与律师函大同小异，主要由三个部分组成：基本事实、法律分析、律师建议。不同之处在于，律师函一般是为了解决争议写给对方当事人的，具有提醒、警告、寻求和解等含义；而法律意见书通常（并非全部）是为了解决己方当事人的疑难问题（不一定是纠纷，往往是某个经济项目）写给己方当事人的，主要是分析事情的性质、风险并提出法律意见。

下面是我为某顾问单位写的《法律意见书》。它的特点是形式不拘一格，内容简明扼要。除非是有特殊用途的法律意见书（比如上市），企业一般都喜欢这种一目了然的法律意见书，所以尽可能不要长篇大论，要紧紧围绕企业要解决的问题进行分析，并提出你的意见。

法律意见书

河北某建材有限公司：

关于贵公司提出的与生产负责人签订某种协议，以解决用工风险和提高积极性的问题，我根据相关经验和有关法律法规，现提出如下法律意见。

一、方案

我们认为，有三种方案可供选择。

第一种方案：劳务派遣

这是解决用工风险的最佳方案，目前不少企业都在采用。具体做法是，与一家人力资源管理公司进行合作，由该公司与劳动者签订劳动合同，然后派遣到贵公司。它的好处是，贵公司与劳动者没有任何劳动或劳务关系。不过，需要向人力资源公司支付一定的费用。

第二种方案：签订承揽合同

步骤是，生产负责人成立一家能够生产玻璃纤维增强混凝土（GRC）产品的建筑材料公司，然后该公司与贵公司签订承揽合同。所有生产劳动者都和该公司建立劳动或劳务关系。这种方式也能够实现贵公司的目的，但操作时必须注意，在资金、管理、人员等各方面不能出现两公司人格混同现象，否则法律上可能视为一家公司。

第三种方案：生产或加工承包

把生产或加工（项目）承包给某个人。承包分两种：一种是外部承包，即承包人与公司没有劳动关系；另一种是内部承包，即承包人是企业内部职工。

外部承包的用工风险相对小一些，因为承包人不是企业员工，所以一旦发生纠纷，企业可以主张他雇用的人不是自己的员工。但是，如果有证据证明，这些劳动者接受企业的日常管理，甚至从企业领取工资等事实，也很难摆脱责任。

至于内部承包，用工风险就不言而喻了。因为承包人本身就是企业员工，所以他雇用的人就很容易被理解为是企业雇用的人，尤其是用工期间比较长（超过半年）的话。

可见，用承包的方式很难从根本上解决用工风险。不过，可以通过在合同中进行必要的约定并控制其履行，最大限度地避免用工风险。

二、我的建议

从以上分析不难看出，劳务派遣方式最能彻底解决问题，其次就是承揽合同方式，而承包方式的风险比较高。因此，建议贵公司按照这个顺序认真考虑使用哪一种方案。

当然，我们要考虑现实的可行性。如果贵公司认为，目前只能暂时采用承包方式，那么，具体合同应该进行必要的调整。调整的原则是：（1）分清楚甲方（贵公司）和乙方（承包人）的义务，即甲方提供场所和设备以及技术，乙方负责招募员工进行生产；（2）要避免由甲方对乙方的员工进行直接管理，甲方的一切管理行为必须通过乙方进行。

以上意见仅供参考。

北京某某律师事务所律师　吴春风
20××年××月××日

第六节　维权材料要将复杂的问题简单化

> 帮助老百姓维权应该是律师义不容辞的责任，而维权需要讲究方法，其中有两点特别重要：一是要善于用书面形式；二是要把复杂的问题简单化。

我以前有个邻居，他所在的企业改制，失去了国有企业职工的身份。新老板要求每年签一次劳动合同，他和同事们觉得朝不保夕，于是开始到处上访，可一年多了仍然毫无效果。有一天他来问我，他们应该怎么办？我了解了一下改制的整个过程，看了有关材料，感觉问题相当复杂。但我发现，这么复杂的事情，他们上访时竟然没有向政府信访办等有关部门提交过任何书面的材料。

没有书面材料的上访，一般不可能有效果，因为接待人员即便做记录也比较简单，不可能把你讲的那么多内容都记下来，何况你也许还讲不清楚。另外，如果你反映的问题确实重要，需要解决，那么，必须有领导批示。领导在哪儿批示呢？有些部门自己有个表格，但有些部门没有，因此如果你提交了书面材料他会在你的材料上批示。这一点极为关键。遗憾的是许多上访者不了解这个办事程序，所以跑断了腿也没能解决问题。于是，埋怨政府机关不作为，其实是自己不懂得上访。

我有两次为自己和家人的事跟政府有关部门打过交道，两件事都比较棘手，涉及面都比较广，但解决得很好也很快。我总结有两个原因。

第一个原因是我的身份。我感觉政府官员不大喜欢律师，因为一旦律师介入总能找出他们工作中的问题。然而，也许正因如此，他们才对律师表现出某种"尊重"。我记得，我为我姐家的事找局长，局长第一句话就问我：那是你亲姐吗？我说是。这件事涉及好几家单位，确实不好协调，我姐他们找了八年都没给处理，但我介入之后两个多月问题就得到彻底解决。

第二个原因是我写的材料。我相信，起关键作用的是材料而不是身份。因为看完材料他们就会明白，此事如果再不解决可能产生严重的后果。

因此，与政府部门打交道必须重视书面材料。这些材料怎么写是个学问，包括材料的名字叫什么都需要反复斟酌。我在政府部门工作过，对此有所体会。

律师函是其中的一种形式，不过，那种"硬邦邦"的东西尽可能少用。我通常喜欢用"请求""请示""报告""法律分析"等向领导汇报或反映问题的形式，形式虽然谦卑但内容却比较"强势"，这是微妙的心理博弈。老百姓要么特别谦卑，要么特别粗暴，这两种态度都不利于事情的解决。

那么，如果律师代理这类业务，应该如何写相关材料呢？

第八章 法律文书写作能力

第一，写给谁要搞清楚

向政府反映问题要找对部门，如果这个部门不给解决要逐级往上反映，否则很容易变成无理上访。材料的内容要根据不同的部门和级别做适当的调整。如果区里没解决反映到市里，那么要把在区里交涉的情况作为材料的附件，所以，每一级上访都要留存相关证据。

第二，要把主要事实说明白

叙述事实应把握以下几个要点。

1. 事实必须有根据。这根据可能是物证或书证，也可能是当事人陈述和证人证言。言词证据的主观性比较强，必须仔细考证，不能盲目相信。当事人陈述的重要事实如果没有物证、书证证明，应该让他写"情况说明"，在书面材料中要慎重使用"情况说明"里的内容。千万不能只听当事人的一面之词就慷慨陈词，那是相当危险的。

2. 叙述必须有自己的逻辑。应按照事实与事实之间的相关性讲述你的故事，不能简单地罗列事实。

3. 叙述事实要明确、具体，既不能模棱两可，又不能粗枝大叶。

第三，要把与主要事实有关的法律问题讲透

什么叫"透"？"透"就是看完之后有种豁然开朗的感觉，即使是外行也能明白问题出在什么地方。有些材料看完感觉事情特别复杂，

让人产生畏难情绪，恨不得马上摆脱掉。这是因为没有讲透。

要把复杂的事情简单化，是写上访材料最重要的原则。

第四，要有明确的结论和建议

律师写的有些法律文书洋洋洒洒几万字，格式相当规范，用词相当专业，内容相当全面，看起来很有档次，但总给人感觉缺点东西。缺什么呢？缺少简洁的结论和明确的建议。他看出不少问题，但不能用一两句话讲清楚到底是什么问题。

下面是一份法律分析报告，实际上是上访材料，是受几十名村民的委托，写给××市高新园区管委会的，目的是通过协商解决纠纷。

关于××村提留征地补偿费的法律分析

××市高新园区管委会领导：

您好。我是北京某某律师事务所的吴春风律师。前些日子，××村村民们找我咨询与提留征地补偿费相关的法律问题。从村民们介绍的情况以及提供的材料中我发现，不仅提留征地补偿费缺乏法律依据，而且提留的过程以及提留后的管理也存在不少问题。村民们说，村委会和园区管委会正在努力解决此事，但一直没有实质性进展，希望我代表他们与你们进行协商。所以，我从律师的角度对有关法律问题做了初步的分析，现提供给你们，希望能有助于你们作出正确的决定。

一、基本事实

2015年和2018年××村征地时，园区政府要求村民们每平方米提留3元，合计300多万元。这个要求是强制性的，有位园区领导说政府有文件，但既没有给村民们出示并解释过该文件，也没有征求过村民们的意见，更没有经过村民大会讨论表决。村民们只知道这是政府的规定，因此心里虽然不同意但没敢表示任何异议。

这笔提留款当时直接拨给园区经管站，一直由经管站控制和管理。而经管站的管理方式是，把这笔巨额资金存入银行的活期账户。因此，村民们每年至少损失10万元利息，因为无论由村委会管理还是村民们自己管理，都不会把如此巨额的资金全部存为活期。

2020年7月12日，××村召开村民会议，村民们一致认为，根据××村目前的情况，继续提留这笔钱不但无助于村民，反而给村民们带来不少损失，而且确实没有什么必要，所以强烈要求村委会把钱要回来进行分配。7月13日，村委会代表村民向园区管委会提交《关于移交征地补偿费的请求》。7月17日，园区经管站向村委会出示××省农委《关于加强农村集体组织征地补偿费分配管理的意见》（以下简称《意见》）。

二、对《意见》的合法性分析

1.《意见》前后矛盾，一些内容违反了《村民委员会组织法》，侵害了被征地村民的自治权（决策权），违反法律的部分应认定无效。

《意见》第1条第3款规定："坚持资金管理民主公开的原则。征地补偿费的分配管理和使用必须坚持民主公开，认真落实农民的知情权、参与权、决策权和监督权。"这是处理征地补偿费问题的基本原则，它符合《村民委员会组织法》和《土地管理法》的规定，是完全正确的。这有以下原因。

第一，我国对广大农村实行村民自治，这是为了农村的稳定而制定的基本法律，决定了政府对农民的管理方式，即指导和监督，而不是代管。所以《意见》中强调要"要认真落实农民的知情权、参与权、决策权和监督权"。

第二，《村民委员会组织法》第24条规定，涉及村民利益的下列事项，经村民会议讨论决定方可办理：（7）征地补偿费的使用、分配方案。这里就涉及《意见》中强调的"决策权"问题，即征地补偿费的使用分配方案的确定,是村民们通过村民会议行使的决策权。

第三,《土地管理法》明确规定,征地补偿费归农村集体经济组织所有。这是关于所有权的规定。《物权法》规定,所有权人可以对所有物行驶占有、使用、处分的权利,任何人、任何单位不得干涉。可见,征地补偿费从所有权到使用权、分配权都属于农民和农村集体经济组织,而行使这些权利的方式是通过村民会议,任何人、任何单位都不能剥夺村民的这些基本权利,即使是政府机关。

然而,《意见》第2条却违背了自己制定的上述基本原则和有关法律,直接确定了征地补偿费的分配比例,规定什么情况下可以100%分配、什么情况下必须提留20%等。但这些权利如上面分析依法应该属于村民大会或村民代表大会。省农委一纸文件就直接剥夺了村民大会或村民代表大会的权利,严重侵害了村民的自治权(决策权)和对征地补偿费的分配使用权。

党的十八大提出要依法治国,而依法行政是依法治国的具体体现,其中行政机关发布的政策文件不违反法律规定是依法行政的基本前提。为什么《意见》开头引用的法律中没有提到《村民委员会组织法》呢？省农委作为农村和农民的专门管理机关应该比谁都清楚，对于农民来讲这部法律是极为重要的，农民的主要权利都集中规定在这部法律之中。如果离开了这部法律，保障农民的权益根本就无从谈起。然而，为什么没有提到呢？因为省农委自己明白，《意见》第2条是违法的，由政府部门直接代替村民会议决定征地补偿费的分配方案（分多少留多少是分配方案），违反了《村民委员会组织法》，所以故意回避了这部法律。可法律是能够回避的吗？

这样的政策规定不仅违法，还违反了中央关于切实保障被征地农民权益的精神。省农委在《意见》中明确指出，之所以出台这项政策，是因为"目前农村集体经济组织征地补偿费分配中管理不到位，农民利益受损害，由此引发农民集体越级上访的现象时有发生……"但是，省农委也许没有想到，自己制定的政策因为违法侵害了农民的合法权益，可能会引发新的农民集体越级上访的现象发生。

因此，《意见》第2条第1款"统一明确征地补偿费的分配比例"这部分内容应当认定无效，省农委应该立即删除这一内容，立即停止它的执行，并尽快挽回这一规定产生的不良影响。

2. 假设《意见》合法有效，那么，如何在执行中正确理解《意见》第1条第3款和第2条第1款之间的"矛盾"呢？

《意见》第1条第3款规定了被征地农民的决策权。这个决策权指什么？前面已经讲过，这是指《村民委员会组织法》规定的，参加村民大会讨论决定征地补偿费的分配和使用方案的权利。而提留多少属于分配方案的主要内容之一，因此应该由被征地农民通过村民大会讨论决定。

但是，《意见》第2条第1款又规定了根据不同情况提留的比例。现在假设这一条款合法，那么，我们应该做如下理解：提留的比例不是固定的，具体比例应该由村民大会讨论决定。这样解释就很好地落实了《意见》第1条第3款规定的被征地农民的决策权。简单地说，政府文件规定应该提留一部分，然而，提留多少应该由村民们根据村里的具体情况通过村民会议讨论决定。

因此，对《意见》不能做教条的理解，应该按照对农民最有利的原则，决定应该提留多少。如果认为有文件规定所以必须提留这么多，不管是否违背农民的意愿，不管是否符合该村的实际情况，不管是否给农民造成损害，那就是典型的官僚主义和形式主义，违背了中央切实保障被征地农民利益的精神，也背离了中央要求地方政府切实改善工作作风的要求。

三、园区管委会有关行为的合法性分析

1. 提留的程序不合法。

提留这件事自始至终都是由园区管委会主导的，村民们和村委会都没有任何参与意见的余地，更不用说决策，他们只能服从。既然如此，园区就应该按照法律法规和《意见》规定，履行合法的程序，即召开村民大会或代表大会，将政府文件进行详细的解释，并组织村民讨论表决。这是关系村民利益的重大事项，按照法律规定必须经三分之二以上村民同意方能实施。

再强调一下：政府可以有政策，但由于这个政策涉及村民的重大利益，所以必须按照《村民委员会组织法》规定的程序，由村民会议讨论通过才能执行。政府贯彻落实各项政策，必须严格按照法律规定的程序进行，这是依法行政的基本要求，特别是涉及农民重大利益的时候。

然而，××村的征地没有经过这样的程序，因此提留征地补偿费的过程不合法，尽管村民们领取补偿费时签了字。所以，应该重新召开村民会议进行讨论并表决。如果没有达到三分之二以上村民同意，这个规定不能执行，否则《村民委员会组织法》就形同虚设。这与推行其他不涉及村民重大利益的政策，在操作上是完全不同的。程序不合法，会导致行为无效。

2.提留款由园区经管站管理不合法,也不符合政策规定。

园区经管站直接截留(提留款未经村委会之手)征地补偿费,这种行为违反了《村民委员会组织法》《土地管理法》《物权法》等诸多法律,违法性极为明显。

那么,这种行为是否符合政策规定呢?答案也是否定的。《意见》第1条第4款规定:"土地补偿费和安置补助费分配、管理和使用必须严格控制在本集体经济组织范围内,严禁任何单位和个人挤占、截流、挪用、平调和挥霍浪费,确保专款专用。"这句话讲得十分明确,征地补偿费(包括提留款)必须由本集体经济组织管理。

《意见》第3条第1款"建立领导和部门责任制"中规定:"征地单位要及时将征地补偿费足额拨入乡(镇)农经部门设立的村集体经济组织代理账户,纳入专款管理。"这条规定不是指提留款的管理,而是指征地补偿费暂时拨入该部门,由该部门向村民集体经济组织支付。在这里,农经部门是代理人,代理账户是为了完成征地临时设置的。农经部门不能借此机会将提留款强行截留,由自己来控制和管理。

即使退一步讲,村集体经济组织同意由经管站代管,按照民法上的代理关系以及《物权法》的规定,村集体经济组织(村委会）作为所有权人，也可以随时要求代理人返还属于自己的东西，代理人必须无条返还。

可见，园区管理××村的征地补偿费没有政策和法律依据，属于强行截留，是典型的滥用职权。村委会已经正式提出移交的要求，所以必须无条件移交。

3. 经管站对提留款的管理要么是玩忽职守，要么是侵占和挪用，无论属于哪一种情形都是严重的违法行为。

如果经管站确实把这笔巨额提留款存了活期，那就说明经管站明显怠于履行政府机关的职责，给村民们造成了重大损失（损失超过20万元），因此涉嫌玩忽职守。不过，还有一种可能，那就是用到其他地方谋取利益，这就涉嫌挪用公款。但无论如何，我认为经管站的行为都构成侵占，特别是村委会已经明确要求移交（返还）的情况下仍然不移交。

将300万元巨款存入活期实在有违常理，让人难免产生合理怀疑，我们认为可能存在侵占、挪用、贪污等违法行为。所以，我在此代表××村村民，向园区管委会正式提出要求：将两笔提留款（2015年约为30万元，2018年约为285万元）的管理情况，详细报告给××村全体村民。从提留款到经管站那一天起，这两笔资金的每一次变动，哪怕是取了一分钱都要列出来。这既是村民的权利（知情权），也是你们的义务，而且是每年都应该履行的义务。

四、律师建议

通过以上分析不难发现，提留以及分配、使用征地补偿费，依法完全属于被征地农民的自治权范畴，属于农村集体经济组织的权利，任何政府部门都不能强行要求村民提留多少征地补偿费，更不能将提留款由政府部门直接控制和管理。而作为征地补偿费的所有权人，农村集体经济组织任何时候都有权要求侵占者或代管人返还财产，侵占者或代管人必须立即无条件返还。

政府是为了防止农民的权益被侵害制定了一些政策，但正是这些政策本身有时会成为侵害农民权益的依据，所以政府经常废止以前制定的政策文件。国土资源部就废止了许多以前的政策。特别是党的十八大以后，中央的许多政策发生了方向性的变化，而最重要的变化就是特别强调依法行政，"把权力关进制度的笼子里"。

××村村民征地时没有社会保障、没有人员安置，只有区区的那点儿补偿费，这是他们失去了祖祖辈辈占有的土地换来的，是未来生活的基本保障。实际上，连基本保障都达不到，在城里连一套像样的房子都买不起，无法做到保持"生活水平不降低"，而这是中央对征地的基本要求。在这种情况下，应该把征地补偿费最大限度地发给农民。提留300多万元，对于一个小村来讲简

> 直是天文数字。
>
> 　　另外，××村的情况比较特殊，和其他邻村很不一样。首先，大部分村民在国外或外地，以后也不可能回来生活；其次，××村还有许多旱田没有征收，这些旱田可以作为以后××村发展的资本。因此，××村提留这笔钱确实没有必要。一切为农民的利益考虑，这才是征地政策的根本出发点，离开了这一点，教条地执行某个已经过时的文件或者对文件进行歪曲解释，都是极为不负责任的态度。
>
> 　　因此，我建议，园区经管站应立即将该征地补偿费移交给××村村委会，指导并监督村委会召开村民会议，讨论决定如何分配和使用。
>
> 　　谢谢！
>
> 北京某某律师事务所律师　吴春风
20××年××月××日

下面是我此前为××村村委会写的《关于移交××村征地补偿费的请求》，这是村里要回提留款的第一步。

关于移交××村征地补偿费的请求

××市高新园区管委会：

2018年××村征地时，村民的征地补偿费按政府的要求每平方米提了3元（合计约285万元），这笔钱一直由园区经管站控制和管理。两年来，村民们经常关心这笔钱的使用情况。尤其是最近一个月，他们用各种方式纷纷向村委会反映，这笔钱是村民的征地补偿费，属于村民集体所有，按照《村民委员会组织法》，应该由农村集体组织管理，由政府管控没有法律依据。政府对农村的管理，应该是指导和监督而不是直接代管，即使农民"签字同意"也不能亲自管理农民的事务。有些村民怀疑，这笔钱是不是由政府挪用到其他地方，获取投资收益。我们对此向村民们做了耐心的解释，告诉他们这笔钱一直在经管站专款专用。

不过，村委会认为，无论从××村目前的特殊情况还是展望可见的未来，这笔钱继续提留确实已经没有必要。因为：

1.××村大部分人都在国外或外地，不在这里生活，以后回来的可能性也不大，所以很难进行长远规划；

2.村里人无须由政府安排就业进行安置；

3. 由于进入征地动迁的程序，村里不允许动工建设任何项目；

4. 其他费用如医疗保险等，可以像以前一样由村委会向每户收取后缴纳；

5. 村委会运作不需要这笔钱。

另外，村委会担心，如果不能尽快解决这一问题，村民们可能到处上访，造成不必要的影响。

因此，村委会代表全村村民恳切希望园区政府，设身处地地考虑农民的处境（赖以生存的土地没有了，这点儿征地补偿费是他们下半辈子的保障），尽快将这笔钱移交给村委会。村委会保证依法召开村民会议，就如何使用和分配这笔钱进行充分的讨论，并按照讨论通过的方案立即执行。届时请政府给予指导和监督。

还有，××村部分村民的征地是在2015年进行的，当时也提留了约30万元，恳请此次一并移交给我们。

最后，村委会代表××村全体村民感谢政府的关怀！

××市××村村民委员会
20××年××月××日

后记

早日成为你自己

酝酿多年的专业著作《律师基本功》，经过六个月夜以继日的工作，现在终于杀青、付梓出版了。

写作之前，我就确定了一个目标：要写一部提升办案能力而非灌输专业知识的书。在我看来，青年律师们所掌握的法律知识和案例已经相当充分，之所以还拙于办案，不是因为缺乏知识，而是因为缺乏能力，而能力来自能够有效激活知识的扎实的基本功。

为了避免在写作过程中偏离这一目标，我有时会把刚完成的部分章节发给一些青年律师朋友，请他们畅所欲言。令我特别感动的是，他们非常认真地阅读了那些文章，并提出许多宝贵意见。比如，可操作性非常强，而且写出了我们实习律师常常想意会但不知从何下手的那种感觉；文章以独特的角度切入，吸引青年律师深入阅读，迫切想要明白自己与专业律师的差别在哪儿；文章行文以第一人称叙述方式展开，摒弃传统的法学晦涩文字，深入浅出地带领读者，特别是年轻读者的思绪，仿佛使得读者在自问自答，不断寻求工作中遇到疑惑的解法；文章以朴素的语言论述，用典型的民商事案件举例，能够达到事半功倍的效果，使得整个文章完整且有说服力……这让我备受鼓舞，我更加清楚了应该写什么、怎么写。

初稿完成后，我又把书中的一个章节——"律师的逻辑思维能力"，以《青年律师基本功——如何建设逻辑思维能力》为题发表在"法律先生"平台，以进一步了解读者的反应。结果在很短的时间内文章的阅读量就超过了7000人次，而且有的读者还特意联系我并给予热情的点赞。我深感欣慰，也许我在某种程度上实现了既定的目标。

那么，本书究竟有哪些特点呢？兹从以下几个方面简单做一梳理。

第一，本书是我二十余年执业经验的提炼。经过检讨与追问的经验是人生的精华，所以，塞西尔说，一克经验胜过一吨理论。对于律师而言尤其如此，因为一条经验就可能让一宗案件起死回生。

第二，本书创造性地提出"律师基本功综合训练法"，它包含两部分内容：一是通过复盘案件，掌握思维方法和工作过程；二是通过绘制思维导图，总结出分析和处理案件的逻辑。重视方法、过程和逻辑，是本书一以贯之的理念。因为律师基本功体现在办案过程中，而办案的逻辑是律师基本功的核心要素。

"律师基本功综合训练法"与有些法学院里推行的案例分析训练法完全不同。正如程啸教授在《民法学习方法九讲》一书中所指出的那样，案例分析训练法所采取的基本上都是演绎推理的方法，案件事实是小前提，法律规范是大前提，处理结果是结论。由于案例分析训练中的案件事实是给定的，无须争议的，因此，案例分析训练的是确定大前提，即找法，找到正确的法律规范并将之适用于本案。而"律师基本功综合训练法"中，案件事实不是给定的，所以我们首先从案件事实开始着手，用我方必要的证据锁定案件事实，然后寻找应该适用的法律，最后用事实和法律构建我方合乎逻辑的完整方案。这才是真正的办案过程。因此，通过本书的"律师基本功综合训练法"掌握的是实际办案的能力，而不是简单地在事实已经给定的前提下学习如何"找法"。

第三，本书特别强调，律师不仅要有专研精神，还要有全局意识，为此必须掌握三种思维方法——逻辑思维、系统思维和管理思维，以及两种工作方法——项目管理和计划管理（或目标管理）。律师在办案时，要将案件当作一个项目进行系统的运作，而担任常年法律顾问时，则要把法律事务工作纳入企业的正常经营管理之中，进行有计划的管理。

第四，本书选择的案例和材料，从难度到类型都比较适合青年律师。我在书中详细剖析了16个典型案例，每个案例都附有代理词等相关的法律文书，以便读者全面系统地了解和掌握办案方法。由于这些案件都是我亲自办理的，所以，其中有不少办案的细节，这些细节对于青年律师来说可能比较陌生，在各种案例选中也很难找得到，它在某种程度上彰显着律师真正的专业性，相信对他们的实际工作会有直接的启发或借鉴作用。

第五，本书的叙述风格独具特色。我经常采用讲故事的方式，把办案的过程生动地呈现给读者，这样读者可以在比较放松的心情下不知不觉中领悟办案的方法和智慧。

上述特点也许正是本书的价值所在。我希望，本书能够帮助读者迅速掌握办案方法，提升办案能力，解决工作中面临的各种困惑和难题。

不仅如此，我也希望本书能成为读者认识自己的一面镜子。这里有三层含义：（1）从中看到自己的现状和不足，知道应该如何努力，这是第一阶段；（2）用批判性思维，带着问题去细读，做到"在不疑处有疑"，这是第二阶段；（3）当你觉得自己完全超越了本书的水平时就把它扔掉，因为这说明你已经掌握了闯荡法律江湖所需的基本功，这是第三阶段。

冯友兰先生讲哲学时提到"照着讲"和"接着讲"两个层次。第一、第二阶段相当于"照着讲"，而进入第三阶段就属于"接着讲"了，这时候你会真正发现自己、认识自己，最终成为自己。

我在前面讲过，在本书的写作过程中，青年朋友们提出许多宝贵的意见，并给予我真诚的鼓励，希望本书早日面世。在此，我想用祝福代替感谢：衷心地祝福大家，早日跨越第一、第二阶段，早日成为独一无二的自己，在法律界展现你们独特的风采！

在本书即将付梓出版之际，我还要对鼎力相助的有识之士及朋友们表示感谢。

首先感谢法律出版社责任编辑朱海波老师。本书能够如此顺利地付梓出版，完全得益于他独到的眼光和高效的工作。

同时感谢国学研究者张明帅、绩效管理专家李伟旗、日本西南学院大学教授韩景旭等好友，以及北京瀛和律师事务所的王晓增、唐鈺、李东祥、马健、张玉龙等同事，他们为本书的修改和出版给予热心的指导、帮助和鼓励。

由于我的学识和经验有限，书中定有不少谬误缺漏之处，敬请读者朋友不吝赐教。我也诚挚地欢迎青年律师来函交流执业中的困惑和办案体会。

我的联系方式如下：

E-mail：740940680@qq.com　　　微信：panshi1965

吴春风

2023年2月17日于北京